언어와 사회 그리고 인간

동서대학교 공자아카데미·대한중국학회
<중국 인문·사회과학 학술저서 번역·출판 지원사업>

언어와 사회 그리고 인간

저자 **진원** 陈原
역자 **김정필** 金正必 **김계화** 金桂花 **이인주** 李仁珠 **장건군** 臧建军

學古房

본 도서는 동서대학교 공자아카데미·대한중국학회 〈중국 인문·사회과학 학술저서 번역·출판 지원 사업〉의 지원금으로 번역·출간되었습니다.

개정판 서문

1

『语言和人(언어와 인간)』은 필자가 '응용사회언어학'에 대한 약간의 논제를 탐색한 것으로, 일반언어학의 원리보다는 인간과 인간의 언어 교제에 관해 토론하고자 하였다. 필자가 이 책을 편집한 의도는 결코 깊이 있게 논의하자는 것이 아니고, 비전문가들에게 이와 관련한 학문의 기초지식과 동시에 관련 연구자들에게 약간의 아이디어를 제공하기 위해서 집필되었다.

2

『언어와 인간』은 본래 1992년 탈고하여, 1994년 2월 상해교육출판사에서 발행하였으며, 단지 1,300부만 출간하여 현재는 책을 구할 수가 없는 상태이다.

이번 수정판은 개정한 곳이 매우 많은데, 먼저 목차가 대폭 수정되었다. 즉 기존 저작 목록의 제9장에서 제14장까지의 총 6장을 제하고, 신조어에 관련된 부분, 보통화, 정보 시대와 언어과학, 그리고 새로운 기술 혁명으로 나타난 언어학에 대한 새로운 관념에 관한 4장을 증편하였다. 다음으로는, 강연 원고와 논문을 원래의 면모로 환원하였고, 초판에서 부적절하여 넣지 못했거나, 각 장절에서 부분적으로 제외되었던 내용을 다시 설명이나 해석의 방식으로 예문이나 해석을 첨가하였다.

마지막으로, 초판의 『对社会语言学若干范畴的再认识(사회언어학의 몇몇 범주의 재인식)』을 고쳐서 부록으로 넣었다. 그렇다고 해서, 결코 이 문장이 중요하지 않다는 것은 아니며, 오히려 내가 80년대에서 90년대 초반까지 학습하고 연구하여 실천했던 이론의 종결이라고 할 수 있으며, 여기에는 작가의 사유 과정을 기술하고 해부하고 있다. 그러나 이것은 회고와 성찰성의 문장으로, 순서에 따라 제13장은 제12장과 자연스럽게 이어지지 않으며, 부록으로 넣는 것이 더 타당하지 않을까 싶다. 이 외에도, 개정판에서는 초판본에서 부록으로 있었던 「书目居要(서목거요)」를 제하였으며, '인명 색인'을 추가하였다. 다만 본문에서 주장하던 논점이나 수치 등은 그대로 두고 수정하지 않았다.

3

언어와 인간 — 이러한 상당히 매혹적인 과제는 많은 학자가 관심을 가지고 연구하는 것으로, 지난 20세기 70년대 중엽, 서양의 두 언어학자 W.C. McCormeck(맥코믹)과 S.A.Wurm(부름) 주편의 *Language and man*(언어와 인간) (1976, 헤이그)'에서 제시했던 언어와 인간의 의미는 '인간의 교제human communication'에 초점을 두고 있으며, 인간과 인간의 언어 교제와 비언어 교제verbal and nonverbal communication를 포괄하고 있다. 여기에서 '교제'란 Norbert Wiener(노버트 위너)의 '인공 두뇌학cybernetic theory'에서 지시하는 '교제'를 의미한다. 중국어에서는 '通讯(통신)'으로 번역되었으며, 인간과 인간의 소통을 의미한다. 때로는 '인간과 컴퓨터'의 소통을 의미하기도 한다.

현재의 과학지식으로는 인간과 인간 사이의 소통은 언어를 떠나서 이루어질 수 없으며, 심지어 인간과 기계(컴퓨터)의 소통도 언어를 벗어날 수 없다. 물론 여기에서 말하는 '언어'는 넓은 의미에서 이야기하는 것이며, 분절음의 유성 언어에 한정하지 않는다. 즉 기타 일정한 서열의 기호체계나 무성 언어(예를 들어, 신체 언어: body language) 등의 정보체계를 포함한다.

자연히 우리는 언어 또한 인간을 떠나서 존재한다고 가정할 수 없으며, 인류 생활권 이외에 존재하는 공인된 '언어'라는 사물을 발견할 수 없다.

개정판 본문의 앞에 부가하였던 바벨탑의 삽화는 독자와 내가 함께 언어와 인간의 관계를 상상하고자 한 것이다.「창세기」에서는 바벨의 성에 통천탑通天塔을 건설하고자 하였으나, 하나님의 노여움을 사서 탑은 건설되지 못했다. 오히려 세상 사람들은 지구의 각지로 분산되어 살게 되면서, 이때부터 수천 개의 서로 다른 언어를 말하게 되었다는 기록이 있다. 이것은 언어와 인간에 관한 가장 오래된 전설이며, 후인들은 바벨 통천탑의 모형을 그려놓았다. — 여기에 삽입된 탑은 내가 본 가장 완벽한 바벨탑의 모형으로, 언어학자 Vera Barandovska(비에라 바란도프스카) 여사의 라틴어 연구 저작에서 가져온 것이다.(프라하, 1995)

4

본 저작의 제반 연구 성과는 중국사회과학원 언어문자응용연구소와 홍콩 중문대학 중국문화연구소에 근무(1984~1991)할 때 이루어낸 것들이다.

이 두 연구소의 동료들은 나를 지지하고 격려해주었으며, 내 평생 잊지 못할 사람들이다. 특히 두 연구소의 민주적인 분위기와 자유사상은 내가 즐겁게 독자적인 생각과 학술상에서 새로운 아이디어를 제시할 수 있는 기회를 제공해 주었다. 그로부터 10년 후인 오늘, 나는 여전히 무한한 감격의 정을 담아 언어문자응용연구소의 陈章太(진장태) 부소장과 傅永和(부영화) 연구원, 그리고 중국문화연구소의 陈方正(진방정) 소장과 함께 근무했던 张双庆(장쌍경) 교수와 林道群(임도군) 선생에게 깊은 감사를 드린다. 또 상해교육출판사의 사장님과 편집자(胡惠贞-호혜정 여사도 포함)께서 어려운 환경에서도 본 저작을 출판해 주신 점에 대해 깊은 감사를 전한다. 개정판의 교정작업과 색인 및 편집을 맡아 준 柳凤运(류봉운)에게 고마움을 전한다. 만약 이 저작에 오점이 있다면, 그것은 모두 내가 신중하지 못했기 때문이다.

陈原(진원)

2001년 3월 15일

역자 서문

진원陳原 선생의 '언어와 인간'이라는 이 서적은 본 역자가 대만에서 대륙 서적을 가져와서 팔던 업자로부터 매입을 하면서 접하게 되었다. 처음에는 필자가 서문에서 밝혔듯이, 전체 목차나 체제만으로는 책이라고 보기 어려울 정도의 논문집이자, 경험담을 풀어놓은 듯 이야기 형식의 글이었다. 하지만, 그 내용은 90년대 우리가 공부했던 언어학의 내용이나 사고라고 보기 어려운 신선한 충격으로 다가왔다. 비록 서양에서는 70년대를 전후로 인간 소통verbal의 도구인 자연언어뿐만 아니라, 기계언어에도 관심이 있었지만, 한국에서는 그다지 유행하지 않았기 때문일 것이다.

본 역자는 이 책을 여러 번 번역하고자 하는 마음은 있었지만, 사회언어학에 대해 문외한이어서 자신이 없었던 점이 주저하게 하였다. 이뿐만 아니라 저작이라고 하기에는 불완전한 목차 형식과 내용의 어려움, 그리고 마르크스주의 관련 내용 및 한국 출판계의 상황 등을 고려하지 않을 수 없었다. 사실 구판의 서문에서 밝혔듯이, 이 책은 구판에서는 '对社会语言学若干新探索(응용사회언어학에 대한 약간의 새로운 탐색)'이라는 부제副题

가 붙어있지만, 필자가 1980년대 말에서 1990년대 초의 8년 동안 진행했던 강연이나 연구 논문을 모은 강연집 및 논문집의 성격을 띠고 있다. 또 내용 면에서도 필자도 언급했듯이, "'응용사회언어학'에 존재하는 약간의 언어 현상이나 범주를 탐색"하였는데, 예를 들면, 문화접촉으로 인한 '언어변이'에서 시작하여 '언어 모자이크현상'이나 이중언어현상bilingualism, 다중언어현상multilingualism, 그리고 피진어(pidgin: 징방어), 크레올(creole: 혼합어) 등은 용어의 설명도 어려울 뿐만 아니라, 심지어 제어론, 인공두뇌학 등 당시 언어학에서 쉽게 다룰 수 없는 내용 등이 포함되어 있었다. 하지만 필자가 강조하는 내용은 언어와 인간의 공생뿐만 아니라 기계와 소통(통신 혹은 교제)에 관한 것으로, 최근 컴퓨터 언어학에 관한 내용까지 이미 30여 년 전에 감지하고 관련 연구를 선도해 나갔다는 점은 묘한 매력이었다.

그래서 언어학 관련 공부를 함께 하고 있던 주위의 강사 및 박사과정의 학생에게 번역해 보자는 제안을 하고 '동서대학교 공자학원'과 '대한중국학회'에서 제시한 번역 사업에 참여하게 되었다. 대개 언어 자체의 구조나 의미분석에 중점을 두는 일반언어학과는 달리, 사회언어학적 관점에서 바라보는 언어 현상은 한자어와 한글, 그리고 영어 등 수많은 외래어를 접촉하고 있는 한글의 현실을 어떻게 바라볼 것인가를 알려주고 있다. 비록 전반적인 내용이나 체계가 단편적이기는 하지만, 언어와 사회, 그리고 인간의 소통 등에 관심이 있는 독자라면 한 번쯤은 읽어 볼 필요가 있지 않을까 한다.

다시 한번 이 책이 세상에 나올 수 있도록 연구비에서 저작권 협상까지 도움을 준 '동서대학교 공자학원'과 중간중간 힘들 때마다 하소연을 받아준 '대한중국학회' 이민경 선생과 이서현 선생, 그리고 대중성보다는 학술성이 강한 저작에 대해 출판을 허락해 준 '학고방'에 감사를 드린다. 마지막으로, 전반적인 내용이나 용어의 어려움에도 불구하고 하나하나 찾아가며 분석하고 토론해 가면서, 여러 차례의 수정작업에도 아무런 불만 없이 최종 수정작업까지 묵묵히 해준 김계화, 이인주, 장건군 공동 번역자들에게 깊은 감사를 드린다.

가좌벌에서 역자 대표 김정필

차례

일러두기

1. 인명, 지명, 논저 등은 원어를 먼저 쓰고, 그 뒤에 우리말을 병기한다.
2. 본문 중의 인명, 지명 등은 장별로 처음 등장한 때에만 원어와 한국어를 병기하고, 이하는 한국어만 사용한다.
3. 중국어의 인명, 지명 등 외래어 음역 표기는 표준중국어 독음 대신 한국 한자음을 사용한다.
4. 본문 중의 중국어 표기는 간체자의 사용을 원칙으로 하되, 원문에서 번체자로 쓰인 것은 그대로 따른다.
5. 한글로 쉽게 이해되는 용어나 표현 등은 원어를 병기하지 않는다.
6. 서명을 나타낼 때 동양의 저서는 겹낫표를 사용하고, 서양의 저서는 이탤릭체를 쓴다.
7. 원문에서 일치되지 않은 목차 제목 스타일은 숫자로 통일한다.
8. 설명이 필요한 부분은 역주를 달아 보충한다.

TURRIS BABEL

아주 먼 옛날, 사람들은 같은 언어를 사용했다. 대홍수 이후 사람들은 엉뚱한 상상을 하게 되었다. 바로 하늘에 닿는 통천탑을 세우는 것이었다. 이 일을 알게 된 하나님이 진노하셨는지 아니면 놀라셨는지 모르겠지만, 이르시기를 "감히 이런 일을! 만약 바벨탑이 완성되면 이후로는 그 하고자 하는 일을 막을 수 없으리로다!" 하여 하나님은 아담과 하와의 후손을 온 지면에 흩으셨으며, 그들의 언어를 혼잡하게 하셨다. 이 탑이 바벨bable 성에 건축되었으므로 바벨탑이라고 한다.(『성경』 구약, 「창세기」 11장 참고)

제1장

변이론變异论[1]

오늘의 강의 내용은 제가 이전에 제시했던 사회언어학의 네 가지 주제 중 하나로, 그 첫 번째인 '변이变异'에 관해 이야기해 보려고 합니다. 사실 '변이'는 사회언어학의 주요 연구 과정으로, 여러분이 이미 알고 있는 사회언어학의 기본 개념이라고 할 수 있습니다. 단지 제가 연구하고 있거나 더 연구해야 할 사안으로, 사회언어학에서 당연히 연구하고 토론해야 할 과제이자, 아이디어 차원의 논의라 할 수 있습니다.

지금 논의하고자 하는 내용은 '대학 후' 혹은 '박사 후' 과정에서 들을 수 있는 수업이라고 할 수 있습니다. 여기서 제가 '대학 후'라는 용어를 사용한 것은 '박사 후'(영문은 각기 post graduate와 post doctoral)에서 모방했으며, 여러분도 알다시피, 최근 '박사 후(포닥)'라는 용어가 신문 매체나 공용문건에 명사로 많이 사용되고 있음을 볼 수 있습니다. 최근에 많이 사

1 1987년 3월 중국사회과학원 화용학과 대학원에서의 한 차례 강연(기록을 바탕으로 정리).

용되는 또 다른 명사인 '继续工程教育(후속공학교육)'은 영어 'continuation engineering education'의 번역어로써, 대체로 신문 매체나 공문서에서 자주 보입니다. 이러한 신조어는 그 의미를 정확하게 이해하기 어려운데, 당신이 이해하든 이해하지 못하든 신조어의 출현은 개인의 의지로는 바꿀 수 없는 것입니다. 왜냐하면 이러한 단어도 여전히 현대 중국어의 통용어로 어휘집에 편입되고 있기 때문입니다.

아마 여러분 중에서는 제가 오늘 말하고자 하는 변이에 대해, "규범화를 선전하려는 것은 아닙니까?" 혹은 "뭐 하러 변이를 연구합니까?"라고 하거나 "무엇 때문에 변이를 강조합니까?"라는 문제를 제기하는 사람도 있을 거라고 봅니다. 그런데 변이가 없으면 규범도 없고, 규범이 없으면 변이가 드러날 수 없습니다. 엄밀히 말하자면, 규범화를 위해서 변이를 연구한다는 것은 사실입니다. 인류의 사회 교제에서 언어 문자는 그것이 문어이든 구어이든 간에 늘 변화하고 있지만, 그렇다고 하더라도 하루아침에 변하는 것은 아닙니다. 이러한 변화의 주요 요인은 이 사회가 변화하고 있다는 것이며, 사실 이러한 변화가 없으면 언어의 발전도 없으며, 사회언어학 또한 없습니다. 어떤 의미에서는, 사회언어학의 중심 문제가 바로 변이 그 자체라고 할 수 있습니다. 다만 제가 여기에서 말하고자 하는 변이는 서로 다른 장소에서 또 달리 번역될 수 있는 영어 어휘 variety, variation, diversity, change, differentiation 등과 관련된 내용입니다. 즉 '변화를 표현한다'라는 것은 어떤 언어 문자가 변화되었다는 것을 의미합니다. 제가 '异化(이화: alienation)'라는 특수한 의미를 지닌 철학 용어를 사용하지 않는 것은 바로 '이화'가 때론 자신의 대립물로 변화되었다는 의미를 함유하고 있거나, 때론 '태변蜕变'의 의미를 함유하기도 하기 때문입니다. 이와 달리, '변이'는 보편적으로 존재하는 사회 언어 현상이라고 할 수 있습니다.

사회언어학은 크게 두 개의 변량变量으로 연구되는데, 하나는 사회이며, 또 다른 하나는 언어입니다. 우리는 언어의 변화로부터 사회의 변화를 더 쉽게 관찰할 수 있으며, 특히 언어 문자의 변화가 인류 사회의 특정 부분에 변화를 유도하거나 혹은 영향을 줄 수 있는지에 관한 문제는 더 깊은 연구가 필요합니다. 구어의 변화는 단시간 내에 쉽게 파악할 수 없지만, 문자의 변화는 비교적 쉽게 파악할 수 있습니다. 사실 구어의 변화는 늘 문자의 변화를 유도하며, 사람들은 문자의 변화를 통해 언어 변화의 궤적을 파악하게 됩니다. 이러한 변화를 우리는 '언어의 비규범화'라고 표현합니다. 비규범화의 경향성은 늘 존재하고 있으나, 사회생활은 늘 규범화를 요구하게 됩니다. 왜냐하면 이러한 규범화를 통해서 언어 교제는 더욱 정확하고 유효한 결과를 가져오기 때문에, 늘 비규범화를 수정하려는 경향이 존재합니다.

어떤 사회라 할지라도, 사회의 조직과 구성원들은 그들이 사용하는 언어 문자에 일정한 규범이 갖추어지기를 요구합니다. 만약 당신과 내가 서로 다른 변이체를 사용한다면, 사회 교제는 더욱 어려워질 것입니다. 즉 우리가 늘 말하는 공통 언어가 없다면, 정보를 전달하거나 사상을 교류할 수 없기 때문입니다. 하지만 언어 문자는 사회의 영향을 받아 늘 변화하고 있으며, 언어 문자의 이러한 변화는 규범에서 비규범으로 변하는 것이기에 늘 규범화와 싸우게 됩니다. 이것은 어떤 사람의 생각이 변화한 것이 아니라, 사물의 운동 과정에서 나타나는 필연적인 현상으로, 이상하게 여기거나 두려워할 필요는 없습니다. 그러나 앞에서 언급한 것처럼, 규범화는 사회 언어 집단이 필요로 하는 것이며, 특히 정보화 사회는 더욱 규범화를 요구하게 됩니다. 왜냐하면, 정보화 사회는 정보 교류의 고속화, 고효율, 고도의 정확성을 요구하기 때문입니다. 만약 규범화가 이루어지지 않는다면, 고속화, 고효율, 고도의 정확성 등을 언급할 수도 없게 됩니다.

다음으로, 간판 문자에 사용된 규범화의 예를 살펴보고자 합니다. 다시 말해, 비규범화가 어떻게 규범화에 충격을 주고 있는지, 또 사회적 개방이 활발했던 80년대 사회적 용어에서 왜 이러한 비규범화 문제가 자주 발생했는지 등에 관해 이야기해 보려고 합니다.

간판 문자의 규범화 문제는 사회언어학이 다른 과제를 연구하는 것처럼, 서재에 앉아서 연구만을 하는 것이 아닌 현장에 직접 가서 다양한 예들을 찾아 조사해야 합니다. 그렇다고 해서, 이러한 조사가 쉽게 두드러지게 드러나는 예들만을 임의로 수집하여 고찰한다면, 다른 사람을 설득할 만한 규율을 찾기 힘듭니다. 두드러진 예는 언제 어디서나 발견할 수 있습니다. 建国门(건국문)의 북쪽 대로에 있는 '国际邮电局(국제우전국)'이 바로 한 예입니다. 당시 새로 세워진 '우전국'은 아마도 외국대사관과 외국인의 거주 구역에 설립되었기에, 그 간판에 '國際郵電局(국제우전국)'이라고 쓰였을 것입니다. 이 5개의 글자 중에 4개가 간체자가 아닌 번체자를 사용하고 있는데, 사실 '局(국)'자는 간화简化되지 않은 글자이므로 번체나 간체의 문제를 논할 수 없습니다. 그래서 이 단어는 비규범화의 대표적인 사례라고 할 수 있습니다. 그런데 이러한 비규범적 사례는 외국인에게 호기심을 일으켜, "왜 간체자가 아닌 번체자로 써 놓았나요? 우리는 간체자를 배우고 있는데, 국가기구에서는 간체자를 쓰고 있지 않네요."라는 질문을 던지는 이가 한둘이 아니었습니다. 이것뿐만이 아니라, 건국문 대로변에 새로 설립된 北京市内电话局(북경시내전화국)의 영업부 또한 그 간판을 번체자로 기록하고 있습니다. 앞의 '國際郵電局(국제우전국)'이라는 간판은 나름의 국제적이라는 이유라도 들 수 있지만, 이 전화국은 북경시 정부 산하 기관으로서 이렇게 써 놓았다면 그 구실을 찾을 수 없겠지요.

우리는 이런 유형의 비교적 두드러진 용례를 통해 북경시 영업점의 간판이 모두 "비규범화된 것이다"라고 말할 수 있을까요? 말할 수 없습니다. 우리는 당연히 이렇게 매우 두드러진 용례를 과학적 연구의 표본 자료로 사용할 수도 없습니다. 사실 저는 북경시에 있는 상점들의 간판 문자에 대한 비규범화 경향을 연구하기 위해서 여러 거리에 있는 이러한 사례들을 연속적으로 조사한다면 어떨까도 생각해 보았습니다. 즉 王府井大街(왕부정거리), 东单北大街(동단북거리), 西单北大街(서단북거리), '前门大街(전문거리)'의 北段(북단: 前门과 珠市口 사이) 등 네 개의 거리를 함께 조사한다면, 아마도 비교적 실제에 부합하는 결과가 나오지 않을까 하는 생각이 들었기 때문입니다. 왜냐하면 이 네 개 거리의 상점은 서로 떨어져 있지 않고 연속적으로 밀집되어 분포되어 있으며, 중간에 공원이나 공터가 끼여서 간극이 있는 것도 아니며, 또한 琉璃厂(유리창)[2] 같은 단일 업종의 상점가도 아닌 다양한 업종이 존재하기 때문입니다. 이뿐만 아니라, 위에서 제시한 북경시의 네 개 거리는 상품 거래가 가장 활발한 지역이며, 간판의 홍보 역할 또한 현저히 두드러지기 때문입니다.

저는 왕부정 거리의 동쪽 끝단에서부터 金鱼(금어) 골목까지의 상점 간판을 현지 조사하였는데, 거리 양쪽의 간판들을 모두 촬영하여 슬라이드를 제작했습니다. 그러면 일단 제가 제작한 슬라이드 중 일부를 골라서 간판들의 문자사용 현황을 보여드리겠습니다.

--- [華大呢絨綢布店] - 이미 간화된 한자의 번체자를 사용하고 있음.

--- [新世界絲綢店] - 'NEW WORLD SILK STORE'라는 영문이 표시되어 있음.

--- [云峰皮鞋店] - 전부 간체자简体字를 사용하고 있으며, 'YUNFENGPIXIEDIAN'이라고 한어병음을 전부 붙여쓰고 있음

--- [新中國儿童用品商店] - 이곳은 송경령宋庆龄의 제자題字를 그대로 씀.

--- [建华皮货有限公司] - 달리 'JH STORE'라는 영문이 표시되어 있는

2 역주: 중국 북경에 있는 유명한 전통 문화 거리로, 서화(书画), 골동품, 문방사우(붓, 먹, 종이, 벼루), 고서적 등을 파는 상점들이 밀집해 있는 곳이다.

데, 'JH'는 '建华'의 한어병음 약자이며 'STORE는 '상점'을 의미함.

--- [北京工艺美术服务部] - 영문 이름은 'BEIJING ARTS AND CRAFT SERVICE'가 병기되어 있으며, 문 앞에도 "欢迎您光临 WELCOME TO OUR STORE"가 쓰여 있음.

--- [蜀苑餐廳] - 번체자로 쓰여 있으며, 유명인의 글씨체가 아님.

--- [中國照相] - 노포老鋪이며 번체자를 사용했는데, 북경이 해방되기 이전에 이미 이렇게 쓰여 있었다고 함.

--- [外文书店] - 이 네 글자는 郭沫若(곽말약)의 글씨체이며. 영어 이름은 FOREIGN LANGUAGES BOOKSHOP이라고 함.

--- [中国工商银行] - 아래쪽에 '한어병음'이 띄어쓰기 없이 병기되어 있으며, 'ZHONGGUOGONGSHANGYINHANG'은 마치 미주 인디언 언어같이 보임.

--- [北京百貨大樓] - 원래 간체자로 쓰여 있었으나, 1984년 건국 35주년을 기념하면서 번체자로 바꾸었다고 함.

--- [普蘭德洗染公司] - 노포老铺이며, 번체자로 쓰여 있음.

--- [承古齋] - 오래된 골동품점이며, 광고문이 있는데 위에는 예서체, 아래에는 영문이 쓰여 있음.

제가 방금 보여드린 몇 장의 사진은 직접 현장에서 촬영한 것으로, 이 거리의 양쪽에는 총 77개의 상점 간판이 있습니다. 그중 51%에 달하는 39개가 번체자로 쓰여 있으며, 나머지 49%에 해당하는 38개는 규범자를 사용하고 있습니다. 또 이 중에서 '한어병음'을 부가한 곳이 10.3%를 차지하고 있습니다. 하지만 절반은 정확한 철자법에 따라 표기되지 않았고, 일부는 글자를 발음대로 썼거나, 여러 글자를 띄어쓰기 없이 한 줄로 이어 쓴 것이었습니다. 영문을 함께 표시한 곳도 13% 정도를 차지하고 있는데, 이처럼 간판에 영문을 표기하는 것은 해방 이후 점차 감소 추세에

있다고 합니다. 그리하여 개방정책 이전까지는 거의 제로에 가까웠는데, 최근에는 또 점차 증가 추세에 있다고 합니다. 이것은 현재 중국 사회에 나타나고 있는 재미있는 현상의 단면이라 할 수 있으며, 이번 조사를 통해 다음과 같은 점을 파악할 수 있었습니다. 즉 북경시의 가장 번화한 상점가로 알려진 왕부정 거리의 간판 규범화의 정도는 매우 낮았으며, 규범화와 비규범화 비율은 거의 1:1이라고 할 수 있습니다. 앞서 언급한 몇몇 거리에 대해서도 조사를 실시한다면, 우리는 북경시에 간판 문자의 규범화가 어느 정도 이루어졌는지를 설명하는 보고서를 제출할 수 있을 것입니다. 만약 우리가 북방의 도시 몇 개, 남방 방언 지역의 대도시 몇 개, 다시 외곽 도시나 소수 민족 지구 등의 도시 몇 개를 더 선택하여 이러한 조사를 한다면, 상점 간판의 규범화 정도를 좀 더 세밀하게 파악할 수 있을 것으로 보입니다. 따라서 이러한 조사의 결과는 그 나름의 유의미하고 설득력을 갖춘 보고서가 될 수 있습니다.

제가 지금까지 조사하고 연구했던 일련의 결과를 여러분에게 소개했습니다만, 사회언어학 연구는 한 사람이 단순히 서재에 앉아 추측하여 판단할 수 있는 것이 아닙니다. 다시 말해, 집체적인 역량과 자료 수집, 분석 작업을 거쳐서, 참고할 만한 가치를 지닌 통계를 통해 접근해야 합니다.

위에서 조사한 간판 언어의 사용 환경을 살펴보면, 우리 사회에서 규범화와 비규범화의 충돌은 늘 발생한다고 생각합니다. 따라서 사회 대중에게 다양한 홍보와 교육, 그리고 규범 언어를 사용하자고 건의하는 등의 과정이 필요하며, 또 100%의 규범화는 이루어질 수 없기에 조급함은 금물입니다.

지금까지 간판 문자에 관해서 말씀드렸다면, 다음은 어휘가 표현하는 사회 현상에 관해서 설명을 이어가겠습니다. 저는 작년(1986) 3분기부터 신문 매체에 나타난 새로운 표현법, 즉 '意识(의식)'을 '어근'으로 하여 나타난 새로운 어휘들에 주목하기 시작했습니다. 사실 '어근根词'으로 사용되는 '의식'은 특히 요즘 작가들이 즐겨 쓰는 어휘로, 영문으로는 'consciousness'로 불리는 철학 용어입니다. 그 의미는 고도로 완전하고도 조직화 되어 있는 특수 물질인 인간의 두뇌가 가진 기능으로, 객관 사실을 반영하는 인간이 가진 특유의 기능이라고 할 수 있습니다. 즉 과거에는 단순히 '下意识(무의식), 潜意识(잠재의식)', '意识到……(의식하여)' 등과 같이, 어휘 '의식'이 표현하는 두뇌 활동의 '단어 구성构词' 능력이 그다지 뛰어나지는 않았습니다. 하지만, 지금 소개하고자 하는 어휘는 '의식'을 형태소로 활용한 구절(고정구조)을 중심으로 설명드리고자 합니다. 이 어휘는 최근 중국에서 비교적 영향력을 지닌 매체인 『人民日报(인민일보)』, 『光明日报(광명일보)』, 『文艺报(문예보)』 등에 모두 등장하고 있으며, 저는 올해(1987) 발간된 『中国语文天地(중국어문천지)』 제1기에 실렸던 「语言和社会(언어와 사회)」에서 '××意识'으로 구성된 구절 12개를 제시했었습니다. 그리고 올해(1987) 2월 말까지 主体意识, 商品意识, 质量意识, 消费意识, 销售意识, 决策意识, 民主意识, 进攻意识, 抢点意识(여기까지는 하키경기 보도 자료 중), 法制意识, 当代意识, 自觉意识, 自我意识, 批评意识, 企业意识, 首都意识, 巨片意识, 共存意识 등 20여 개를 더 수집하였습니다. 또 최근에는 '诗意识(시의식)'과 같은 어휘도 나타나는 것으로 볼 때, 다양한 분야에서 '의식'이 사용되고 있음을 알 수 있습니다. 여기서 이른바 '××意识'이라고 불리는 것들 중 일부는 과연 '의식'이라고 부를 수 있을지 의문입니다. 예를 들어, '巨片意识(대작 지향의식)' 이라는 것은 어떤 의식을 말하는 것인지 이해하기 어렵습니다. 다시 말해, 현재 제작 중인 영화가 '巨片(대작)'이 될 것임을 의식한다는 의미인지 아니면 반드시 그것을 '대작'으로 만들어야 한다고 의식해야 한다는 것인지 이해하기 쉽지 않다는 것입니다. 만약 "나는 대작을 제작하고 싶다."라는 표현은 "要拍一部'巨片'"이라고 하면 되는데, 하필 '의식'을 부가한 '巨片意识'이라는 표현이 적절한지는 모르겠습니다. 또 어떤 간행물에 제시된 '共存意识(공존의식)'이라는 표현 또한 저는 그 어휘가 사용된 전체 문장의 내용을 반복해서 살펴보았지만, 도저히 '공존의식'이 뭘 함의하고 있는지를 파악할 수 없었습니다. 심지어 '首都意识(수도의식)'이란 어휘는 정식 공문에서 볼 수 있었는데, 대략 '당신이 수도에 사는 사람이라는 (사실을) 의식하고 있어야 한다.'라는 정도로 이해할 수는 있을 것 같습니다. 만약 이렇게 추론하여 의미를 확대해 보면, '의식'의 단어 생성 능력은 무한히 확장될 수 있을 것으로 보입니다. 예를 들어, 제가 지금 강의하고 있으니 '讲课意识(강의의식)'이란 표현을 할 수 있다면, 반대로 여러분은 청자이므로 '听课意识(수업받는 의식)'으로 표현할 수 있을 것입니다. 또 목이 말라 뭔가를 마시고 싶을 때는 '喝茶意识(차 마시는 의식)'이란 표현으로도 쓸 수 있지 않을까 싶습니다. 이렇게 수많은 '의식'을 만들어내는 것은 가치 있는 일도 아니며, 역자가 외국어로 번역하고자 할 때는 상당한 어려움에 봉착할 것이고, 더 나아가 외국인이 이 단어의 정확한 의미를 파악한다는 것은 매우 어려울 것입니다.

또 하나의 재미있는 현상은 방언이나 토속어에서 들어온 문어체를 들 수 있습니다. 북경시의 '前门(전문)'이란 곳에는 상당히 큰 면적의 광고판이 있는데, 그 위에는 큰 글씨로 '音响效果盖了(음향효과 끝내 줍니다)'라는 문구가 사람들의 관심을 끌어내고 있습니다.

Philips Car Stereo

THE SOUND MAKES

THE DIFFERENCE

音响效果盖了
(음향 효과 끝내줍니다)

필립스

아! 저는 '盖了!(끝내줍니다!)'란 표현에도 관심이 많아서, 이렇게 촬영해 왔습니다. 다시 한번 왕부정 거리에 있는 한 가게의 광고창 슬라이드를 살펴봐 주십시오.

全电脑控制迷你冲印系列
(디지털 자동 제어 미니 현상 인화 시리즈)

彩色冲卷扩印放大
(컬러 필름 현상 및 확대 인화)

欢迎广大顾客光临
(많은 고객 여러분의 방문 환영)

交件迅速信誉第一
(신속한 현상, 신뢰 제일)

优质服务顾客至上
(최고의 서비스, 고객 우선)

扩印一小时可取
(확대 인화는 1시간 내 수령 가능)

위의 광고에서 '电脑(컴퓨터)'와 '迷你(미니)'는 전형적인 홍콩 및 대만식 표현 기법입니다. 马希文(마희문) 선생은 『计算机不能做什么(컴퓨터는 할 수 있는 게 없습니다)』라는 저작의 「译者序(역자서)」에서 "우리는 최근 홍보물에서 널리 사용되고 있는 '电脑'라는 용어에 마땅히 신중하게 접근해야 한다. 만약 '电脑'가 홍콩이나 대만풍이 아니라고 하더라도, 적어도 나는 40년대 어떤 사람이 '摩托车(오토바이)'를 '电驴子(전기 당나귀: 전동 스쿠터)'라고 하자는 주장이 생각난다."라고 하였습니다. 그는 영어 컴퓨터에 대한 번역어를 '电脑'보다는 '电子计算机(전자계산기)'를 사용하자고 주장하였는데, 사실 저도 이 의견에 찬성합니다. 물론 또 다른 사람은 오히려 '电脑'가 '电子计算机'보다 더 좋은 이유를 장장 한 시간 동안 구구절절이 설명하기도 하였습니다. 그런데 그 사람도 나중에는 "저도 '电子计算机'를 사용하는 것에 찬성합니다."라고 하더군요. 마희문 선생이 제기했던 '电驴子'는 제가 어린 시절 广州(광주)에서 珠江(주강)에 있던 증기선을 '过海电船(과해전선: 바다를 건너는 전기 여객선)'으로 불렀던 사실을 떠올리게 하였습니다. 즉 이 어휘에서 '海'는 주강을 의미하고, '电船'은 '气艇(모터보트)'을 의미합니다만, 지금 광주에서는 그렇게 부르지 않습니다. 또 다른 어휘인 '迷你'는 영어 'mini-'의 음역으로, 본래 중국어로는 '微型(미형)'이나 '小型(소형)' 등으로 번역됩니다. 우리는 한자가 지닌 형태소를 통해 의미를 파악하는 경우가 많은데, 번역어 '迷你'에는 약간의 '不雅(상스러울)' 정도의 부정적인 의미가 있어 영어의 본래 의미와는 차이가 있습니다.

또 하나 더 예시를 들어보면, '扩印(확인: 사진의 확대 인화)' 또한 80년대에 비로소 사용된 어휘인데, 여기에서는 사회적 요소가 언어의 변이에 영향을 주어 '비규범화'를 유도한 사실을 발견할 수 있습니다. 넓은 의미에서 보면, 언어 혹은 어휘의 의미는 언제 어디서든 쉽게 변화가 일어나는 것이 아니라, 인간의 의지에 따라 변화한다는 것입니다. 다만 변이의 외부적 요인으로는 사회적, 역사적, 지역적 원인 등을 들고 있는데, 그 외에도 관습이나 풍속의 영향도 존재합니다. 이뿐만 아니라, 내부적 요인인 언어 문자 자체의 변화도 존재합니다. 그래서 많은 사회언어학 저작에서는 한 장을 통째로 할애하여 언어의 변이를 설명하는데 이는 전혀 이상하지 않습니다. 예를 들어, 陈松岑(진송잠)의 『社会语言学导论(사회어언학도론)』(북경대학출판사)에서도 몇 개의 변이를 각각의 장절로 나누어 연속적으로 설명하고 있는데, 당연히 서로 다른 학파의 변이에 대한 설명이 상이할 수 있기 때문입니다. 오늘, 이 자리에서 이러한 차이에 대한 설명을 준비하지는 않았습니다만, 저는 William Dwight Whitney(휘트니)의 특별한 견해가 생각납니다. 19세기 미국의 언어학자인 휘트니는 브라흐미 문자梵文와 비교언어학 연구로 유명하였으나, 지금은 그다지 언급되고 있지 않습니다. 그는 유작으로 'An Outline of Linguistic Science(언어과학강요)'이라는 부제가 붙은 *The Life and Growth of Language*(언어의 생명과 성장)이라는 책을 남겼습니다. 이 책의 주제는 '변화change'라는 용어를 사용하고 있으며, 그는 언어의 변화를 '외적 변화out of form'와 '내적 변화inner change'로 나누고 있습니다. 즉 외적 변화에서는 대부분 어음의 변화를 중심으로 설명하고 있으며, 내적 변화에서는 의미의 변화를 중심으로 설명하고 있습니다. 그 또한 언어 변화에 관한 연구의 초점을 의미변화에 두고 있습니다. 저는 제가 쓴 『语言和社会生活(언어와 사회생활)』의 일본어 번역본의 서문에서 사회언어학 연구는 당연히 어음과 어법의 변화에 초점을 두어야 하며, 의미의 변화에 대해서는 더 고려해 볼 필요가 있다고 주장했습니다. 왜냐하면, 의미의 변화는 사회생활의 변화나 사회 조건의 변화를 그대로 반영하고 있기 때문이라고 생각했었고, 저의 견해는 휘트니의 견해에 가깝다고 할 수 있습니다.

독일의 언어학자 A. Scheichel(슐라이첼)은 '언어는 유기체의 일종'이라고 주장했습니다. 19세기 상반기, 유럽의 학술계에서는 종종 유기체 학설을 고무하는 경향이 있었는데, 이런 사람들은 이 세상의 많은 사물을 유기체와 연계하여 말하였습니다. 슐라이첼의 주장 또한 이러한 사조의 영향을 받았습니다. 휘트니는 비록 슐라이첼의 견해에 완전히 동의하지는 않았지만, 그는 앞에서 언급한 그의 저서 『언어의 생명과 성장』에서 "언어가 비록 유기체는 아니지만, 유기체와 같은 상상을 할 수 있다."라고 반복해서 말하고 있습니다. 이것은 좀 더 심오한 고찰이 필요하다고 생각됩니다. 통제론의 창시자인 위너는 자신의 이론을 발표하기 전후로, 어떤 사람은 언어가 이미 유기체와의 대화에서부터 '인간과 기계의 공생'으로 확장되었다는 주장을 제시하기도 하였습니다. 왜냐하면, 언어는 어떤 측면에서는 유기체와 같으며, 유기체와 모종의 작용을 일으키기도 하기 때문이라는 것입니다. 언어의 변이는 늘 외부 조건의 영향, 환경의 영향을 받고 있으며, 이러한 변이는 규범화에 충격을 가하여 언어 사용자들이 비규범화 요소를 억제하도록 유도합니다. 즉 언어는 사회를 구성하는 각종 요소의 영향을 받기도 하지만, 그 자체로도 유기체처럼 성장한다는 것입니다. 한편으로는 부정적 작용(규범화에 충격을 가하거나 정보전달을 방해하는 등)을 하기도 하고, 또 다른 한편으로는 긍정적 작용(사회적 사물에 대한 신개념을 탄생시키거나, 혹은 더욱 유효한 사회 교제를 진행하는 것)을 하기도 합니다. 다만 우리는 변이의 부정적 측면만을 보아서는 안 되며, 변이가 언어를 풍부하게 한다거나 언어가 사회 교제의 필요에 긍정적으로 작용하는 것을 무시해서도 아니 됩니다.

우선 신조어의 생성은 언어변이의 긍정적인 요소로 이해할 수 있으며, 신조어 문제는 사회언어학에서 변이를 연구하는 중요한 내용입니다. 吕叔湘(여숙상) 선생은 『辞书研究(사서연구)』에서 「大家都来关心新词新义(여러분 신조어와 새로운 의미에 관심을)」라는 문장을 발표했는데, 신조어의 생성은 언어에 변화가 일어났음을 나타내는 징표라고 말했습니다. 한편 신조어와 신개념의 형성은 규범화에 충격을 가한다는 점에서는 비규범화의 산물이라고도 할 수 있습니다. 하지만 이후 사람들이 실제 사용을 거치면서 신조어와 신개념을 표현하는 기존의 단어가 없다면, 꼭 필요한 신조어의 사용에 대해서는 비교적 합리적이고 필요한 것이라고 여기게 됩니다. 사회언어학에서는 언어변이의 부정적 측면(규범화를 방해)과 긍정적 측면(언어의 표현력을 풍부하게 하고 적절한 언어 교제에 수용)을 함께 연구하게 됩니다. 최근 몇 년 사이, 저는 여러 차례 강연을 진행하였는데, 신조어 연구의 중요성을 역설하기도 하였습니다. 언어 문자의 응용에 관한 연구에서 누차에 걸쳐 이 문제를 강조했으며, 화용론 연구자들 또한 이러한 전제하에 많은 연구를 진행하고 있습니다. 저 또한 신조어 생성의 사회적 의미에 관한 논문을 한 편 썼는데, '화중공학원华中工学院'에서 출판되는 『语言研究(어언연구)』에 발표했습니다. 그 뒤에, 일본학자가 그것을 보고 东京明治书院(동경명치서원)에서 출판한 『应用言语学讲座(응용언어학강좌)』 제3권에 그 내용을 실었으며, 일본어로 등재되기 이전에 약간의 수정을 하였으니 참고해 주기 바랍니다.

신조어의 생성은 유기체의 생성과 유사하며, 신조어 연구 과정에서 새로운 아이디어를 얻기도 합니다. 예를 들면, '头(두: 머리)'는 본래 인간이나 동물 신체의 한 부분으로 구체적인 개념이나, 점차 추상적인 개념으로 변화되었습니다. 본래 '두목头目'이나 '상사上司'를 나타내는 '头儿(두아)'은 50년대에는 거의 사용되지 않았으며, 문화대혁명을 거치면서 점차 보편적으로 활용되었습니다. 이후 과장, 처장, 국장 등 중간 간부에게도 '头儿'을 사용하였으며, 심지어 자기의 상사라면 모두 '头儿'을 사용하였습니다. 또 '头头儿'의 경우에는 '造反派头头儿(반동파두목)', '战斗队头头儿(전투대대장)' 등과 같은 어휘들이 문화대혁명 10년 동안 매우 유행처럼 번져나갔습니다. 이후 '头头儿(두목)'은 어감이 좋지 않아서 '三种人[3]'이 아니면 사

3 역주: 중국의 문화대혁명에 연루되었던 林彪(임표), 江青(강청) 등을 따랐던 반혁명 분자를 말할 때 사용하였다.

용이 허락되지 않았습니다. 이러한 단어(유행어)는 누가, 언제부터 쓰기 시작했는지, 말하기 쉽지 않습니다. 또 하나의 단어 '老头儿(노두아: 영감)'은 현재 아내가 자기의 남편을 부르는 말로, 젊은 사람이든 나이가 많은 사람이든 개의치 않고 사용하고 있습니다. 이 어휘는 자기가 부르든지 혹은 자기가 듣든지 간에, 편안하고 자연스럽게 느낀다는 것입니다. 그러나 만약 이 어휘를 외국어로 번역한다면, 그건 그렇게 쉽게 이해할 수 있는 것이 아닙니다. 저는 이전 미주대륙에서 몇몇 화교를 만났는데, "너희가 말하는 것 중에 가장 헷갈리는 단어는 자기의 배우자를 '爱人(애인)'으로 부르는 것이다."라고 말했습니다. 즉 '爱人'은 영어 'lover'로 '情人(정인)'의 의미를 지니고 있습니다. 그래서 저는 기지를 발휘하여 당시 주위에 앉아 있는 몇몇 여성에게 물었습니다. 저는 그들에게 "당신은 왜 당신의 배우자를 '先生'이라고 하나요? 그는 학교 선생님도 아니고, 또 의사도 아닌데, 어떻게 '先生'이라고 부르나요?"라고 반문하면서 크게 웃었던 적이 있습니다. 물론 '爱人'이든 '先生'이든 간에 언어 습관이 만들어낸 것이기 때문에, 좀 논리적으로는 '사회적 약속约定俗成'이라는 관점에서는 무엇이 옳고, 또 무엇이 그른지 판정할 수 없습니다. 다만 어떤 어휘는 생명이 길고, 어떤 어휘는 그 생명이 짧을 뿐입니다. 우리는 언어가 유기체라고 단정해서 말할 수 없지만, 또 다른 측면에서는 유기체와 유사한 점이 있다는 것은 사실입니다. 사회는 인간이 만든 것이고, 인간 또한 유기체입니다. 이처럼 유기체에 속하는 많은 사물이 언어에 영향을 주고 있기에, 언어 또한 유기체의 특징, 즉 탄생, 성장, 변이, 노화, 사망 등과 같은 유사한 성질을 지니고 있다고 볼 수 있습니다. 지금은 문화대혁명 때, 곳곳에서 볼 수 있었던 '砸烂××的狗头(xx의 개 대갈통을 박살내다)'에서 '狗头(구두:개 대갈통)'와 같은 단어를 거의 볼 수 없지만, 혹시 미래의 사전에는 한 자리를 차지하고 있을지도 모릅니다.

사실 용어의 문제와 신조어의 문제는 동일한 측면에서 볼 수 있는 것이 아닙니다. 예를 들어, '艾滋病(Aids)'는 의학의 각도에서는 질병의 원인, 증세, 예방과 치료 등을 연구하지만, 사회언어학의 각도에서는 현대중국어에서 처음에는 어떻게 불렸고, 그 뒤에는 어떻게 불렀으며, 왜 변동되었는지? 당시 사회적 요소를 어떻게 반영하고 있는지를 연구합니다. 사회언어학에서 연구하는 변이는 일반의미론에서 요구하는 의미 해석을 만족시킬 수 없습니다. 왜냐하면, 사회언어학의 변이 연구는 어떤 사회적 요소의 영향을 받았으며, 또 이러한 변이가 어떻게 작용할 것인지를 고찰하는 것에 그 목적이 있기 때문입니다. 용어가 지닌 치밀함과 정확성은 단어가 지닌 느슨함과 모호성에 상호 모순 관계를 형성합니다. 용어는 완벽한 정확성(내가 말하고자 하는 것은 요구이지, 실제로 해낼 수 있는가에 대한 여부와는 다르다)을 요구합니다. 단일어에 속하는 용어는 단지 하나의 의미만을 지니며, 또 다른 의미를 나타낼 수 없기 때문입니다. 즉 하나의 개념이 하나의 용어로 표시되면, 또 다른 용어로는 표시되지 않습니다. 일반 어휘에서는 용어가 요구하는 이러한 표준화와 같은 요구를 하지 않습니다. 물론 어휘의 규범화를 요구하기는 하지만, 언어는 변화되는 것이기 때문에 이러한 규범화는 상대적일 뿐입니다. 수천 년 동안 변화하지 않은 단어도 있기는 하지만, 모든 단어가 그러한 것은 아닙니다. 만약 언어가 변화하지 않고 정체되어 있다면, 그 언어는 죽은 언어라고 할 수 있으며, 설사 인공언어라도 불변할 수는 없습니다. 예를 들어, 대표적인 인공언어인 에스페란토어Esperanto 또한 ludwik Lazarz Zamenhof(자멘호프)가 1887년 그의 *Unua Libro*(제1서)에서 발표한 이래로, 지금까지 백 년 동안 엄청난 변화가 있었습니다. 이러한 변화는 규범화와 비규범화의 충돌로 만들어졌으며, 비규범화가 한편으로는 규범화와 충돌을 일으키지만, 또 다른 한편으로는 언어를 풍부하게 하고, 어휘를 풍부하게 하며, 언어의 표현 방식을 풍부하게 합니다. 즉 비규범화는 규범화와 모순되면서도 통일된 하나의 체계이며, 이러한 모순과 투쟁의 결과는 '항상성homeostasis', 즉 자기 균형 상태로 이어집니다. '항상성'이란 용어는 생리학에서 출발했으며, 어떤 사람은 이를 '항상성'이라고 번역하고, 어떤 사람은 '내적 평형', 또 어떤 사람은 '항상성 평형'이라고 번역하기도 합니다. 즉 '항상태'는 통상적으로 두 개의 충돌 세력의 모순과 통일의 결과이며, 언어 운용의 결과도 이와 같다고 볼 수 있습니다. 다시 말해, 어떤 것이 탄생하면, 또 다른 것은 소멸하거나, 어떤 것은 저항에 부딪히거나 밀려나기도 하면서, 결국 하나의 '항상恒常'의 상태가 형성됩니다. 이것은 우리가 늘 말하던 것으로, 언어는 상대적 안정성을 지니게 됩니다. 이후 '제어론'과 '정보론'에서는 '내적 항상태' 학설을 광범위하게 운용하였는데, 제어론의 대표 학자인 위너는 '제어론'에서 '항상태'를 두 가지 개념으로 나누어 제시하고 있습니다. 하나는 '재생(피드백)'이며, 또 하나는 '내적 항상태'입니다. 그가 말한 '내적 항상태'는 바로 이러한 모순된 사물의 쌍방 운동 과정에서 발전한다는 것입니다. 여기에서 말하는 '운동'은 바로 '변화'를 의미하며, 만약 어떤 사물이 완전히 불변한다는 것은 '항상화恒常化'의 상태가 아닌 '경직화僵化'를 의미한다는 것입니다. 불안정이 안정성을 끊임없이 충격하는데, 언어에서는 그것이 바로 '변이'로 나타난다고 할 수 있습니다. 물론, '내적 항상성'이라는 개념을 모든 사회 현상에 기계적으로 적용할 수는 없습니다. 어떠한 생명체의 언어도 비규범성의 충격을 두려워하지 않으며, 비규범성의 충격은 언어를 풍부하게 하는 근원이 된다고 할 수 있습니다. 이것이 바로 언어 변이의 긍정적 측면이라고 할 수 있습니다.

[토론]

[청중 질문1] 과거의 사람들은 언어의 비규범화 성분을 부정적 요소로 여겼습니다. 지금 陈(진) 선생은 비규범화 성분이 규범화 성분을 충격하는 것에는 이중성이 있다고 하셨는데, 이 관점은 매우 탁월한 식견이라고 생

각합니다. 언어의 규범화 문제는 비록 행정 등 각종 수단을 통해야 하겠지만, 당연히 비규범화 또한 규범화와 투쟁 과정에서 언어의 발전은 스스로 도태하기도 하고, 스스로 조절하거나 혹은 스스로 소멸하는 과정을 거친다고 생각됩니다. 그러면 비규범화의 규범화에 대한 충격이 어느 정도여야 언어 집단이 비로소 수용할 수 있다고 보시나요?

[대답] 이것은 매우 중요한 문제입니다. 국내든 아니면 국외든 언어의 규범화가 제기되면, 모든 비규범화 성분은 완전히 부정적인 것으로 간주됩니다. 물론 비규범화 또한 긍정적 요소가 있습니다. 당연히 비규범화의 규범화에 대한 충격은 결국 어느 정도까지 되어야만, 언어의 안정성이 보장되고, 정보 교환에서 최대의 효과를 보증할 수 있는지는 아마도 더 연구가 진행되어야 할 것으로 보입니다. 제가 오늘 말씀드린 '비규범화'는 넓은 의미에서 접근한 것이지만, 우리는 여전히 신조어나 신개념을 비규범화의 범주에 두어야 합니다. 비규범화의 단계 또한 동등하지 않기에, 우리는 실제 상황에 근거하여 서로 다른 절차로 접근해야 합니다. 예를 들어, 용어는 당연히 100%의 규범화, 표준화가 요구되며, 설사 완전히 해결할 수 없다고 하더라도 이렇게 요구해야 합니다. 번체자를 남용하거나, '미니' 같은 유행어를 무분별하게 사용하는 경우에도 홍보와 권유를 통해 그것이 규범화되도록 유도해야 합니다. 만약 출판사의 편집장이 이러한 권한을 가진다면, 당신의 비규범적인 것에 대해 나는 개정의 권한을 가지게 되고, 개정은 비규범적인 것을 규범적인 것으로 바꾸는 것을 말합니다. 그러나 저는 '迷你'와 같은 비규범적 어휘는 결코 긴 생명력을 지닐 수 없으며, 아마도 몇 년 후에 통용 어휘 목록에서 사라지게 될 것이라 확신합니다. 해외의 어떤 학자는 저와 같이 언어오염을 반대하는 사람을 '언어 정화주의자'라고 말하면서, 언어는 절대 정화할 수 없다고 주장합니다. 물론 비규범화 성분이 나타나는 것에 관해서 말해 보자면, 저 또한

언어의 완전한 정화는 불가능하며, 불순물이 섞이는 것을 막을 수는 없다고 생각합니다. 저도 이전에 몇몇 지역에서 언어오염을 반대하긴 했지만, '四人帮(4인방)'[4]과 같은 오염 세력에 대처하자는 것이었습니다. 즉 오염이란 허황된 말, 공허한 말, 쓸데없는 말 등을 말하며, 10년 간의 문화대혁명 기간에 이러한 오염은 매우 심각했습니다. 나는 '四人帮'이 저질렀던 '언어오염'을 반대한 것이지, '언어정화'를 주장한 것은 아닙니다. 언어의 100% 완전한 정화는 불가능하지만, 언어가 건전하게 성장할 수 있도록 노력해야 합니다. 신조어와 신개념의 끊임없는 출현은 어떤 의미에서는 정화되지 않는다고 할 수 있습니다. 하지만, '迷你'와 같은 유형의 많은 신조어를 만들어 규범화에 강한 타격을 주는 식의 행위는 결코 언어의 건전한 발전을 이끌 수 없으며, 이전에 현대중국어로 번역된 '微型(미형)' 같은 어휘가 더 건전하고 더 정확히 영어 'mini-'의 개념을 표현한다고 생각됩니다. 왜 이러한 어휘를 방치하여 사용하지 않고, 굳이 사람들이 엉뚱한 연상을 하기 쉬운 '迷你'라는 말을 선택한 것일까요? 이러한 충격은 순전히 부정적인 것이므로, 우리는 이를 배제하고, 언어가 건강하게 발전할 수 있도록 해야 합니다.

[청중 질문2] 저의 견해는 언어의 발전 과정에서 사회심리 또한 하나의 요소라고 생각합니다. 일부분의 어휘(黑话 같은)는 사용 범위가 매우 좁지만, 어떤 어휘는 그 사용 범위가 극히 확장됩니다. 이러한 확장은 일종의 심리 우세의 표현이라고 생각합니다. 예를 들면, 해방 전 지식인이 모종의 우세를 점하면서 '先生(선생)'이라는 호칭이 확장되었는데, '先生'은 상대방에 대한 존중을 나타냅니다. 해방 후에는 간부가 우세를 점하면서 '同志

---

4 역주: 1970년대 중국 문화대혁명 말기, 毛泽东(모택동)의 정책을 지지하며 권력을 행사했던 江青(강청), 张春桥(장춘교), 姚文元(요문원), 王洪文(왕홍문) 등 4명의 정치 지도자를 말한다.

(동지)'가 장중하고도 존중의 의미를 나타내는 호칭으로 사용되었습니다. '문화대혁명' 중에는 노동자 계급이 모든 사회를 이끌어야 한다고 하면서 '공선대工宣队'가 들어왔고, 이에 '师傅(사부)'라는 호칭이 유행하기 시작하였습니다. 당신이 무얼 하든 간에 '师傅(사부)'로 존칭하게 되었습니다. 대외 개방 이후에는 '洋时髦(서양식 유행)'가 출현했으며, 서양의 물건이 우세를 점하면서 '迷你(미니)'가 성행하기 시작했습니다. 이러한 현상을 종합하여 보면, 언어의 변화 과정에는 사회심리적 요소가 작용한 것으로 볼 수 있는데, 이렇게 보는 것이 정확한 것인지 말씀해 주십시오.

[대답] 당신의 견해는 매우 정확하다고 봅니다. 제가 방금 사용했던 '风尚(풍상:풍조)'이라는 단어는 바로 '사회심리'를 나타냅니다. 언어 변화에는 확실히 복잡한 사회심리적 요소가 많이 있습니다. 얼마 전, '同志(동지)'란 호칭에 관해서 적은 한 편의 글을 본 적이 있는데, 그 글에서는 당신이 공산당원이 아니고 또 특정한 뭔가 아니라면, '先生(선생), 太太(부인), 小姐(아가씨)' 등의 호칭을 회복하자고 건의하였습니다. 이것은 바로 사회심리이며, 사회 환경의 변화는 사회심리의 변화에 영향을 줍니다. 제가 기억하기로 1949년에 북경에 왔을 때, 어느 날 회색 간부복을 입고 삼륜차에 탔던 적이 있었습니다. 그런데 운전사가 차 앞을 걸어가던 해방군 두 명을 향해 "저기 先生! 先生! 좀 비켜주세요."라고 급하게 소리쳤습니다. 그때, 해방군이 뒤돌아보면서, "차에 타고 있는 사람이 바로 先生(선생)이고, 우리는 同志(동지)입니다." 운전사는 다시 말을 바꿔 "예! 제가 先生을 모시고 가고 있으니, 同志는 길을 좀 비켜주시겠어요."라고 소리쳤습니다. 사실은 저도 '同志'입니다. 해방 초기에, *Das Kapital*(자본론)을 번역한 郭大力(곽대력) 교수는 저에게 "동북에서는 모두 '同志'라고 부르는데, 북경에서는 왜 나를 '先生'이라고 부르는지?"라고 말하면서 난감하다고 하였습니다. 총을 휴대하지 않거나 '军官(군관)'으로서 견장을 차지 않으면, 대부

분 그를 '先生'이라고 불렀습니다. 현재는 거리에서 '师傅(사부)'라는 호칭을 많이 듣습니다. 방금 당신이 사회적 요소가 언어에 영향을 미친 것으로 본 것은 정확한 분석입니다. 이러한 사회심리적 요소가 언어에 미치는 영향은 우리 사회언어학의 연구 분야입니다. 그러나 저는 우리 기관에서, 우리의 연구소에서, 혹은 우리의 사업 단위에서 '同志'란 호칭은 장려되어야 한다고 생각됩니다.

[청중 질문3] 방금 진원 선생께서는 언어와 사회에 작용하는 두 가지 변량變量은 상호 작용하고, 상호 영향을 준다고 말했습니다. '산일 구조[5]이론'에서는 체계 간의 영향은 모두 정보 교환 과정이 존재한다고 합니다. 체계 자체의 발전은 다른 체계와 교환 과정의 영향을 받으면서 무질서 상태에서 질서 상태에 이르게 됩니다. 만약 언어 규범화 과정을 질서 상태라고 본다면, 비규범화 과정은 무질서 상태라고 할 수 있으며, 계통에 대해 말해 보면, 계통의 항상성 과정은 객관 존재하고 있습니다. 저는 언어의 비규범화 부분은 계통 내부에 존재하는 무질서 상태의 일부라고 판단되며, 그것이 다른 계통의 영향을 받으면, 그 계통 사이에 끊임없는 정보 교환의 과정이 존재한다는 것입니다. 즉 무질서에서 질서로, 질서에서 무질서로 상호 작용을 한다고 볼 수 있습니다.

[대답] 저도 당신의 견해에 매우 동감합니다. 비규범화는 무질서 상태라고

---

5 역주: '산일(散逸) 구조(dissipative structure)'의 말 그 자체의 뜻은 '무너져 흩어지는 구조'라는 의미이다. 과학적으로 매우 복잡하고 심오한 의미여서 쉽게 이해하기 어렵지만, 작은 범위에서의 파괴적 에너지가 요동쳐서 큰 범위에서는 오히려 질서를 형성한다는 원리라고 한다. '산일구조'의 원리를 단순하게 말하면 미시적 무질서가 거시적 질서를 낳는 원리라고도 할 수가 있다. 그런데 이 '산일구조'는 미시와 거시의 관계로도 볼 수 있지만, 시스템과 시스템 사이에서 주고받는 에너지 관계로 볼 수도 있다. 한쪽의 파괴 에너지가 다른 쪽의 생성 에너지로 작용할 수 있다는 것을 의미한다.

할 수 있으며, 무질서 상태는 안정과 균형을 추구하며, 반드시 질서화로 향하게 됩니다. 언어가 질서 상태로 향하는 과정에는 두 개의 경로가 있습니다. 하나는 언어 자체의 도태이며, 또 다른 하나는 사회적 힘에 의한 변화입니다. 언어는 질서에서 무질서로, 무질서에서 질서로의 과정을 끊임없이 반복하며 발전하게 됩니다. 통제론 이전에는 무질서에 대해 부정적인 태도를 보였습니다. 하지만, 세계 만물은 모두 무질서가 질서를 충격함으로써 질서를 한 차원 높은 단계로 끌어올리며, 그 과정에서 다시 무질서 상태가 나타나게 됩니다. 이러한 변증법은 언어학의 문제가 아니라, 철학의 문제입니다.

제2장

변이에 관한 재론[1]

저의 오늘 강연이 1시간여 정도가 소요될 것으로 보이는데, 이 강당은 너무 커서 질문과 토론이 어렵지 않을까 생각됩니다. 저는 52년 전, 광주를 떠났고, 42년 전에는 홍콩에서 5개월을 살았습니다. 그때 이후로, 최근 홍콩중문대학에서 광주말 강연을 한 차례 한 것을 제외하고는 광주말을 할 기회가 없었기에, 제가 광주말을 하지 않은지 반세기가 흘렀습니다. 방금 주석께서 제가 말한 광주말은 변이된 광주말이라고 하셨는데, 맞는 말씀입니다. 혹은 보통화를 '번역한' 광주말이라고 할 수 있습니다. 하지만 저는 오늘 여전히 그럴듯한 광주말로 강연해 보고자 합니다. 여러분이 이해하지 못한다면 내 말이 이미 '화석화'된 광주말이기 때문일 것입니다. 즉 현재의 광주말이 아닐 뿐 아니라, 홍콩 사람이 말하는 광주말은 더욱 아닙니다. 내가 지금 하는 말은 '언어 화석'이라고 할 수 있으며,

---

1 본 강연은 1991년 1월 12일 홍콩 상무인서관에서 주관한 어문교육 강좌, 광주말 강연 내용임(당시 강연 내용을 녹음한 것을 정리한 것임).

그것은 50여 년 전 광주 사람이 하는 말이며, 현재 광주인이 하는 말과는 큰 차이가 있습니다. 제가 앞에서 언급한 기간은 비록 반세기에 불과하지만, 언어는 통시적 및 공시적 변이가 나타났습니다. 통시적 변이란 50여 년 동안 일어난 변화이며, 공시적 변이는 지역의 차이(광주말이 홍콩으로 간 것)로 인한 변화였습니다. 이 외에도, 화자가 처한 지위나 계층, 문화 정도의 차이, 생활 습관의 차이 등이 모두 그가 말하는 동일 언어에 변이가 발생하게 된 요인입니다.

언어는 사회 현상의 일종이지만, 사회의 변화에 따라 변화하게 됩니다. 이러한 변화는 사회언어학에서는 '변이'라고 합니다. 무릇 살아있는 것들은 시간, 장소, 환경의 차이에 따라 변화하며, 언어 또한 예외가 될 수 없습니다. 만약 언어가 불변한다면, 그 언어는 사회 교류의 요구에 적응하지 못하여 굳어버리거나, 표현능력 또한 없어져, 교제 기능이 없는 쓸모없는 언어가 될 뿐입니다. 언어의 변이 중에서 가장 빠르게 변화하는 성분은 어음도, 어법도 아닌 어휘라고 할 수 있습니다. 어휘는 언어 중에서 가장 민감한 성분이며, 변화도 빠르고, 구성 요소 또한 가장 많습니다.

이번에 제가 홍콩에 와서 몇 개월을 지내는 동안, 홍콩 사람들이 말하고 쓰는 광주말을 접촉하고 연구할 기회가 생겨 매우 좋았습니다. 저는 홍콩이 사회언어학을 연구하기에 가장 좋은 곳이라고 여깁니다. 왜냐하면, 홍콩은 다원화 사회여서, 홍콩 사람들이 말하는 광주말은 매우 복잡한 모습을 보여주는데, 그중에서 가장 대표적인 현상이 바로 '언어 모자이크mosaic 현상'입니다. 홍콩의 사회생활은 매우 역동적이고 중국어와 영어가 섞여 있는데, 단순한 중국어와 영어, 그리고 복잡한 중국어와 영어가 섞여 있는 변이된 광주말을 사용하고 있습니다. 홍콩 신문에서 광주말로 게재되는 문장에는 광주말의 어휘와 (표준) 어법의 어문语文이 섞여 있는데, 이런 광경은 다른 지방에서는 쉽게 보기 힘든 현상입니다. 홍콩 사람들의 모어는 방언 중에서도 하위 방언(홍콩어화 된 광동어)에 속한다고 볼 수 있습니다. 이처럼 특이하고 풍부한 언어재료를 갖추고 있는 환경에서 언어변이를 연구하는 것이 너무 좋습니다. 저는 주로 TV, 신문, 일상 교제 중에서 연구를 진행하고 있는데, 아직 완전한 이론화가 되지는 않았습니다. 예를 들면, 홍콩 사람들은 '中国'의 '国(guó)'를 '各(gè)'와 같이 발음하고 있는데, [gw]가 [g]로 변이되었으며, 제가 TV를 보면서 기록한 36번 중에서 단지 3번만 [gw]로 발음하고, 33번은 모두 다 [g] 음으로 발음하고 있었습니다. 즉 '中国(zhōngguó)'는 '中各(zhōnggè)'와 발음이 거의 같아졌지만, 제가 42년 전 홍콩에 살 때는 이렇지 않았습니다. 그때는 '中国'을 '中各'처럼 발음하는 사람은 거의 없었습니다. 현재 광주는 홍콩과 같이 [gw] 음이 이미 [g]로 전이되었다는 사람도 있지만, 저는 (이것에 관해) 연구한 적이 없습니다. 만약 이것이 사실이라면, 광주와 홍콩의 광주말은 몇몇 어음에서 동시에 혹은 전후로 같은 방향으로 변이되고 있다는 것으로, 매우 재미있는 현상이라고 할 수 있습니다. 저는 홍콩 사람들이 '朋友(péngyou)'를 '频友(pínyou)'로 발음하고 있다는 사실을 발견하였는데, 이것은 바로 [ŋ] 발음을 [n]으로 발음하고 있다는 것으로, 이 또한 매우 흥미로운 일입니다. 왜냐하면, 영국의 사회언어학자가 런던 이외의 특정 지역에서 [ŋ] 발음을 [n]으로 읽고 있다는 사실을 발견하였다는 점과 유사하기 때문입니다. 예를 들면, 'singing'을 'singin'으로 읽는다든가 혹은 'fishing'을 'fishin'으로 읽는 것 등은 모두 [ŋ] 발음이 [n]으로 변이된 상황이라고 할 수 있기 때문입니다.

다시 말을 돌려보면, 언어 중에서 변화가 가장 빠른 것은 어휘(어사)라고 할 수 있으며, 특히 유행어나 은어slang가 그러합니다. 그중에서 학생들이 사용하는 유행어가 빠르게 생성되고, 또 빠르게 소실됩니다. 최근 가장 영향력을 지닌 전파 매체는 TV입니다. TV가 전파하는 유행어나 은어가 단번에 사회 전반에서 광범위하게 사용된다는 점은 놀랄 정도이고, 심지어 두렵기까지 합니다. 저는 한때 이탈리아에서 민족 공용어가 어떻게

15년이라는 짧은 시간에 사회 교제의 유일한 용어가 되었는지를 고찰한 적이 있는데, 그 첫 번째가 TV의 힘이었고, 다음이 초등학교(초등학교에서 사용하는 언어 행위는 반드시 통일된 민족어였을 때)였습니다. 그래서 TV가 가장 강한 규범화를 이끌고 있거나, 부정적인 면에서도 언어의 규범화에 영향을 미치고 있다는 것을 알 수 있었습니다.

이처럼 홍콩과 같은 복잡 다변한 사회의 언어환경에서는 사회 유행어나 은어의 변화가 빠르게 이루어지고 있으며, 생성이나 소실 또한 빠르게 진행됩니다. 이번에 제가 홍콩에 와서 접하게 된 TV 드라마『香港蛙人(홍콩의 개구리 인간)』에서 '蛙人(와인)'은 사전의미인 '잠수부潛水人'를 의미하는 것이 아니라, 특수한 의미를 지니고 있었습니다. 여기 홍콩에 사는 사람들은 이 단어를 굳이 해석할 필요가 없지만, 저는 이 단어를 이해하지 못해서 한동안 혼란을 겪었습니다. 이후 중문대학의 张双庆(장쌍경) 교수에게 설명을 듣고, 비로소 이 단어의 정확한 의미를 알 수 있었습니다. 제 생각으로는 이러한 단어는 얼마 지나지 않아 소실될 것으로 판단합니다. 왜냐하면, 홍콩으로의 이민 열기가 식게 되면, '蛙人'이라는 단어는 존재하지 않을 것입니다. 만약 이 단어가 지시하는 대상이 존재하지 않는다면, '蛙人'이라는 단어는 다시는 부를 필요가 없기 때문입니다. 지난번 홍콩에서 유행했던 또 다른 단어인 '茶煲(다보)'는 영어 'trouble'의 음역인데, 만약 "我有茶煲了。"라고 말한다면, "나는 성가신 일이 있어."라든가 "나는 곤란한 일이 있어요." 정도로 이해할 수 있습니다. 홍콩 사람들은 아주 현명하게도 'trouble'을 '茶煲'로 번역하고 있는데, 이렇게 외래어를 만드는 것은 전 세계에서 보기 드문 일일 것입니다.

사회 유행어(특히 학생들의 은어)는 자가 도태율이 매우 빠른데, 어떤 언어든 대체로 비슷합니다. 일정 시기, 북경말에서 '好(좋다)', '极好(매우 좋다)'를 '棒!(짱이다!)', '棒极了!(완전 짱이다!)'로 말하는데, 왜 '棒(bàng)'을 쓰는지 모르겠지만, 그저 '好'의 의미라는 것이라고 봅니다. 또 다른 한 시기에는

'帅(멋지다)'자가 유행하였는데, 很'帅'는 바로 '好' 혹은 '很好'를 의미했습니다. 또 한동안 일부 사람들은 '盖(gài)'자를 즐겨 말했는데, 북경의 前门(전문)에 있는 箭楼(전루)에 일찍이 광고비가 하나 서 있었는데, '필립스'에서 다음과 같이 광고 문구를 써 놓았습니다.

音响效果盖了 (음향 효과 끝내줍니다)	飞利浦 (필립스)

어떻게 음향효과에 덮개盖子가 있을 수 있는지? 사실 북경 사람들은 보자마자 '盖'가 '极好'라는 것을 바로 알 수 있습니다. 따라서 이 글자를 "盖了这么一盖"라고 말한다면, 언어 효과는 완전히 다르게 나타날 수 있다는 점입니다. 다만 이러한 표현은 사람들에게 생동감을 주는 효과를 볼 수 있을 뿐입니다. 홍콩 광주말에도 이러한 유형의 많은 유행어가 있지만, 대부분 자생자멸自生自灭의 과정을 거치게 됩니다. 단지 극소수의 말만이 사회생활에 사용되고, 표준어에 수용되면서 후세에 전해지게 됩니다.

언어변이는 어문 교학의 관점에서는 곤혹스러운 존재인데, 특히 홍콩에서는 더욱 사람들을 힘들게 합니다. 현재 대부분 '모어母语 교육'을 제창하고 있지만, 어문 교학에서 '모어' 문제는 여전히 곤혹스럽게 합니다. 왜냐하면, 홍콩 사람들의 모어는 '홍콩식 월어粤语', 즉 앞에서 제가 언급했던 하위 방언이기에, 학생들의 작문은 오히려 백화문(보통화)으로 써야 하기 때문입니다. 저는 홍콩 신문의 전문칼럼에서 백화문이 아닌 광주말로 쓰여 있거나 혹은 백화문 사이에 삽입된 광주말 문어체로 기록되어 있는 것을 보았습니다. 그러나 중학교나 소학교 언어교육에서는 아무도 이러한 '모자이크' 문자를 쓰자고 이야기하는 사람이 없을 것입니다. 사회에서 사용하는 문자는 광고언어를 제외하고 아무도 이러한 문체로 작문을 하자고 주장하는 사람은 없을 것입니다. 그래서 저는 어문 교학은 여기에서 두 배의 어려움을 만나게 될 것이라고 말하고자 합니다. 학생들에게 이러한 표현을 요구하려면, 홍콩식 광주말을 보통화[2] 즉 북방 방언 구역의 사람들이 말하는 모어母语로 번역해야 할 것입니다. 왜냐하면 백화문白话文은 보통화의 문어체로, 보통화는 북경 어음을 표준음으로 삼고, 북방 방언을 기초 방언으로 삼는 '전국 통용'의 언어이기 때문입니다. 며칠 전에 한 친구가 홍콩 사람들의 문어체는 이전에는 문언을 중심으로 배웠으며, 현재는 백화문을 배운다고 말했습니다. 하지만 홍콩 사람들이 문어체나 백화문 모두 배우기가 어렵다는 것에 저도 동의합니다. 왜냐하면, 문어체를 쓴다는 것은 자신들의 모어(홍콩식 광주말)를 고대 사람이 하던 말(고대인의 문어체)로 번역하는 것이고, 백화문을 쓴다는 것은 모어를 북방 사람들이 하는 말로 번역하는 것이기에 둘 다 어려울 수밖에 없습니다. 자연히 제가 말하는 번역은 통역원이나 최근 출시되고 있는 다양한 번역기의 도움이 아닌, 대뇌에서 무성无声으로 번역되는 것으로, 또 하나의 번역 과정을 거친다는 것은 가르치는 사람이나 배우는 사람 모두 힘든 일입니다. 보통화 또한 이러한 번역 과정의 어려움이 점점 감소 추세에 있으나, 그것은 바람처럼 바로 해결되지 않는 장기적인 작업이라고 할 수 있습니다. 저는 이곳에서 어문 교학을 할 때 언어변이로 인한 어려움을 만날 수 있다는 것을 이야기하고자 하는 것입니다. 그리고 이러한 사업에 종사하는 여러분은 존경받을 만한 사람들입니다.

저는 유럽이나 미주 등에서 이중 혹은 다중 언어의 분쟁이 자주 발생하는 지역, 즉 캐나다, 벨기에, 네덜란드, 스위스 등을 방문한 적이 있는데, 이들이 사용하는 언어의 경계는 비교적 선명하게 드러납니다. 어떤 이중 언어 지역은 대도시의 거리 간판 또한 반드시 두 언어를 병렬하도록 규

---

2 엄격하게 말해, 여기에서 사용한 말은 허점이 있다. 보통화는 아마도 규범화된 언어이기에, 약간의 인공성이 가미되어 있으며, 특정 지구의 언어 집단이 하는 불완전한 모어라고 할 수 있다. 필자의 「关于普通话的社会语言学考察(보통화의 사회언어학에 관한 고찰)」, 『社会语言学论丛(사회언어학논총)』(장사, 호남출판사, 1991)을 참고.

정합니다만, 구어에서는 결코 두 언어의 어구语句를 함께 사용하는 경우가 없었습니다. 예를 들어, 캐나다의 퀘벡주는 프랑스 언어 구역의 중심부로 정확한 프랑스어를 구사하며, 결코 영어와 혼용하여 사용하지 않습니다. 그러나 홍콩은 영문과 중문을 마치 하나처럼 혼합하여 사용하고 있습니다. 즉 중국어(홍콩 월어)를 말할 때는 많은 영어가 섞여 있으며, 영어로 말할 때도 중국어 단어가 섞여 있는 것이 그야말로 '落霞与孤鹜齐飞, 中文共英文一色'(지는 노을과 외로운 기러기가 함께 날고, 중국어와 영어는 같은 색으로 이어지는) 모습입니다.[3] 이번 홍콩 방문은 비교적 긴 시간이라 늘 지하철을 타는데, 역 이름을 알리는 일련의 단어를 접하면서 저는 너무 놀랐습니다. 저는 제가 멍청한 것을 압니다. 역 이름을 알려줄 때는 늘 조마조마한 마음으로 다시 한번 생각을 해야만 비로소 뭘 말하는지 겨우 알 수 있었습니다. 역명을 알리는 어조语调는 억양이 휴지 없이 평평하였으며, 소리 또한 약간 피곤한 어조를 지니는데, 이는 각국의 지하철에서 늘 접하는 현상이긴 합니다. 50년대 초, 제가 모스크바 지하철에서 "следующая обстановка комсомольская(다음 정차역은 공청단 역입니다.)"이란 소개를 들으면서 이와 유사한 경험을 한 적이 있습니다. 저는 이러한 어조에서 단지 그 기사가 안내원을 겸하면서 매일 여러 번 천편일률적이고 무미건조한 안내 방송을 한다는 것을 느낄 수 있었습니다. 그리하여 저는 단지 그의 휴식 없이도 피곤함을 두려워하지 않는 노동에 경의를 표할 뿐입니다. 제가 처음 지하철을 타서 안내 방송의 첫 구절을 들었을 때는 전부를 들을 수 없었으며, 잘 알아듣지도 못했습니다. 제가 들은 것이라곤 "小心车门卖特多(xiǎaoxīnchēménmàitèduō)", "小心车门买地拖(xiǎoxīnchēménmǎidetuō)" 였으며, 이것은 무슨 말인가? 왜 지하철에서 '卖(mài)', '特(tè)', 多(duō)'란 말

3 역주: 唐 王勃『滕王阁序』에 나오는 한 구절 "落霞与孤鹜齐飞，秋水共长天一色"에 보인다.

이 나오는가? 도대체 뭘 판다卖는 건지, 도저히 뭔 소린지 갈피를 잡을 수가 없었습니다. 설마 제가 광주말의 일상용어도 알아듣지 못하는 것인지? 이후에 여러 차례 반복해서 듣다 보니, 이 말의 뜻이 "小心车门 mind the door"과 같이 중문과 영문이 섞여 있음을 알았습니다. 즉 전반부는 중문으로, 후반부는 영문으로 사용된 것이었습니다. 이것은 매우 독특한 변이 현상으로, 이것은 변이가 아니라 '모자이크' 현상이라고 할 수 있습니다. 이러한 독특한 변이는 광주말을 대략 아는 '外江佬(외지인)'에게는 뭔 소린지 어안이 벙벙하게 만들며, 저와 같은 '半外江佬(반 외지인)' 또한 노력해야 겨우 알 수 있는 것이었습니다.

이러한 혼합어는 화자가 청자에게 뭘 말하려는 것인지, 어떤 단락에서 또 다른 말로 전환될 것인지를 불분명하게 만듭니다. 더 나아가, 홍콩 사람들이 하는 말은 특히 빨라서 마치 영어를 말하는 듯하여, 몇 문장 혹은 몇 개의 상호 연관된 문장을 한꺼번에 말하기도 합니다. 그러면서 말할 때 중간 휴지도 없고, 쉼표나 분리 표지나 문장 표지도 없습니다. 그래서 만약 연음이 생기면, 구문 중의 글자 몇 개는 갑자기 들리지도 않습니다. 그것을 이해하지도 못했는데, 이미 말은 다 해버린 것 같은 느낌을 받습니다. 이것은 홍콩 사회의 생활 리듬이 빠름과 밀접한 연관이 있으며, 중국의 수천 년 봉건사회에서 이어져 온 느릿느릿하고, 억양이 뚜렷하며, 장단과 격식이 있는 전통적인 말투와는 정반대되는 것이라고 할 수 있습니다. 어느 쪽이 좋으냐의 여부를 떠나서, 이러한 언어 현상은 사회생활의 변화가 언어의 변화에 영향을 주었음을 증명하는 것입니다. 여기에서 말하는 속도의 변화는 제가 속도계로 정확하게 측정한 값이 아니라, 단지 감각에 의존하여 이러한 논점을 말하는 것입니다.

또 다른 점은 홍콩 사람들의 성량이 특히 크다는 것을 들 수 있습니다. 통속적인 광주말로 형용해 보면, 발화시 '큰 소리'로 말한다는 것입니다.

몇 사람이 함께 있으면, 마치 으르렁거리며 싸우는 것과 같이 느껴집니다. 신문 보도에 따르면, 찻집의 소음이 75데시벨에 이른다고 하는데, 제가 느끼기에는 이 숫자를 초과했으면 했지 더 작지는 않을 것으로 봅니다. 만약 찻집에서 차를 마시면서 대화하고자 한다면, 큰 소리로 말하지 않으면 상대방의 말을 잘 알아듣기 힘듭니다. 저는 '九广(구광)철로'[4]의 전철 안에서 사람들이 한껏 소리를 지르는 것을 들었는데, 사실 그렇게 크게 성량을 높이지 않아도 충분했습니다. 또 대학 호텔의 음식점에서 대학교수가 큰 소리로 대화하는 소리를 들었으며, 저 자신도 최근 습관적으로 큰 소리로 고함치곤 하는데, 정말 목이 쉬도록 외치는 모습이었습니다. 사실 성량이 큰 것이 문화 교육의 수준과는 관련이 없습니다. 주요 원인은 아마도 홍콩이라는 이 지역의 소음이 특히 커서, 평상시에도 80데시벨 전후가 된다고 합니다. 따라서 이러한 환경에서 생활하는 사람들은 습관적으로 입을 열자마자 목소리부터 높아지는데, 자동차가 고속도로에서 액셀을 더 밟는 것과 같다고 하겠습니다. 언어환경은 사회생활에서 대화하는 속도와 성량을 변화시킨다는 사실을 가히 증명했다고 할 수 있습니다.

사실 언어의 변이는 줄곧 부정적으로 작용한다고 여겨져 왔으며, 특히 어문 교학에서 부정적으로 작용합니다. 왜냐하면, 교학에서 요구하는 것은 규범화이기 때문에, 상대적으로 안정된 언어이기도 합니다. 만약 어음, 어휘, 어법 등이 나날이 변화하거나 수시로 변한다면, 이러한 언어로

---

4 역주: 홍콩과 중국 내륙을 연결하는 광주-구룡 철도(Guangzhou-Kowloon Line)는 '广九线'이라고도 부르며, 广州(광주)에서 东莞(동완), 深圳(심천)을 거쳐 九龙(구룡)에 이르는 철도노선이다. 아마도 홍콩에서는 구룡을 앞세워 '구광철도'라고 부르는 것 같다. 청나라 광서 32년(1906)에서 시작되어 宣统(선통) 3년(1911)에 전체 노선이 완공되었다. 1949년 광주와 심천 구간을 '广深铁路(광심철로)'로 이름을 변경했으며, 1996년에는 홍콩 구간을 '东铁线(동철선)'으로 변경하였다.

는 더 이상 사회 교제를 할 수 없게 됩니다. 경직되어 생명력을 잃은 언어는 변동하는 사회생활의 요구에 적응할 수 없습니다. 또 변이에 적응하지 못하거나 변이가 너무 빠른 언어 또한 사회 교제의 임무를 담보할 수 없습니다. 만약 현재 '白'이 흰색을 대표하다가 다음 날은 검은색을 대변하게 된다면, 이것은 근본적으로 언어라고 할 수 없습니다. 그래서 언어는 구어체이든 문어체이든 간에 상대적으로 안정적이어야 하며, 안정적일 때 비로소 규범이 될 수 있습니다. 규범의 대립 면인 변이는 살아있는 모든 언어가 변이되고 있으며, 이러한 변이는 비규범적임을 의미하거나 혹은 규범에 충격을 준다고 말합니다. 학생은 변이가 마음에 들면 사용하게 되지만, 교사는 이것을 비규범적이어서 틀렸다고 하며 점수를 주지 않습니다. 그러면 학생은 분명히 사람들이 이렇게 사용하고 있는데, 왜 틀렸냐고 되묻지만, 교사는 그저 이렇게 말하는 것은 틀린 표현이라고 말합니다. 이러한 상황은 생각의 모순을 만들고, 어문 교학의 어려움을 조장합니다. 이것이 바로 언어변이가 일으키는 부정적 작용입니다. 하지만 변이의 긍정적인 면도 보아야 하는데, 바로 언어에 변이가 있기에, 사회 수요에 맞지 않는 성분을 도태시키면서 언어를 더욱 풍부하게 합니다. 바꾸어 말하면, 언어의 변이는 언어 자체에 활력을 주어 경직화를 막아주는데, 이것이 바로 변이의 긍정적인 면입니다. 언어의 변이를 통해 새로운 요소를 흡수하려면, 학술 기관, 출판 단체, 나아가 언어 관련 행정 기관(존재한다면)이 다양한 형식과 방식, 방법을 동원하여 이러한 흡수와 도태의 과정을 적극적으로 추진해야 합니다. 예를 들어, 발음 변화에 따른 사전 편찬, 교과서 집필, 논문 작성, 나아가 일정 정도까지는 권위 있는 기관에서 성과나 지침을 발표하는 것 등이 이에 포함됩니다. 이러한 노력을 통해서만이 언어변이가 가져오는 부정적인 영향을 줄이고, 언어 자체가 새로운 안정성과 새로운 규범성에 도달할 수 있습니다.

방금 얘기한 언어변이에서 가장 민감한 성분은 어휘(혹은 어사)입니다.

제가 말씀드리고자 하는 어사语辞는 '茶煲(다보)'와 같은 은어가 아니고, '电脑(혹은 计算机)'와 같은 용어도 아니며, 그저 일상생활에서 일반 사물을 표현하는 일반 개념의 용어를 의미합니다. 홍콩은 최근 보통화(해외에서는 '국어'라고도 함)를 배우는 사람이 많아졌으며, 이 또한 의심할 것 없이 사회 교제의 필요에 따라 나타나는 긍정적인 현상이라고 생각합니다. 만약 피차간에 서로 이해할 수 있는 구어가 없다면, 어찌 효율적인 사회 교제를 할 수 있겠습니까? 사실 보통화의 교육에서도 과거에는 두 언어의 자음을 대비하여 비교하는 방식을 많이 사용했습니다. 예를 들면, '方' 자를 광주말에서는 [fɔŋ]으로, 보통화에서는 [faŋ]으로 읽히는데, 운모의 [ɔŋ]이 [aŋ]으로 변한 것으로 볼 수 있습니다. 그리하여 '邦[pɔŋ]'을 '[paŋ]'으로, '当[taŋ]'은 [tɔŋ]으로, '刚[kɔŋ]'은 [kaŋ], 汤[tʰɔŋ]을 [tʰaŋ]으로 읽는 식으로 유추할 수 있습니다. 비록 가끔씩 예외가 있기는 하지만, 대체로 이러한 독음 전환은 학습하기에 편리했습니다. 현재 저는 만약 어휘의 변이를 고려하지 않은 독음 전환만으로는 부족하며, 비록 발음이 정확하더라도 언어 교류의 목적에 도달하기는 어렵다고 봅니다. 광주말의 '行'은 보통화에서는 '走'로 대비되며, 광주말의 '走'는 보통화의 '跑'로 해석됩니다. 따라서 광주말에서 "我行先(나 먼저 간다)"라고 하면, 보통화에서는 "你先走(너 먼저 가)"로 대답하게 됩니다. 만약 광주말로 '返工(반공)'이라 하면, 보통화로는 '上班(하반)'이라 해야 합니다. 광주말의 '放工(방공)'은 보통화의 '下班(하반)'과 대응합니다. 이와 같은 방식으로 광주말과 보통화의 관계를 열거해 보면, 出粮-发薪, 瞓教-睡觉, 冲凉-洗澡, 食饭-吃米饭, 食面-吃面条, 番屋企-回家去, 够威!-真棒 등으로 대응합니다. 또 광주말에서 '的士佬(택시기사)'가 '交更(교갱)'이라고 하면, 보통화에서는 '出租车司机(택시기사)'가 '换班(환반)'한다고 말합니다. 광주에서 '睇脉, 揾医生'이라고 하면, 보통화에서는 '看病, 找大夫'라고 합니다. 또 광주말에서 "去急症室(응급실에 가다)"라고 하면, 보통화에서는 "进急诊室"라고 합니다. 광주말의 '泊车

(주차)'는 보통화에서 '停车'로, 광주말 '塞车(교통체증)'는 보통화 '堵车', 광주말 '私家车(자가용)' 는 보통화 '小轿车', 광주말 '唔该!(감사합니다!)'는 보통화 '谢谢!'를 말합니다. 홍콩 사람들은 '检讨(검토하다)'를 보통화 '研究研究(연구하다), 考虑考虑(고려하다)'로 이해하지만, 만약 북경에 가서 '检讨'라고 말하면, 매우 심각한 상황에 봉착한 것으로 받아들입니다. 즉 뭔가 잘못하여 조사받는다는 뜻을 나타냅니다. 앞에서 언급했던 예들은 어휘의 변이가 어문 교학에서 중요한 변수가 될 수 있음을 제시하고 있으며, 보통화의 교학에서는 어음(자음)의 전환 문제뿐만 아니라, 어휘나 어법의 전환(대응) 또한 주의해야 합니다.

이제 제 발표의 제1부분을 총괄해서 말씀드리겠습니다. 언어의 변이는 살아있는 언어라면 늘 발생하는 것이며, 단순히 인간의 의지로 전이될 수는 없습니다. 변이가 없는 언어는 경직화되어 죽은 언어입니다. 과거, 사람들은 언어변이의 부정적 작용인 언어의 규범을 충격하는 부작용을 강조했습니다만, 사실 언어변이는 부정적인 측면 이외에도, 언어의 신진대사를 촉진하는 긍정적인 측면도 있습니다. 언어의 발전은 자아 도태, 자아 개선, 자아 조절의 과정을 거칩니다. 여기에서 말하는 '자아自我'는 우리가 잘 아는 ego가 아니라, 언어환경이나 사회적 수요의 촉진하에서 적절한 인공의 조절이 가미되면서 형성됩니다. 만약 효율적인 어문 교학을 하고자 한다면 반드시 언어의 변이를 연구해야 합니다.

그럼, 지금부터는 제2부분 자형字形의 변이에 대해 말씀드리겠습니다.

자형의 변이는 현대중국어 연구에서 매우 중요한 부분이며, 중국어만이 지닌 독특한 연구 분야입니다. 표음문자를 서사 체계로 사용하는 언어에서는 자형 변이가 드러나지 않으며, 심지어 큰 문제도 되지 않습니다. 그러나 중국어(중문)의 자형 변이는 경시해서는 안 되며, 자형 변이는 복잡한 체계에서 간단한 체계로 바뀌고 있습니다. 이것은 전체 서사 체계의 규율의 출발점이며, 갑골문甲骨文, 금문金文을 거쳐 대전大篆, 소전小篆에 이르기까지, 또 전서에서 예서, 해서, 행서로 이어지고 있습니다. 또 해서, 행서에서 속자俗字, 손글씨, 혹은 현재의 간체자에 이르기까지 모두 번잡함에서 간단함으로 흐르고 있습니다. 중국의 유명 언어학자 赵元任(조원임) 교수는 "유사 이래 중국의 문자는 비록 시간이 빠르고 느림의 차이는 있겠지만, 줄곧 간화简化의 방향으로 흘러왔다."[5]라고 하였는데, 이것은 매우 정확한 지적입니다. 세간에는 번잡함을 좋아하는 사람이 없기에, 편리하고 사람들의 의도에 맞게 진행된 것으로 파악됩니다. 그래서 저는 사람의 천성이 게으르다고 하더라도, 게으름 또한 나쁜 것만은 아니라고 말하고 싶습니다. 사실 적은 투자로 많은 것을 얻는 것을 경제 효과가 크다고 말하는데, 천성이 게으른 것은 경제적 효율에도 부합하지 않나 하고 생각합니다. 10획으로 한 자를 쓰는 것이 30획으로 한 글자를 쓰는 것보다 더 낫지 않겠습니까? 시간을 절약하고, 에너지를 절약할 수 있다면 어떤 사람도 즐거움이 없다고 하거나, 그러한 사실에 반박할 수 없을 것입니다. 자형은 복잡할수록 파악이 쉬울 수 있다는 것은 듣기에 그 나름의 일리가 있다고 할 수 있습니다. 예를 들어, '龜(귀)'와 '龍(용)' 두 글자는 의미 파악은 더 쉬울 수 있겠지만, 만약 초등학생에게 일정한 네모 안에 써넣으라고 한다면, 자꾸 삐져나오면서 기분이 좋지 않을 것입니다. 만약 글을 써야 하고, 그것도 일상생활에서 매일 매시간 사용해야 한다면, 글자는 획수의 많고 적음의 문제를 고려하지 않을 수 없을 것입니다. 그렇지 않았다면, 송대宋代 이후 천년 간 무수히 많은 '속俗'자가 출현하지는 않았을 것이고, 또 사회생활에서 그렇게 간체자를 사용하지도 않았을 겁니다.

중국어(중문) 자형의 변이는 수천 년을 거치면서, 한자의 수량이 끊임없

5 赵元任(조원임) 『通字方案(통자방안)』(북경, 상무인서관, 1983), p.9. 장절 2.4의 간체자. 이 책의 최초 원고는 영문(제4장)으로 1967년에 발표되었다.

이 증가하는 원인이 되었습니다. 저는 자수字数의 증가가 모두 자형 변이의 결과라고 할 수 없지만, 자형 변이는 확실히 자수 증가의 원인 중의 하나이거나, 혹은 첫 번째 요소일 수도 있다고 말하고자 합니다. 거북이 등이나 소뼈, 혹은 청동기에 새겨진 것들은 사용된 도구의 차이일 뿐, 때때로 모종의 관계로 인해 한 점이 적어지거나 가로획이 하나 많아지는 정도로 이해할 수 있습니다. 글자를 새기는 도구(칼)의 변화 또한 한자 자수 증가의 원인 중의 하나라고 할 수 있습니다.

현대(중국에서는 당대/当代라고 함)에 이르러, 또 두 흐름이 한자의 수량이 많아지게 하고 있습니다. 첫 번째는 방언 내부의 한자가 방언 구역을 벗어나 전국 한자의 사전에 들어오는 것인데, 방언 지역의 사람이 아닌 전국민이 사용하는 것으로 '甭'이 있습니다. '甭(béng)'은 홍콩에서 가장 오래된 신문인 『华侨日报(화교일보)』의 '특별 송고'에 출현하였습니다. 또 광주말의 '奀(사전 속 보통화의 한어병음은 'ēn'이며, 광주말에서는 'ēn' 앞에 비음 [ŋ]을 붙여 읽으며, 백화문에서 자주 나옴)'이 있습니다. 두 번째는 과학계의 신조어인데, 특히 화학자들은 苍颉(창힐)이 되는 걸 좋아합니다. 왜냐하면, 그들이 새로운 원소나 물질, 그리고 새로운 구조를 발견함으로써, 원래의 글자나 어휘로는 새로운 의미를 표현할 수 없기 때문입니다. 예를 들면, 현재 중국인들은 습관이 된 '氕(piē: 프로튬)', '氘(dāo듀테륨: 중수소)', '氚(chuān트리튬: 삼중수소)' 등과 같은 글자를 원래는 어떻게 읽어야 할지 잘 몰랐으나, 이것은 모두 氢(qīng수소: 최근 백 년 전후로 출현)의 동위원소입니다. 그래서 이후에 어떤 총명한 사람이 전통적인 관습에 따라 편방이 있으면 편방을 읽는 방식으로 '氕'의 중간 편방 '丿'의 발음 '撇(piě)'로 읽었으며, '氘'는 중간 편방 '刂'에 근거하여 '刀(dāo)'로 읽었고, 또 '氚'는 중간 편방의 '川'자의 'chuān'으로 읽게 되었습니다.

앞의 두 종류를 '이체자'라고 부르는데, 50년대에 이미 도태되었다가, 어찌 된 영문인지 최근에 다시 나타났습니다. 예를 들면, 어휘 '群众(군중)'

에서 '君'과 '羊'이 수평으로 조합된 '群(qún)' 자가 표준 자체이고 이체자 '羣' 자는 이미 도태되었지만, 현재 인쇄물에서 이미 도태된 '羣' 자가 여전히 나타나고 있습니다. 문자는 정말 고집이 세다고 할 수 있을 것 같습니다. 만약 '경필硬笔'을 '연필软笔'로 바꿔서 포장지에 쓸 때는 반드시 자형字形의 변이가 일어나는데, 실제적으로도 확실히 변이가 발생하였습니다. 서법은 점차 일종의 예술로 변하면서, 서법-시제-회화의 삼위일체를 형성하고 있습니다. 이때, 서법 예술가는 자신의 천재성을 발휘하여 의식이든 무의식이든 간에 서로 다른 자형을 만들어내고 있는데, 이 또한 매우 자연스러운 일입니다. 어휘의 파생형은 한자의 수량을 증가시키고 있는데, 가령 고대에는 말马, 소牛, 양羊과 연계된 한자가 매우 많았는데, 이것은 당시의 사회생활을 반영한 것입니다. 즉 고대에 말, 소, 양은 매우 중요한 생산도구이자 교통수단이며, 생활 수단이었으며, 또 어떤 때는 전쟁 도구로도 사용되었습니다. 그래서 다양한 글자를 만들어 서로 다른 말, 소, 양과 연계된 일을 표현하였는데, 이는 마치 에스키모인들이 매일 매일을 얼음 위에서 눈과 더불어 생활하면서, 다양한 양상의 얼음과 눈에 관련된 언어 기호를 만들어낸 것과 같습니다. 예를 들면, 한 살의 소와 두 살을 가리키는 소, 세 살을 표현하는 소를 모두 다른 글자로 나타내었습니다. 또 뿔이 나지 않은 작은 소(송아지)에도 글자를 부여했으며, 검은색 입술의 소에도 또 다른 글자를 부여했습니다. 이렇게 한자의 수량이 증가하면서 현대에는 한자 하나가 두 글자(혹은 세 글자)의 어휘로 파생되었으며, 혹은 몇 개의 구절이 또 다른 구절을 형성하게 되었습니다. 중국어의 이러한 발전 추세는 갈수록 한 개 한자가 둘 혹은 그 이상의 단어 혹은 구절로 변화되었으며, 현대에는 고대에 많이 사용되던 한자 한 개가 단어가 되는 일은 거의 일어나지 않고 있습니다. 하지만 여전히 존재하기에 누구도 그것을 함부로 없애버리지는 못하며, 그저 쓰지 않을 뿐입니다. 다만 사전이나 서적류에는 여전히 보존되어 있습니다.

이렇게 이리저리 사용되고 있지만, 누구도 한자의 수량이 얼마나 되는지 확실하게 말할 수 없습니다. 최근 발행된 8권의 『汉语大词典(한어대사전)』에는 54,600자가 수록되어 있는데, 대략 고대에서 현대까지의 모든 한자가 수록된 것으로 볼 수 있습니다. 비록 정확한 조사를 거치지 않은 나의 추측이지만, 다른 지역에서 만들어진 한자도 수록되었을 것으로 보입니다. 일본학자 诸桥辙次(모로하시테츠지)가 편찬한 『大汉和辞典(대한화사전)』 12권에는 마지막 글자의 번호가 48,902번이며, 뒤에 간행된 제13권 색인에 보충된 것을 포함하더라도 49,962번으로 5만 자가 되지 않습니다.[6] 역대로 수록된 숫자가 많기로 유명한 『中华大字典(중화대자전)』에는 6만 여자가 수록되어 있으나, 검자표를 통해 중복된 글자를 제외하면 42,300자를 넘어서지 않습니다. 이렇게 볼 때, 한자의 총수량은 대략 5만에서 6만 자 사이에 있다고 보는 것이 실제 상황에 부합된다고 할 수 있습니다.

한자 특유의 특징인 자형 변이는 우리에게 다음과 같은 세 가지 문제를 떠올리게 합니다. 첫 번째는 자형의 규범화나 표준화가 필요한가 하는 것이며, 두 번째는 자형 중 간체자가 수용될 수 있는가이고, 세 번째는 상용자의 수량을 제한하는 게 맞는가 하는 것입니다.

첫 번째 문제는 비교적 간단한데, 현대어 사용에서는 이체자를 없애야 한다는 것입니다. 물론 걱정할 필요가 없는 것은 이체자가 도태된다고 해서 완전히 사라지는 것이 아니기 때문입니다. 누구도 어떤 문자나 언어를 임의로 소멸할 수는 없으며, '이체자가 도태된다'라는 것은 단지 그 중의 한자만을 사용한다는 의미에 불과하기 때문입니다. 중국에서는 여러 해의 노력으로 이미 50년대 중기에 1천 여자의 이체자를 도태한다고 공포

6 纪田顺一郎(기타 슌이치로) 편 『大汉和辞典を读む(대한화사전을 읽다)』(도쿄, 대수관, 1986).

하였습니다. 저는 서법 예술가가 다양한 서로 다른 이체자를 생성한다고 하더라도, 사회에서 가장 선호하는 선택은 하나의 공인된 자형을 선택하는 것이 낫다고 여깁니다. 그 이유로 첫째는 학습 시간을 절약할 수 있으며, 두 번째는 오해를 피할 수 있기 때문입니다. 우리의 인생은 유한한데, 구태여 더 많은 시간을 소모해 가면서 동일 개념을 나타내는 서로 다른 자형을 외워야 할 필요가 있겠습니까?

자형의 간화简化에 대해서는 이미 30여 년의 대대적인 작업 과정이 있었고, 또 매우 격렬한 논쟁이 있었습니다. 제가 앞에서 이미 조원임 선생의 주장을 소개했으며, 저 또한 간체자 문제는 세월이 지나서 미래에는 만족할 만한 해결점이 나올 것으로 보입니다. 사실 간체자는 공산당이 형성되면서 시작된 것도 아니며, 30여 년 전 남경 정부가 수백 개의 간체자를 공포하였습니다.[7] 홍콩은 현재 번체자를 사용하고 있으며, 간체자를 사용하지 않습니다. 여기에는 심리적인 원인도 있고, 정치적인 원인도 있습니다. 간체자를 수용하지 않는 것에는 어떤 간체자가 마음에 들지 않기 때문일 수도 있으며, 간략화 자체가 마음에 들지 않아 저항할 수도 있습니다. 이러한 이유가 다 이해되지 않는 것은 아닙니다. 다만 제가 말하고자 하는 것은 한자가 간략화가 되었든 아니든 간에 정치와는 필연의 관계가 없다는 것이며, 문자의 간략화 여부는 정치문제와 전혀 다른 문제라는 것입니다. 싱가포르에서도 간체자를 사용하고 있지만, 싱가포르의 정치와 중국의 정치는 근본적으로 다르기에 간체자를 수용한다고 해도 '6·4' 사태가 일어나지는 않을 것입니다. 심리적으로 간체자를 거부하는 것도 이해할 수 있습니다. 수천 년의 전통적 심리는 송체宋体와 해서楷书가

---

7 1935년 말, 남경 국민정부 교육부는 「第一批简体字表(제1차 간체자 표)」를 발표하였는데, 총 324개의 간체자를 수록하고 있다. 钱玄同(전현동)의 『简体字谱(간체자보)』(2,400여 자 수록, 1935)에서 선별해 낸 것이었으나, 1936년 2월에 철회하고 취소하였다. 叶籁士(섭뢰사)의 『简化汉字一夕谈(간화한자일석담)』(상해교육출판사, 1988) 참고.

비로소 정자正字이자 정통正统이라고 여깁니다. 이것은 공자께서 전해준 것이니, 공자께서도 말씀하시지 않았습니까? "身体发肤受之父母(신체발부는 수지부모라)" 머리카락조차 자르지 않는데, 글자는 말할 것도 없이 함부로 바꿔서는 안 되는 것이지요. 어떻게 문자의 한 점, 한 획 일부분을 떼서 버릴 수 있겠습니까? 다만 저는 정치 요소와 심리 요소는 시간에 따라 변화하는 것이고, 모든 도구는 사용하기 쉬운 방향(세탁기 또한 전자동으로 가듯이)으로 발전하기에 문자의 변화 또한 예외가 없다고 여겼습니다. 홍콩 사람들은 실질과 효율을 가장 중시하기에, 이러한 저항심리를 버리려고 한다면, 미래에는 간체자를 수용할 수 있을 것입니다. 그날 제가 지하철을 타면서 보았던 '灣仔'역의 이름은 하나는 작은 번체자를 사용했으며, 또 다른 하나는 이와 달리 행서를 사용했는데, '灣仔(만자)'의 '灣'이 마침 '湾'으로 되어있었습니다. 홍콩 사람들은 매일 지하철을 타고 이곳을 지나면서 이 간체자 '湾'을 보았지만, 어떤 홍콩인도 불쾌하게 여긴다고 듣지는 못했습니다. 먼 훗날 홍콩 사람들이 다른 간체자를 수용한다면, 아마도 간체자는 행서, 초서 혹은 손으로 쓴 속자에서 왔다고 여기지 않을까요?

방금 말씀드린 것처럼, 한자 간화 작업의 시작은 1949년부터가 아니라, 50년대부터 수집과 제정 그리고 간체자 확정 작업에 많은 시간과 노력을 쏟았다는 것입니다. 중국어에서 '간화자방안简化字方案'이 확정되기 이전인 50년대 중기에 이미 간체자의 초안이 제시되었으며, 전 국민의 의견을 청취하고, 수 만여 다양한 의견을 수렴하여 50년대 후기에 첫 번째 간체자 묶음을 공포한 것입니다. 이어서 더 많은 작업을 진행하여 1964년 '간화자총표'를 편성하여 정부에서 공식으로 시행세칙을 공포했다는 것입니다. 다시 1977년 제2차 간체자 묶음이 공포되었는데, 수량도 많아졌을 뿐 아니라, 많은 반대 의견도 나타났습니다. 어떤 글자는 간화가 잘 되지 않아 수용하기 어려우며, 또 몇몇 간체자는 도저히 수용할 수 없을 정도라고도 했습니다. 이렇게 반복된 논쟁이 8~9년 동안 지속되었고, 그 결과 1986년 여름, 제2차 간체자 모둠을 폐지하면서 지속되던 논쟁이 중단되었고, 1964년에 공포한 '간화자총표'(단지 7자의 수정에 그쳤음)를 다시 발표하였습니다.

제2차 간체자 모둠 폐기에 대해서는 국내 각계에서 환영의 뜻을 나타냈지만, 그중 몇몇 간화자는 계속 사용할 수 있지 않겠느냐는 의견도 있었습니다. 그러나 의견 일치를 이루기 어려워, 결국 옳고 그름을 따지지 않고 모두 폐기하게 되었습니다. 이 간체자 모둠 중에서 가장 첨예한 비판을 받은 것은 '展览会(전람회)' 중의 '展(전)' 자인데, 그 당시 간체자는 '𡰪'이었습니다. 당시 비판 의견 중의 하나는 이 글자를 보자마자 혐오감이 들었는데, 위에는 시체尸 한 구가 진열되어 있으며, 아래쪽은 목판이 놓여있는 모습으로, 마치 '展览'의 의미가 '거리에 시체가 널려있는 상황'을 연상하게 한다는 것이었습니다. 이러한 견해는 사실 비교적 짧은 일화에 불과할 뿐이지만, 여기에서 우리는 한자가 지닌 '望文生义(글자 모양만 보고 뜻을 짐작하다)'의 기능을 절대 소홀히 해서는 안 된다는 것입니다.

제2차 간체자 모둠의 폐기 이후, 한마음 한뜻으로 「간화자총표」에 수록된 간체자를 보급하고 사용하게 되었습니다. 일정 기간 안정시켜야 하며, 매일 간화를 생각해서는 안됩니다. 재공포 전에도 간화자를 수정하자는 일부 주장이 있었으나 마지막으로 일곱 글자만을 고쳤습니다. 예를 들어 이 중 하나인 '馀'자는 본래 '余'로 간화 하였습니다. '남아있다'는 의미로 해석되는 '馀(남을 여)'도 '余'로 쓰고, '我(나 아)'를 나타내는 '余(나 여)'도 '余'로 씁니다. 만약 '余生无多'라는 구절을 만난다면 "내가 살아갈 날이 많지 않다"인지 아니면 넓은 의미로 한 개인이 살아갈 날이 많지 않다는 것인지 알 수 없습니다. 즉 중의가 발생하게 됩니다. 그리하여 간화자방안을 재공포할 때, 이러한 상황에서 '馀'자는 '余'로 간화하지 않는다고 설명하였습니다. '馀生'의 의미인즉 남아있는 생명이며 '余生'의 의미는 나의 생명입니다. 이러한 일곱 곳의 미미한 개정은 문자에서 발생하는 오해를 피하기 위한 것으로 사람이 쉽게 수용할 수 있는 것들이었습니다. 실제로 간체자의 체계화를 요구한다는 것은 쉽게 해결될 문제가 아닙니다. 그래서 고대의 간체자를 빌려 쓰거나 송대宋代 이래로 출현한 속자俗子, 혹은 사회에서 관습화된 '약자(간체자)'를 채용하는 방식을 사용하였습니다. 당연히 일부 간체자는 새롭게 만든 것도 있습니다. 사실 간화한 한자는 482개(그중 132개는 동시에 편방을 간화한 것이다)에 불과하지만, 「간화자총표」에는 2,235개를 수록하고 있습니다. 그래서 어떤 이는 "이 나쁜 사람들이 2천여 개의 한자를 파괴했다."라고 하면서, "큰일 났다"라며 놀라기도 하였습니다. 사실 대다수의 간체자는 '편방유추'를 통해 만든 것으로, 예를 들어, '金' 자를 편방으로 하는 한자(银, 铜, 铅, 锡 등)는 '金'의 편방을 '钅'으로 간화했기 때문에, 그 외 '金'을 편방으로 하는 한자는 모두 이와 같은 방식으로 간화하여 사용하게 된 것입니다.

사실 홍콩 사람 중에도 간체자를 찬성하는 이가 있으며, 심지어 대만에서도 간체자를 쓰자고 주장하는 사람들이 있기도 합니다. 물론 대륙 사람 중에도 홍콩이나 대만에서 사업을 하는 사람들은 자신의 편리를 위하여 번체자를 쓰자는 사람도 있으며, 현재 대륙에서도 번체자와 간체자를 혼용하는 현상이 나타나고 있습니다. 저도 몇 년 전에, 북경시에서 가장 번화한 상업지구인 왕부정 거리에서 양쪽의 간판을 촬영하여 명칭을 조사한 적이 있었습니다. 이곳에서 규범 간체자를 사용한 경우는 49%를 차지했으며, 번체자 및 번·간체자 혼용의 점유율은 51%에 달하고 있습니다. 이러한 비율은 현재의 사회 풍조가 그러함을 설명하고 있으며, 어쨌든 이러한 현상은 매우 고무적이라고 할 수 있습니다. 다시 하나의 수치를 더 보충해서 살펴보면, 1956년 이후, 간체자를 배운 사람의 숫자는 현재 5억 명에 달하고 있는데, 이것은 분명 그냥 무시하고 지나갈 수 없는 사회 현상입니다. 현재 대륙에서 다시 번체자를 사용하자는 생각은 매우 비현실적(비록 최근 몇 년 이렇게 주장한 사람이 있었지만)이라고 말할 수 있으며, 번체자와 간체자를 혼용하는 것도 어문 교육의 각도에서는 바람직하지 못합니다. 이미 문자의 발전 방향이 번체자에서 간체자로 가는 추세이고, 게다가 사회생활의 리듬 또한 갈수록 빨라지게 되는데, 사람들은 또 '게으름'을 좋아하니 조금만 더 노력한다면 간체자에 대한 부정적인 심리도 점차 사라질 것이며, 새로운 이상적 경지에 도달할 수 있을 것입니다. 언어문자에 농후한 감정 색채가 드리워져 있다고 해서 서둘러 처리할 일은 아닙니다.

지금부터는 세 번째 문제인 글자 수字数에 대해 살펴보고자 합니다. 이론상 글자 수의 제한은 거의 끝났다고 볼 수 있으며, 다만 강제적인 제한을 한다는 것이 더 어렵습니다. 일본어에서 한자 수량을 제한하는 것으로 예를 들어보겠습니다. 일본은 전쟁이 끝난 후, 교육에 초점을 두었는데, 그중 어문 교육에서 실제적인 효과를 더 빨리 보기 위하여 40년대 하반기에 상용한자 1,945개를 공포하였습니다. 70년대 초, 동경을 방문했을 때, 저는 몇몇 작가들과 한자 제한에 관한 문제를 논의하였는데, 다만 교과서에서는 준수해야겠지만, "누가 누구를 제한한다는 거야, 내가 이렇게 하고 싶으면 하는 거지."라고 웃으며 말하기도 하였습니다. 80년대 중기, 제가 다시 동경에 갔을 때, 저는 도로변 광고란에 더 많은 한자가 사용되고 있다는 점을 이상하게 여겼습니다. 그래서 저는 일본인 친구에게 내가 과민한 것인가 아니면 실제로 그러한가를 물어보았습니다. 그는 실제로 그런 일이 많으며, 광고주들은 기발한 아이디어가 승리한다고 여기면서, 잘 사용하지 않는 한자(아마도 제한량 이외의)를 가져와 사람들의 관심을 끈다고 말했습니다. 이러한 각도에서 볼 때, 사용 글자의 수를 억지로 제한하는 것은 쉽지 않습니다. 하지만 앞에서 언급했던 것처럼, 한자의 총 자수는 수만 개가 됩니다. 만약 사회생활에 일반적으로 사용하는 한자(배우기 어려운 한자나 많이 쓰이지 않는 한자를 제외)를 선택할 수 있다면, 어문 교육이나 출판인쇄 등에 편리하지 않을까요? 당연히 컴퓨터를 사용해 모양이 이상한 한자를 만들어낼 수도 있지만, 내장된 한자 또한 적정 수량이 필요합니다. 너무 적어도 사용이 불편하며, 너무 많으면 여러모로 낭비가 아닐까 싶네요. 여기에서 먼저 조사 연구가 필요한 것은 일반 서적이나 신문 매체 등에 사용되는 한자의 수량에 관한 통계를 내는 것이며, 이러한 범주 내에 어떠한 한자가 존재하는지에 관해서도 연구 범주에 포함됩니다. 중국어 서적이나 매체에 사용되는 한자의 수량을 과학적으로 고찰하는 이러한 작업은 이미 60여 년의 역사를 지니고 있습니다. 이러한 작업은 글자 쓰임의 빈도를 측정하는 것으로, 자세히 말해서 한자가 선정한 언어자료에 출현하는 빈도를 말합니다. 최초의 측정은 1928년에 중국의 저명한 교육자인 陈鹤琴(진학금)이 수작업 통계를 통해 얻어낸 데이터입니다.[8] 근 십여 년간 여러 차례 통계작업이 진행되었으나, 규모나 목적은 그때마다 달랐기에, 결과 또한 완전히 일치하는 것은 아닙니다. 최근에는 컴퓨터를 활용하여 한자의 사용 빈도를 측정했는데, 사용한 언어자료와 글자 수가 많았으며, 규모도 매우 컸다고 할 수 있습니다.

글자 사용 빈도의 측정에 관한 통계로부터 현재 중국어에서 사용하는 한자의 자수가 얼마나 될까를 추론해 볼 수 있습니다. 이러한 측정의 결과는 매우 흥미로운데, 노사老舍의 소설 『骆驼祥子(낙타상자)』에서는 3,000자도 되지 않는 2,413개의 서로 다른 한자만을 사용하였을 뿐입니다. 『鲁迅全集(노신전집)』의 글자 수는 비교적 많은데(아마도 노신의 저작은 부분적으로 중국의 고적이나 문언으로 쓰인 것이 있음), 총 7,397개의 서로 다른 한자를 사용했지만, 여전히 8,000개에 이르지 못합니다. 지난번 중국의 인구조사(1982)에 근거하여 현재 중국인의 성씨와 인명을 추출했는데, 성씨에 사

8 한자의 빈도수 측정에 관해서는 『现代汉语定量分析(현대한어정량분석)』(상해교육출판사, 1989)을 참고.

용된 한자는 단지 737개밖에 되지 않았으며, 인명에 사용된 한자는 3,345개로 파악되었습니다. 물론 수집 자료는 북경시, 상해시, 요녕성, 섬서성, 사천성, 광동성, 복건성 등 중국의 7개 성 및 시에서 추출한 것입니다. 신화사新华社에서는 1986년 일 년 동안 발행된 신문, 통신 등의 원고 90,627편에서 사용된 한자가 6,001개라는 통계를 발표하기도 하였습니다. 최근 컴퓨터를 활용한 대규모 자수 빈도의 측정은 1985년에 끝났는데, 모두 11,873,029자를 사용하였으며, 1977년에서 1982년까지 출판된 서적과 화보 등을 표본으로 삼았습니다. 그중 일반 간행본과 인문 과학, 그리고 문학작품이 70%를 차지하였으며, 자연 과학이나 기술 과학은 30% 정도였는데, 그 결과는 7,745개의 서로 다른 한자가 사용되었음이 밝혀졌습니다.

이상의 통계는 한 가지 개략적인 인상을 주는데, 현대 중국어 서적이나 간행물(고문헌은 제외)에 출현하는 한자는 대략 6~7천 자에서 8천 자를 넘어서지 않는 것으로 간주할 수 있습니다. 1985년 완성된 한자 사용 빈도의 측정 결과를 놓고 볼 때, 최고 빈도수를 자랑하는 한자가 162개로, 전체 언어자료의 50%를 차지하였습니다. 여기에서 추론해 볼 수 있는 것은 만약 이 162개의 한자를 읽고 쓸 수 있다면, 언어자료의 50%는 이해할 수 있다는 것이 됩니다. 이것은 당연히 이론상 가능한 것이며, 실제로 이러한 효과를 가져오기는 힘들 것입니다. 왜냐하면 단지 162개의 한자만 이해한다는 것은 중국어를 전반적으로 이해한다고 보기 힘들기 때문입니다. 비교적 빈도수가 높은 2,850자까지 간다면, 전체 자료의 90%를 활용할 수 있다고 볼 수 있습니다. 만약 2,850자까지 이해할 수 있다면, 대부분 문장을 '대체로 거의' 이해할 수 있다고 볼 수 있습니다. 제가 '대체로 거의'라고 한 것은 사람들이 문장의 의미를 완전히 이해하지 못하는 더 많은 다양한 요소가 존재하기 때문입니다. 2,850자에서 7,745자에 이르기까지 각 한자의 출현 빈도는 극히 적다고 할 수 있습니다. 즉 측정 결과를 통해 알 수 있는 사실은 3,000자 전후 한자는 상용자에 해당하며, 7,000자 전후 한자는 일반적으로 사용할 수 있는 최다 숫자에 해당하는 것을 의미합니다.

이런 까닭에, 우리가 상용한자와 통용 한자를 연구하는 과정에서, 단순히 출현 빈도에만 근거하여 상용자를 결정할 수는 없습니다. 왜냐하면 사회생활에서 많이 사용하는 글자라도, 문어체에서는 거의 출현하지 않을 수도 있기 때문입니다. 예를 들어, '妈'자의 경우, 사회생활에서는 모든 어린이가 매일 매일 엄마를 부르듯이 상용하게 되지만, 문학작품에서는 소설 이외의 다른 장르에는 거의 출현하지 않습니다. 복잡한 계산을 거쳐 2,500자를 상용자로 선정하였고, 다시 1,000자를 '次 상용자'로 삼아서 9년의 기초 교육과정에서 반드시 익히게 하도록 하였습니다. 이 상용자표는 이미 여러분들도 알다시피, 1988년 국가교육위国家教育委와 국가어위国家语委에서 공동으로 공포하였습니다. 아울러 초등학교(6년)에서는 2,500자를 습득하도록 하고, 다시 중학교(3년)에서 1,000자를 익히도록 하고 있습니다. 고등학교(3년)에서는 이에 대응하는 번체자繁体字를 익히도록 하는데, 대학 진학을 준비하지 않는 직업학교에서 번체자를 익힐 필요는 없습니다. 이 상용자표는 공포 전에, 다시 2백만 자의 언어자료를 컴퓨터로 재분석을 통해, 상용자표의 유효성을 입증하였습니다. 우리는 또 계산 결과에 근거하여, 3,500개의 상용 및 차상용자를 포함하는 7,000개 한자를 선택하여 통용자료로 삼았습니다. 즉 통용 한자 7,000자만으로 현대 문헌 중에서 충분히 활용이 가능하다는 것을 의미합니다. 통용 한자표 또한 1988년 新闻出版署(신문출판서)와 国家语言文字工作委员会(국가어언문자공작위원회)가 연합으로 발표하였으며, 전국 인쇄용 한자의 규범이 되었습니다.

이전에 제가 구미 각국에서 강연할 때, 늘 받는 질문이 적어도 얼마만큼 많은 한자를 알아야 현대 중국의 간행물이나 서적을 읽고, 또 유효한 대화를 할 수 있느냐는 것이었습니다. 저는 이전에는 단지 모호하게 대략 5~6천 자 정도를 알면 될 것이라고 답변했지만, 지금은 과학적 통계에 근거하여 명확한 답을 할 수 있습니다.

저는 일찍이 스스로에게도 "내가 얼마나 많은 한자를 알고 있을까?"라고 자문自问한 적이 있었습니다. 그래서 중국어 「상용자표」를 제정하는 과정에서, 스스로에게도 측정을 시행한 적이 있었습니다. 우선 「상용자표」를 가지고 한 자 한 자 실험을 거쳤으며, 한어병음으로 발음을 기록하고 기본의미를 사용하여 단어를 구성하게 됩니다. 즉 자전을 사용하여 실험한 것이 아니라, 주음注音이나 해석이 없는 한자를 가지고 실험을 진행한 것입니다. 왜냐하면 우리와 같은 지식인들은 자전을 펼쳐 위에서 아래로 쭉 훑어보면, 대충 어느 글자를 알고 있는지 알기에 측량이 정확하지 않을 수 있기 때문입니다. 말을 하자면 좀 우습기도 하지만, 내 한자 지식의 측량 결과는 단지 2,400여 자 정도에 불과해서, 초등학교 졸업 수준에 불과했습니다. 이렇게 볼 때, 식견도 없고 학문도 깊지 못한 사람이 여러분 앞에서 강연한다는 것이 부끄럽습니다. 저는 '중국작가협회' 회원이며, '중국언어학회' 회원으로서 평상시에 글을 쓰고 있으면서도, 아는 한자가 3,000개도 안 된다는 것이 참담하긴 합니다. 당연히 제가 정확한 발음을 알지는 못하더라도, 대략 그 함의를 아는 글자는 상당수일 것입니다. 저는 스웨덴 왕립학술원의 원사이자 저명한 한학자인 B. Karlgren(베른하르드 칼그렌, 1889~1978)에게 얼마나 많은 한자를 아느냐고 물어본 적이 있습니다. 정통 고대 중국어 학자인 이분의 말씀은 자기는 7천 개의 한자를 안다고 하였는데, 정말 대단하다고 생각됩니다.

빈도가 가장 높은 10개의 한자를 뽑는다는 것은 매우 흥미로운 일입니다. 최근 1차 측정에 근거한 자료는 아래의 ①번이며, '상용자표'에 근거하여 선정한 것은 아래의 ②번에 해당합니다. 가장 빈번하게 사용한 10개의 한자를 차례로 나열해 보면, 다음과 같은 순서로 10개의 한자를 배열

할 수 있습니다.

	1	2	3	4	5	6	7	8	9	10
①	的	一	是	在	不	了	有	和	人	这
②	的	一	是	了	不	在	有	人	上	这

이 결과는 安子介(안자개) 선생이 홍콩 언어자료를 사용하여 측정한 결과와 거의 유사합니다. 안 선생이 측정한 10개 한자의 최고 빈도의 내림차순은 다음과 같습니다.

③ 的 一 是 在 有 人 大 这 十 二

여기에서 만약 영문의 최고 빈도를 지닌 단어(AHP, 1971)[9] 10개를 대조해 보면, 더욱 재미있는 사실을 발견할 수 있습니다. 아래에 열거된 10개의 영어 단어는 대체로 중국어와 유사한 의미를 지니고 있다는 사실을 발견할 수 있습니다.

the, of, and, a, to, in, is, you, that, it

사실 중국어 상용자의 음절은 일반 한자에 비해 적으며, 영문에서 가장 상용하는 10개의 단어 또한 단음절임을 알 수 있습니다. 여기에서 세계 언어의 공통성universals 문제[10]와도 결부시켜 볼 수 있으나, 오늘은 더 언급

---

9 *The American Heritage*: Word Frequency Book, by John B. Caroll et al.(Boston/New York, 1985).

10 J.H Greenberg, *Language Universals with Special Reference* (Mouton, The Hague, 1966) 참고.

하지는 않겠습니다.

방금 저는 어문 교육에서 단어의 중요성에 대해서, 그리고 단지 고립된 한자를 안다고 해서 문장의미를 완전히 이해하기 어렵다는 사실을 얘기했습니다. 그러면 우리는 얼마나 많은 단어를 알아야 충분히 언어를 사용할 수 있는가를 알기 위해서는 반드시 단어의 사용 빈도수를 측정해야 한다는 것입니다. 북경어언대학北京语言大学과 북경항공대학北京航空大学에서는 각각 이러한 실험을 한 적이 있는데, 단어의 측정값과 한자의 측정값을 구별해 내는 것은 더욱 어려웠습니다. 왜냐하면 현대중국어에서 단어를 어떻게 계량해야 하는가에 대해서는, 전문가들도 의견이 일치하지 않았기 때문입니다. 즉 '铅笔(연필)', '房子(집)', '小孩(아이)' 등과 같은 단어는 처리하기 쉬웠지만, '我吃饭(나는 밥을 먹는다)'의 경우에는 두 개로 나눠야 할지 혹은 세 개로 나눠야 할지 의견이 일치하지 않았습니다. 하지만 이 정도는 비교적 간단한 것이라 볼 수 있으며, 몇몇 비교적 복잡한 것은 더욱 확정하기 어렵습니다. 현대중국어 단어의 사용 빈도수 측정은 이미 두 가지 결과를 가져왔으나, 여전히 지속적인 검토가 필요합니다. 왜냐하면 이 문제는 어문 교육과 언어연구에서 매우 중요한 요소이기 때문입니다.

오늘은 여기서 마치고자 합니다. 인내를 가지고 끝까지 언어 화석인 저의 강연을 들어 준 것에 대해 감사드립니다. 감사합니다.

제3장

언어 모자이크 현상[1]

제가 홍콩에 며칠을 머물면서, 이곳의 언어환경이 확실히 복잡하고, 또 급변하고 있다는 사실을 알고는 매우 흥미로웠습니다. 저는 이것을 '언어 모자이크马赛克 현상'으로 이름 지었는데, 중국어에서 '马赛克(masaike)' 혹은 '莫赛克(mosaike)'라고도 부릅니다. 이는 서방 언어인 'mosaic'의 음역어입니다. 이 용어는 최근 중국에서 나타나기 시작했는데, 저는 그 다채로움이 뒤섞인 언어환경을 한 폭의 아름다운 화폭에 담아 '모자이크'라는 하나의 명사로 표현하고자 했습니다.

일반적으로 말해서, 홍콩에서는 '중·영문 혼용'이라는 용어를 사용합니다. 이것을 결코 틀렸다고 말하는 것이 아니라, 다만 '영·중 혼용'이라는 표현이 더 적절하다고 생각됩니다. 이렇게 역전된 어순은 매우 중요합니다. 영국의 조차지였으며, 주민의 대다수가 월어를 사용하는 이곳 중국

1 이 문장은 1990년 『中国语文通讯(중국어문통신)』(제10기)에 실려 있으며, 홍콩에서 개최된 '语文座谈会(어문좌담회)'에서 발언한 것을 수정한 것이다.

인들은 언뜻 보아서는 '이중 언어bilingual' 사회인 것 같긴 하지만, 더 깊이 들어가서 보면, 영문과 중문이 주종관계를 이루고 있습니다. 비록 최근에는 두 언어가 모두 동등한 효용 가치를 지니고 있다고 말하지만, 사실상 그렇지 않습니다. 이것은 전혀 의심할 것도 없이, 모든 '이중 언어' 사회라고 불리는 대부분 지역에서 이러한 현상이 출현합니다. 그러나 90년대 홍콩에서 사용하던 '중·영문 혼용' 혹은 '영·중문 혼용'이라는 말로는 이 지역의 언어환경을 설명할 수 없었기에, 저는 이곳을 '언어 모자이크' 지역으로 명명해 보았습니다.

구어口语의 관점에서 보면, 영어가 정치 사무나 교육 사업, 그리고 일반적으로 상위집단으로 불리는 사람들의 사회 교제에서는 주도적 지위를 차지하고 있다는 것은 두말할 필요도 없습니다. 그러나 이러한 환경에도 미세한 변화가 나타나고 있는데, 그것은 미국식 영어가 점차 영국식 영어의 왕국에 침투하고 있다는 것입니다. 최근에는 미국식 인사말인 'hay'라는 말을 수시로 들을 수 있으며, 어휘의 운용 또한 미국식 영어가 늘고 있다는 것은 더 말할 필요도 없습니다.

여기에서 말하는 '중문中文'은 단순히 구어를 기준으로 보면, 보통화가 아닌 '월어(월방언)'를 가리킵니다. 더 정확히 말해서 '홍콩식 월어'라고 할 수 있으며, 발음, 어휘 음조intonation, 리듬rhythm 등에서는 이미 전통의 '광부말广府话'에서 벗어나 있는 상태입니다. 물론 '광부말(广府话: 월방언)' 자체도 변화하고 있기는 합니다만, 홍콩식 월어는 40여 년 동안 격리되면서 (최근 몇 년간의 접촉으로 약간 밀접해졌음), 홍콩 사람들이 사용하는 월방언은 이미 대륙의 방언과는 상당한 차이를 보이고 있습니다. 이것은 당연히 피해 갈 수도 없고, 그렇다고 비난할 수도 없습니다.

모두 알다시피, 근래에 경제 성장 이후의 홍콩은 동아시아에서 가장 강력한 금융과 무역(교환)의 중심지로 발돋움하면서, 대륙의 '개혁개방정책'의 실시로 인해서 보통화를 사용하는 환경과 인구 또한 큰 폭으로 증가하였습니다. 한편 보통화 교육 열풍이 일어났는데, 이러한 열기의 지속적인 발전은 정치, 경제의 발전을 추동하였습니다. 40여 년 전, 제가 홍콩에 머물고 있을 때는 보통화를 이해하는 사람이 드물어서, 이때는 대개 서비스 업종의 종사자들과 월어식 보통화로 대화를 나누기도 하였습니다. 하지만 이러한 대화 과정에서 어휘의 표현이나 감정의 표현 또한 가능했기에, 저는 굉장히 놀랐습니다. 이처럼 고도로 상품화된 사회에서는 대륙内地, 대만, 싱가포르, 말레이시아 등이나 기타 화교 지역에서 통하는 '공용어'를 찾아 소통할 수밖에 없습니다. 왜냐하면 이와 같은 개방형 사회에서는 자연스럽게 보통화를 선택할 수밖에 없으며, 그것이 보통화로 불리든, 국어로 불리든, 화어华语로 불리든 간에 전혀 상관하지 않습니다.

만약 이곳의 언어 습관을 제시하여 설명하지 않았다면, 제가 묘사하는 '언어 모자이크' 현상이 그렇게 특이하게 보이지는 않았을 것입니다. 이러한 월어의 언어 습관은 중간에 영어 단어를 끼워 넣어 말하는 것을 좋아하는데, 여기에 삽입된 영어 단어는 중국어식 외래어(예를 들어, 的士, 士多, 泊车, 车轪[2] 등)가 아닌 순수 영어 어휘를 사용한다는 것입니다. 이러한 습관은 백여 년에 걸친 중국식 '피진어pidgin'인 '洋泾浜(양징방)' 경향과 관련지어 볼 수 있으나, 최근에 중국어 문장에 영어 단어를 끼워 넣어서 사용하는 이러한 현상은 '洋泾浜'의 언어 형성 방식과는 다릅니다. 다만 이중 언어 사회에서 두 언어가 장기적으로 병존하고 있다는 사실을 반영하고 있으며, 특정 사회집단의 교제 편리를 위해 자연스럽게 일종의 '샌드위치' 방식의 삽입어가 출현한 것입니다. 이 '샌드위치' 방식은 또 모어(월방언)에서도 출현하고 있으며, 영어에서는 출현하지 않는다는 것입니다.

문어체의 각도에서 보면, 이러한 '언어 모자이크'는 더욱 다채로운 느낌을 줍니다. 공고, 매체, 광고 등에서 볼 수 있는 문어체에서는 너무나

---

2 '的士(taxi)', 택시; '士多(store)', 매점; '泊车(car park)', 주차장, '车轪(tyre)', 타이어.

많은 월방언이 지닌 특유의 글자나 어휘, 어법, 표현 방식 등이 섞여 있는데, 이 또한 현대중국어에서 잘 볼 수 없는 것입니다. 심지어 전체 문장을 월어로 표현하면서도 사용한 글자는 한자이며, 만약 이때 한자가 부족하면 다른 지역에서는 누구도 알 수 없는 새로운 글자를 창조하기도 합니다. 30년대, 광주에서 일군의 진보 문화인들이 편집했던 주간周刊 『广州文艺(광주문예)』는 모든 문장을 '월어(한자 형식)'로 썼는데, 이는 당시 항일투쟁과 결합한 프롤레타리아 방언문학이었습니다. 60년대를 거치면서도, 이곳에서 제가 본 것은 소위 홍콩 사람들이 말하는 '색정소설咸湿小说'[3]이 대부분이었지만, 여전히 방언의 문어체 현상이 남아 있다는 것입니다. 다만 저는 월어로 쓴 서적이 출판되었다는 사실만으로도 더 고려해 볼 가치가 있다고 생각되었습니다.

저는 이미 TV나 광고에서 '월어'가 섞여 있는 텍스트를 보는 것에 익숙해져 있으나, 며칠 전에 본 정통 신문의 특집 보도에서도 이런 현상이 출현하고 있는 것을 보고 놀라지 않을 수 없었습니다. 그것은 홍콩의 '중국통신사中通社'에서 보내온 올림픽 관련 보도의 통신문이었습니다.

> ……八时刚过, 部分心急的团长已匆匆赶来, 一于'唔执输'。不到八时半, 各路团长便到齐, 各就各位, 影番张靓相留念。(『大公报(대공보)』 1990-10-03)
>
> ……8시가 막 지날 무렵, 성질이 좀 급한 단장들은 서둘러 도착했고, 다들 절대 지지 않겠다는 마음가짐이었다. 8시 반이 되기 전에, 각지의 단장들이 속속 도착해 제자리를 잡았고, 멋진 기념사진을 남겼다. (『大公报(대공보)』 1990-10-03)[4]

---

3 '咸湿小说(함습소설)'인즉 '황색 소설'을 뜻하며, 월방언이다. '咸湿'은 저속한 성희롱을 의미한다.

4 '一于' '唔执输'는 월방언으로, '절대 지려 하지 않는다', 즉 '기어코 지지 않으려 한다'는 뜻이다. '影番张靓相'은 월방언으로 '예쁜 사진을 한 장 찍다'라는 뜻이다. ('影相'은

모어의 정감 성분은 사회언어학자가 승인한 것이지만, '월방언(모어)'에서는 사회생활에서는 보기 힘들 정도로 거의 사용되지 않습니다. 왜 90년대의 고도 기술 발전과 고도 상품화가 이루어진 정보 사회에서 모어(방언)가 여전히 이러한 강대한 힘을 유지하고 있는가? 왜 이론적으로는 이미 상실된 대부분의 대외 교제 기능(이러한 환경에서는 특히 외부와 교류하기 위한 '공용어'가 필요하다)의 방언(모어)이 이렇게 강한 힘을 유지하고 있는가? 이와 같은 난제는 사회언어학자들이 이론적인 측면에서 토론해 볼 가치가 있습니다.

이 지역의 사회생활 리듬은 매우 빨라서 대륙에서 온 손님들은 늘 어리둥절하여 어쩔 줄 모르는 경향이 많으며, 심지어 이러한 빠른 리듬에 적응하지 못하게 됩니다. 빠른 속도의 사회 리듬은 언어의 운동 또한 더욱 빠르게 만드는데, 가장 쉽게 느낄 수 있는 것은 말하는 속도가 빠르다는 것과 어휘의 창조 및 소실 또한 매우 빠르다는 것을 들 수 있습니다. 연회에서는 10분의 연설도 길다고 느껴서 그곳에 참석한 군중들은 그들만의 억제 방법을 지니고 있으며, 누구도 장편의 토론과 같은 웅변가의 연설을 들으려고 하지 않습니다. 비록 제 개인 생각이기는 하지만, TV의 뉴스나 일기 예보도 대륙에서보다 훨씬 빠르다고 생각됩니다. 물론 더 나은 방법을 예측하기 위해서는 표본을 녹음한다든가, 발음 속도의 평균치를 계산한다든가, 혹은 1초당 몇 개의 한자를 말하는가 등의 준비가 필요할 것입니다.

생활 속의 신조어는 매우 빠르게 출현하며 그중 일부 신조어는 소멸 또한 빠르게 일어납니다. 예를 들어, 홍콩에 오자마자 접했던 TV 연속극 『香港蛙人(홍콩의 개구리 인간)』에서 '蛙人'을 보고, 나는 어안이 벙벙하여

'사진을 찍다', '番'은 동작을 나타낼 뿐 의미는 없으며, '靚'은 '예쁜', '相'은 '사진'을 뜻한다)

말문이 막힐 정도로 화들짝 놀랐습니다. 여기에서 '蛙人'이 의미하는 것은 개구리(양서류)도 아니고, '잠수부(潜水人: 현대중국어에서 일반적으로 '蛙人'이라고 함)'를 가리키는 것도 아니었습니다. 이 신조어는 '6·4' 사건 이후 홍콩으로의 이민열풍移民热风이 일어나면서 나타난 것으로, 그 의미는 당시 사람들인 홍콩 이민자들이 돈을 벌기 위해서('wie-银'은 '돈을 벌다'라는 의미로, 대개 신문 매체에서는 '抓银'이라고 표현하기도 한다) 마치 청개구리처럼 헤엄쳐서 홍콩으로 왔다가, 돈을 벌게 되면 청개구리가 뒷다리를 쭉 뻗어서('yang') 뛰는 것처럼, 홍콩을 떠나간다고 해서 붙여진 말이라고 홍콩 사람은 설명해 주었습니다. 여기에서 알파벳 'yang'은 북경어의 '蹬(dēng: 따돌리다, 해치다)'에 해당하며, 그리고 '蹬'은 당시 북경어에서 유행하던 단어였습니다. 예를 들어, 한 남성이 한 여자와 교제하고 있었는데, 여자 친구가 아무런 이유도 없이 "남자 친구를 '蹬'했다."라고 표현했습니다. 물론 이 단어는 당시 홍콩 현지에서 사용하던 'yang'과는 좀 다릅니다. 또 신문에 "我今晚又要出去wet了(나는 오늘 저녁에 밖에 나가서 놀려고 합니다)"라는 글귀가 실린 것을 보았습니다. 신문에는 확실히 라틴자모로 표기했는데, 이는 알맞은 한자를 찾지 못했기 때문입니다. 여기에 사용된 'wet'은 유행어이고, '去wet'은 대략 '去玩(가서 놀다)'의 의미와 비슷합니다. 앞의 표현이 의미 혹은 어감에서 더 강한 이미지를 보여준다고 합니다. 그런데 이러한 유행어는 한두 해 유행하다가 소멸하였는데, 아마도 또 다른 새 유행어가 나타나 대체했을 것으로 보입니다.

이처럼 대량의 신조어가 나타나게 되면, 언어의 모자이크 색채는 더욱 선명하고 화려하게 변합니다. 현대중국어에서 90년대 10여 년간 홍콩에서 얼마나 많은 신조어가 들어왔는지에 대한 상세한 분석과 통계자료는 없지만, 이러한 현상에 관해서 연구할 가치가 있다고 생각됩니다. 홍콩은 새로운 사물과 접촉할 기회가 대륙보다 더 빠르고 다양하여, 중국어의 신조어 탄생의 최전선이라고 할 수 있습니다. 신조어는 시간적인 검증의 과정과 인공적인 선별 과정을 거치면서 소멸하기도 하고, 현지에만 남거나 혹은 보통화에 유입되어 새로운 표준 어휘로 통용되기도 합니다. '雷射唱碟(레이저 디스크)'는 단지 홍콩의 매체 언어로만 남게 된 대표적인 신조어인데, 그 이유는 보통화에 더 좋은 용어인 '激光(레이저)'이 'Laser'(종전의 음역이었던 '莱射光')를 대체하면서 수용되지 않았고, 더 나아가 '镭射(레이저)'까지도 사용하지 않게 되었습니다. '唱碟(디스크)' 또한 보통화에서는 '唱片'이라고 통칭하며, 현재는 다른 어휘로 굳이 바꿔야 할 필요성을 느끼지 못하는 듯합니다.

현대중국어에서 한때 유행했던 '爱滋病(에이즈)'의 변화 과정도 재미있는 예라고 할 수 있습니다. 즉 'Aids'가 처음 출현했을 때, 북경 중앙방송의 뉴스에서 '获得性免疫缺陷综合症'(획득성면역결함종합증: 1984-04-27, 저녁방송)이란 번역어를 신조어로 사용하였습니다. 그런데 이 신조어는 너무 길어서 이해하기가 어려웠지만, 당시에는 방법이 없어서 자구를 통한 번역을 할 수밖에 없었을 것입니다. 다음 날, '신화사新华社'의 보도에서는 '后天免疫力缺乏综合症(후천면역력결핍종합증)'이라고 번역하였습니다. 이 또한 비록 내용은 이해하기 쉬웠지만, 여전히 길어서 한 번에 부르기에는 자연스럽지 않았습니다. 얼마 안 되어, 홍콩에서 '爱滋病'이라는 번역어가 나왔는데, 이 단어는 외래어의 어음과 의미를 고려한 번역이었습니다. 누가 제일 먼저 사용하기 시작했는지 모르겠지만, 그에게 최고라는 칭호를 줄 만한 가치가 있다고 생각됩니다. 이후 대륙에서는 근래에 '爱'를 '艾'로 바꾸면서, 많은 지역에서 '艾滋病'으로 '爱滋病'을 대체하였습니다. 그것은 본래 '爱(사랑)'이 지닌 긍정 이미지가 부정으로 바뀌는 것을 염려했기 때문이라고들 합니다. 즉 순수한 사랑의 이미지가 '黄色(색정적인 것)'으로 바뀌는 것을 염려한 사람들에 의해서, 억울하게도 향초인 '艾(쑥)'가 그 죄상을 물려받았습니다.

어떤 언어 현상은 지금도 이해가 안 되는 경우가 있습니다. 그것은 우리의 생활 리듬이 갈수록 빨라지고 있기에, 간체자를 쓰는 것이 더 나은데도 굳이 번체자를 쓰는 경우가 있습니다. 대표적인 예가 전체 획이 16개에 불과한 '开门关门(개문관문)'보다 42획이나 되는 '開門關門'을 쓰고 있다는 것입니다. 아마도 이것은 정치적 혹은 심리적 요인이 연계된 것이 아닌가 합니다. 이러한 언어 문자를 볼 때면, 정말 보수적이면서 고집스러운 면을 엿볼 수 있는데, 그야말로 오묘하지 않은가요?

제4장

문화 접촉과 언어 접촉[1]

1. 차용 현상과 문화 접촉

두 개의 문화가 접촉하는 과정에서는, 어떤 상황에서든 '차용借用' 현상이 나타나게 된다. 따라서 차용어(혹은 외래어)의 유래에 관해서 연구한다는 것은 어원학etymology적 가치를 지닐 뿐만 아니라 사회학적 가치도 지닌다고 할 수 있다. 어떤 단어가 언제, 어떠한 방법으로 특정 언어에 들어왔는지를 살펴보면, 민족사, 사회사, 문화사, 그리고 일반적으로 말하는 문화 접촉의 역사와 관련된 많은 신비함을 발견할 수 있다. 이러한 사실은 이전의 마르크스주의자들이 선진국이 개발도상국에 그들의 미래 비전을 보여준다고 말한 것과 유사하다.[2] 이런 의미에서 볼 때, 일반적인 상

---

1 이 글(제4장)은 일본 문화언어학 편집위원회가 편집한 공동 저작물 『文化言语学(문화언어학)』 중의 한 장으로, 해당 책의 903~918쪽에 수록되어 있다(도쿄 산세이도 출판, 1992). 이 책을 편집할 때 0장이라는 도입부를 추가하였다.

2 이 말은 Karl Marx(마르크스)의 발언으로, A. B. Кунин(쿠닌)의 *English Lexicology*

황에서는 경제, 정치, 과학기술, 문화 및 사회가 비교적 발전한 국가나, 그러한 민족, 그러한 사회에서 덜 발전한 국가로 단어(차용어)가 유입된다고 할 수 있다. 하지만 이는 일반적인 상황을 말한 것이며, 실제로는 그 반대의 경우도 많이 볼 수 있다. 어쨌든 차용어 현상은 항상 두 개의 서로 다른 문화(선진 문화와 후진 문화, 서로 대등한 문화, 또는 전혀 공통된 배경이 없는 문화 등)가 접촉하는 상황에서 발생하게 된다.

표음문자에서 차용어 또는 외래어는 두 가지 방식으로 도입될 수 있다. 하나는 원형 그대로 가져오는 방식으로, 영문으로 alien(외래어)이라고 부른다.[3] 이는 원래의 철자에 아무런 변경을 가하지 않고 그대로 옮기는 방식이다. 예를 들어, 영어가 프랑스어에서 차용한 bureau, coup d'état, eau-de-cologne같은 것이나, 프랑스어가 영어에서 차용한 weekend(주말)가 이런 경우에 속한다. 또 다른 방식은 음을 기록(전사)하는 방식으로 denizen[4] 이라고 부른다. 예를 들어, 영어가 독일어 Schwindler를 차용할 때, 독일어의 Sch를 Sh로 전사하여 Shwindler로 바꾸었으며, 영어가 러시아어에서 차용한 kolkhoz의 경우, 슬라브(키릴) 문자 колхóз를 로마자로 전사한 것이다. 또 영어가 일본어에서 들여온 go는 일본어 '碁'의 독음인 ご를 전사한 것이다. 일본어가 영어의 strike(파업)라는 단어를 받아들일 때는 가타카나로 전사하여 ストライキ로 표기하였다(줄여서 スト라고도 한다). 표음문자가 아닌 한자와 같은 언어에서 외래어를 도입할 때는 위에서 언급한 두 가지 방법보다 훨씬 더 복잡하다. 현대 일본어에는 차용어가 매우 많은데, 현대 영어의 단어는 약 55%가 라틴어, 특히 프랑스어 계통에서 차

(모스크바, 1940) 제1장 제1절, 6쪽에서 인용되었다.

3 주석 1과 동일.

4 주석 1과 동일. 역주: (특정 지역에서 발견되는) 거류민, 귀화 외국인

용된 것이고, 10%만이 다른 언어에서 들여온 것이다.

2. 严复(엄복)의 문자 생성造字법

엄복(1853~1921)이 번역한 『社会通铨(사회통전)』[5] 중에서 '蛮夷社会(미개사회)'를 논한 한 장에는 다음과 같은 구절이 있다.

"호주의 원주민들은 나무를 심지 않으며, 가축을 기르지 않는다. 그들이 기르는 동물은 개를 제외하고는 다른 동물이 없다. 그들은 나무에 보금자리를 짓고 살거나, 땅속에 구멍을 파고 살며, 큰 집이든 작은 집이든, 집에 대한 개념이 없다. 먹이를 구하려고 덤불과 숲속에서 숨어서 다니며, 여기저기를 어슬렁거린다. 마치 鼃鼓 같고, 마치 鼶鼷 같다."

苍颉(창힐)의 환생이라 불리는 엄복은 鼃鼓鼶鼷라는 네 개의 형성자를 새로 만들었다. 글자의 왼쪽에는 모두 의미 표기 '鼠'를 두고, 오른쪽에는 소리를 나타내는 편방을 넣었다. 엄복은 앞쪽 두 글자에 대해 다음과 같이 역자의 주석을 덧붙여 설명하고 있다.

"哇拉(wālā)라고 읽으며, 刚迦鲁(gāngjiālǔ, 캥거루)보다 작고, 원주민들은 식용으로 먹는다."

여기서 말하는 '刚迦鲁'는 그 이후의 중문 문헌에서는 '更格卢(gēnggélú)'

---

5 엄복, 『사회통전』, 1904년 초판; 북경 재판본(1981)에서 인용, p.7. 원서는 Edward Jenks(젠크스)의 *A History of Politics*이다. 엄복은 그가 번역한 여덟 권의 저서에서 많은 차용어를 만들어 현대 중국어의 초기 차용어 체계를 형성했다.

라고도 쓰였는데, 刚迦鲁와 更格卢는 모두 kangaroo의 음역이다. 원문에서 쓰인 '[illegible]'는 wallaby의 음역인데, 작은 kangaroo를 가리킨다. 또 wallaroo라는 글자도 있는데, 이는 큰 kangaroo를 뜻한다. 이러한 단어들은 20세기 현재의 다른 중문 문헌에서 모두 '袋鼠'로 불린다.

중국어에서 외래어를 도입할 때, 처음에는 소리를 그대로 적는 방법이 자주 사용되었던 것도 이해할 만하다. 이는 서로 주객이 될 수 있는 두 언어가 접촉할 때, 사람들은 새롭게 알게 된 사물이나 개념이 무엇인지 정확히 알지 못했기 때문에, 간단하고 효과적인 방법을 취할 수밖에 없기 때문이다. 사실 한자를 이용하여 원어의 독음을 모방해 내는 것은 대부분의 표음문자가 외래어를 들여올 때 사용하는 전사법이다. 그러나 중국어는 단어를 구성할 때 음역을 거부하는 경향을 지니는데,[6] 이것은 아마도 음역어가 중국어처럼 들리지 않아 어색하거나, 혹은 단어의 구성 한자를 종종 글자 그대로 해석하여 원래 뜻과는 매우 다른 의미 차이가 발생할 수도 있기 때문일 것이다. 어쩌면 두 가지 요인이 모두 다 해당될 수도 있다. 그래서 음역어 대부분이 쉽게 사라지거나, 혹은 얼마 지나지 않아 의미를 살려서 번역한 다른 단어로 교체되는 경우가 많다.

기록에 따르면, 위에서 언급한 캥거루와 관련된 몇 개의 글자 중에서 영문 문헌에 처음 등장한 것은 'kangaroo'(1770)라는 단어였고, 그 후[7] 'wallaroo'(1827), 'wallaby'(1828)라는 단어가 등장했다. 이러한 단어들은 각기 호주의 다른 지역에서 서식하는 서로 다른 종의 캥거루를 가리키는

---

6 중국어의 차용어 음역에 대한 저항 경향은 내가 용어학, 표준화 및 기술 커뮤니케이션 국제 학회에서 발표한 특별 보고서 'terminolodg, Standardization and the Development of Science and Technology' (1991)를 참고 바람. 해당 학회 논문집 pp.1~6.

7 영어 단어가 문헌에 처음 등장한 연도에 관해서는, 여기에서부터 아래 모든 곳은 *The Shorter Oxford English Dictionary on Historical Principles* (제3판, 2권, 개정판 1975년)을 참고.

것으로 보인다.

최초로 호주 대륙에 상륙한 사람은 네덜란드 항해가인 A.J. Tasman(타스만, 1603~1659)과 영국 항해가인 James Cook(쿡, 1728~1779)이라고 한다. 타스만은 1624년 호주의 서쪽 해안에 상륙하였고, 쿡은 1770년에 동남쪽 해안에 상륙했다. 그들은 이곳에서 유럽에서는 여태껏 본 적이 없는 진기한 동물인 캥거루를 만나게 된다. 그런데 이 동물의 이름이 어떻게 만들어졌는가에 대해서, 이후 사람들이 정말 믿기 힘든, 심지어는 황당하기도 한 몇 가지 이야기가 전해진다. 비교적 많이 알려진 이야기로는 'kangaroo'라는 단어가 탐험가들이 만났던 원주민 부족의 이름이라는 것이다. 또 어떤 이가 말하기로는 이 단어가 그저 어느 원주민의 이름일 뿐이라는 것이다. 한편, 어떤 사람들은 서양 항해가들이 이 진기한 동물을 가리키며 원주민에게 이것이 무엇이냐고 물었을 때, 원주민이 [kæŋɡəˈruː]라고 대답한 것에서 유래했다고 한다. 심지어 어떤 사람들은 이 음절이 본래 원주민이 '모르겠다'라고 대답한 것이었다고 억지로 지어내어 말하기도 하였다. 어찌 되었든, 이 동물은 이렇게 괴상한 이름으로 현대 언어에서 통용되는 어휘 목록에 들어갔으며, 중국어에서도 처음에는 이 괴상한 이름을 음역어로 받아들였던 것이었다.

대개 사람들은 'kangaroo'라는 이 단어를 쿡 선장이 만든 것이며, 18세기의 마지막 30년에서 20세기 초까지 약 150년에 걸쳐서 각국의 자연언어에 연이어 들어온 것이라고 여겼다. 서양 문자는 독음을 그대로 표기하기 쉬워서, 프랑스어로는 'kangourou', 이탈리아어로는 'canguro', 스페인어로는 'canguro', 독일어로는 'Känguruh', 심지어 러시아어로는 'кенгуру', 불가리아어로는 'кенгуру'(러시아어와 불가리아어에서는 강세가 달라짐)로 표기되었으며, 이후 라틴 문자를 도입한 터키어는 'kanguru'로, 현대 그리스어로는 'καγκουρώ'로 표기되고 있다. 동양에서는 우선 현대 일본어에서 'カンガルー'라고 가타카나로 그 독음을 표기하고 있는데, 초기에는 '袋鼠'(ふくろ一ずゐめ)라는 단어를 사용하였다. 이 '袋鼠'라는 단어가 처음으로 중국어에 들어온 것은 20세기 초(1915)라고 할 수 있으며, 이후에는 '刚迦鲁' 또는 '更格卢'로 대체되었다.

'Kangaroo'라는 단어의 등장은 두 개의 문화가 접촉한 결과라고 할 수 있으며, 당연히 두 개의 언어가 서로 접촉하여 발생한 현상이다. 이것은 내가 10년 전의 한 논문에서 "두 언어가 서로 접촉할 때, 심지어 서로 다른 언어를 사용하는 사람들이 상대방의 말을 이해하지 못하는 이러한 상황에서도, 단지 언어의 접촉만으로도 이러한 현상은 발생할 수 있다. 즉, 새로운 사물이나 의미를 나타내는 단어가 다른 언어에 차용되었을 때 나타나는 이러한 단어를 외래어 또는 '차용어'라고 한다."[8]라고 말한 바와 같다.

3. 언어의 공존 현상

'어떠한 언어도 독자 생존할 수 없다'[9]라는 말은 미국의 언어학자 E. Sapir(사피어, 1844~1939)의 예리하고도 설득력 있는 주장이다. 어떤 문화 집단이나 언어 집단(민족, 인종, 부족 혹은 더 작은 단위)이 절대적으로 외부와 접촉하지 않으며, 다른 집단과 전혀 만나지 않는 것은 현실 세계에서 전혀 불가능하다고 말할 수는 없지만, 적어도 이러한 일은 극히 드물다. 진晋나라의 陶渊明(도연명)이 『桃花源记(도화원기)』에서 묘사한 "한汉이 있었

---

8 필자의 『人类语言的相互接触与相互影响(인류 언어의 상호 접촉과 상호 영향)』 참고, 『书林漫步(서림만보)[속편]』에 수록. pp.179~190.(북경, 1984).

9 사피어의 *Language: An Introduction to the Study of Speech*(언어: 말에 대한 연구 입문) (1921), 제9장, 「How Languages Influence Each Other(언어는 어떻게 서로 영향을 미치는가)」, 陆卓元(육탁원) 번역, 陆志韦(육지위) 중문판 감수(1977), p.120.

다는 것도 모르는데, 더군다나 위진魏晋에 대해서는 말할 것도 없다."라는 상황은 시인의 이상 사회에 대한 동경 혹은 공상을 표현한 것에 불과할 뿐, 현실은 이러한 꿈과는 다르다. 언어가 스스로 생겨날 수 없다는 점에서, 언어와 비언어로 기록, 표현, 전파되는 문화 역시 독자 생존할 수 없다는 것은 자명한 이치이다. 여기서 말하는 언어는 구어와 문어, 즉 Alighieri Dante(단테, 1265~1321)가 말했던 속어eloquentia와 문언gramatica[10] 등 모두를 포괄한다. 여기서 말하는 문화는 지극히 광범위하고 다소 모호한 개념을 지니고 있는데, 이는 영국의 인류학자 E. B. Tylor(타일러, 1832~1917)가 제시한 혼돈混沌의 정의(1871)와 유사하다고 할 수 있다. 그는 문화를 관념, 지식, 신앙, 예술, 법률, 도덕, 풍속 등을 그 내부에 포괄하고 있으며, 사회 구성원이 필연적으로 지녀야 할 각종 '능력과 관습'의 종합체(복합체)로 정의했다. 또한 그의 말에 따르면, 문화는 '인류가 자신의 역사적 경험 속에서 창조한 모든 것을 망라하는 종합체'[11]라고 할 수 있다.

나는 여기서 문화라는 개념이 언어를 포함하는지에 관해서는 문화학자나 문화사학자들의 판단에 맡기고자 한다. 다만 여기에서 나는 두 언어(다른 언어) 간의 접촉은 필연적으로 두 문화(다른 문화)가 접촉하는 상황에서 발생한다는 것을 지적하고 싶다. 서로 다른 두 문화가 상호 접촉하면서 나타난 결과는 매우 복잡하게 얽혀 있으며, 상호 접촉 과정에서의 객관적인 조건과 서로 부딪히게 되는 쌍방의 주관적인 태도를 비교해야만 결과에 대한 실제적 판단을 내릴 수 있다. 이른바 접촉 조건이라는 것은,

10 Alighieri Dante(단테)의 *De vulgari eloquentia*(속어론) (1983년 토리노판) 및 1929년 런던 A.G.F.H. 영어 번역본 참고.

11 E. B. Tylor(타일러)의 *The Primitive Culture: Researches into the Development of Mythologh, Philosophy, Religion, Language, Art and Culture*(원시문화) (1871) 참고.

예를 들어 전쟁이나 폭력을 통해 한쪽이 다른 한쪽에 강요한 것인지, 상품 교환 과정에서 서로 전달하고 보완한 것인지, 평화롭고 우호적인 교류를 통해 상호 흡수한 것인지, 아니면 악의를 품은 침투로 인해 부정적인 반응을 일으킨 것인지에 따라 양측에 서로 다른 긍정적인 결과 혹은 부정적인 결과를 만든다. 주관적 태도란, 예를 들어 양측 힘의 강약, 발전의 정도, 문화적 소양(자질)의 우열 등을 말한다. 다른 이질의 문화가 상호 접촉하는 과정에는 양극단(충돌 또는 융합) 사이에 많은 중간 상태가 존재하는데, 이렇듯 복잡하게 얽혀 있는 까닭은 여러 가지 사회적 요인들이 시시각각으로 변화하기 때문이다. 이에 대해, 영국의 민속학자 J.G. Frazer(프레이저, 1854~1941)는 다음과 같은 매우 흥미로운 주장을 하였다. 프레이저는 그의 저서 *Golden Bough*(황금가지) (1890년 초판)에서 기독교가 12월 25일을 예수 탄생 기념일로 선택한 것은 이교도들이 태양의 탄생을 기념하는 날과 의도적으로 맞추기 위한 것으로, "이교도들의 태양에 대한 충성을 '정의의 태양'이라 불리는 인물에게로 전이시키기 위해서이다."[12]라고 하였다. 만약 이러한 주장이 대체로 타당하다면, 서로 다른(심지어 적대적인) 두 문화의 접촉은 매우 복잡하지만, 때로는 매우 흥미롭기도 하다. 자신감이 강하고 전반적으로 상승세에 있는 문화 집단은 다른(심지어 적대적인) 문화 집단과의 접촉을 두려워하지 않으며, 충돌이나 '침투'(부정적인 의미로서의)도 두려워하지 않는다. 그들이 타문화를 거부하는 마음으로 대하지 않는 이유는 강한 자신감을 가지고 부정적인 요소를 긍정적인 요소로 전환할 수 있기 때문이다. 고대 중국의 한나라와 당나라 시대에는 (자국의) 문화 집단에 대한 강한 자신감을 지니고 있었기에, 이국 문화와 접촉할 때도 불안해하지 않았다. 다시 말해, 한나라와 당나라 문

---

12 프레이저의 *Golden Bouch*(황금가지), 1922년 제4판 1권, 제37장, 「西方的东方宗教(서방의 동방 종교)」(중문 번역본, 북경, 1987) 참고.

화의 번영은 어떤 면에서는 다른 문화가 서로 접촉하여 나타난 결과라고 도 볼 수 있다.

4. 피진(양징방), 크레올, 모자이크 현상

문화 접촉과 비교해 언어의 상호 접촉 현상과 그 결과는 훨씬 간단명료하다고 할 수 있다. 비록 언어 접촉은 문화 접촉의 배경하에서 발생하지만, 기본적으로 충돌을 유발하지 않으며, 일반적으로 차용어(외래어)를 언어 접촉이 남긴 흔적이라고 여긴다. 이러한 차용어, 즉 외래어가 담고 있는 문화 현상에 대한 정보(표면적 정보와 내재적 정보)를 통해, 후대의 사람들은 문화 접촉 당시의 일면을 엿볼 수 있다. 일정한 조건 아래에서는, 특히 근대사 즉 신흥 자본주의 생산 관계가 출현한 이후, 주로 '생산을 위해 행해진'[13] 대항해 시대 이후의 언어 접촉에서는 '피진/양징방'pidgin[14] 현상과 '크레올'creole 현상[15] 등이 나타났다. 전자는 상업이나 일상적 교류의 필요에 따라 만들어졌고, 후자는 문자文字가 없었던 문화 집단이 기호를

---

13 이 말은 Friedrich Engels(엥겔스)의 과학사에 관련된 한 토막의 말로, 『自然辨证法(자연변증법)』 중문판, p.162 이하 참고.

14 '피진어'(pidgin)는 Ronald Wardhaugh(로널드 워드하우)의 정의에 의하면, "이것은 어느 특정 민족이 사용하는 언어가 아니며, 사람의 모국어도 아니다. 단지 접촉 언어(contact language)일 뿐이다." (저서 *An Introduction to Sociolinguistics*(사회언어학개론), 1990년 판, 제3장 1 참고). pidgin은 pigean 또는 pidjin 등으로도 쓰이며, 'business'(상업)을 잘못 발음한 것으로 전해진다. 기록에 따르면 19세기 1850년대부터 사용되기 시작했고, 현재는 다양한 접촉 언어를 지칭하는 데 널리 사용되었다.

15 '크리올어(creole)'에 대해 Jack C. Richards(잭 리차드) 등은 이렇게 정의한다. "이는 한 집단의 주민들이 대부분 혹은 모든 일상적인 의사소통의 필요를 충족하기 위해 피진어로 발전한 것이다."(롱맨판 *Dictionary of Applied Linguistics*(응용언어학사전), 1989 참고).

사용해 자신들의 구어 정보를 기록하고 전달할 필요성을 느끼게 되면서 발생했다. '피진/양징방' 현상의 주요 특징은 양측 언어의 전통적인 관용적 표현을 간소화하여 서로 빠르게 이해하고 정보를 교환하는 데 목적이 있으며, '크레올' 현상은 일종의 언어 기획language planning이라 할 수 있다.

한나라와 당나라 시기에 불교문화가 중국에 전해지면서 다수의 외래어가 유입되었고, 그중 많은 차용어가 이후 약 2천 년에 걸친 운용 과정에서 중국어의 통용 어휘(즉, 스탈린이 말한 '국민' 어휘)로 자리를 잡았다. 그러나 당시에는 근대적 형태의 '양징방' 현상이 나타나지 않았다. 다만 근대 역사가 시작되던 19세기 상반기에 서양이 포격으로 중국의 문호를 개방하면서, 처음에는 월 방언이, 이후에는 민 방언과 오 방언이 일부 외래어를 받아들였다. 그리하여 대략 30년 정도의 짧은 기간인 이 시기에 잠시 '양징방' 현상이 나타나기도 하였다. 하지만 중화민족이라는 문화 집단은 수천 년의 전통문화뿐만 아니라 수천 년을 이어온 언어와 문자 체계를 갖추고 있기에, 외래 언어 요소가 섞인 '크레올' 언어 현상은 결코 다시는 나타날 수가 없었다.

내가 최근 홍콩의 언어 세태state를 조사하면서, 광동어(백여 년 동안, 홍콩에서 사용되면서 약간 변형된 월어)의 '모자이크' 현상[16]을 발견했는데, 주 언어인 홍콩 월어의 어휘 구조에 영어 어휘가 일부 섞인 혼합어로써 대화 과정에서도 크게 어색함이 없는 자연스러운 구어를 형성하고 있었다. 이러한 홍콩의 '언어 모자이크' 현상은 내가 이전에 동아시아, 유럽, 아메리카의 이중 언어 지역이나 다중 언어 지역에서 본 적이 없는 매우 독특한 언어 현상이었다.

---

16 『'语言马赛克'现象('언어 모자이크' 현상)』, 본서 제3장 참고.

5. 서양인과 고대 문명 국가

19세기 전반기, 서구 유럽과 미국의 자본주의 문화가 고대 봉건 왕국의 중국 전통문화에 충격을 주었을 때, 아주 흥미롭고 특이한 현상이 일시적으로 나타났다. 서양인들은 안하무인으로 쳐들어와 오만과 멸시의 태도로, 중국을 '미개'하거나 혹은 개화했지만 이미 쇠락한 왕조라고 여겼다. 중국으로 몰려든 모험가와 아편 상인들은 스스로는 발전할 수 없고 '미개한' 이 세계의 주인이라고 생각했다. 이처럼 그들은 중국인들을 '미개인'으로 보았기 때문에, 오직 소수의 특정 목적을 가진 연구자를 제외하고는 결코 '미개인'의 언어를 배우고 싶어 하지 않았다. 동시에, 당시 쇄국 상태의 폐쇄된 환경에서 살던 중국인들 또한 관료나 토호土豪, 일반 서민들 할 것 없이, 이러한 '이방'에서 온 '붉은 털'을 가진 이방인들을 '미개인'이나 '야만인'으로 간주하였다. 그래서 중국인 또한 이러한 이역의 문화 집단을 멸시하였고, 그들 역시 자연스럽게 '붉은 털'의 사람들이 하는 언어를 배우고 싶어 하지 않았다. 다시 말해, 손님은 주인을 야만인으로 여기고, 주인 역시 손님을 야만인으로 대하는 것이었다. 이는 참으로 이상한 현실이 아닌가? 이렇게 서로 다른 두 문화 집단이 접촉하면서 정보를 교류하기 위해서는 당시 linguist로 불린 '통역'에 의지할 수밖에 없었다. 영어에서 linguist라는 단어가 '통역'의 의미로 쓰인 것은 *The Oxford English Dictionary*(옥스퍼드 대사전)에서 1882년 이후라고 적혀있으나 정확하지는 않다. 이미 미국의 선교사 E. C. Bridgman(브리지먼)이 1832~1852년 사이에 广东(광동)에서 발행한 *Chinese Repository*(중국총보)에서 linguist(통역)라는 단어가 자주 등장했으며, 사실 당시에 사용된 linguist(통역)라는 단어는 매우 우스꽝스러웠다. 비록 잠시 사용되기는 했지만, 그들이 당시 중국에서 유행했던 '양징방' 영어를 처음으로 만들었다는 것에는 의심의 여지가 없다. 이처럼 중국에서 '양징방' 영어가 오래 남아 있지 못한 이유는 오랜 문화적 전통이 약간은 억압적인 성격을 띠고 있기는 했지만, 두 문화 집단이 자기들만의 고유한 정보 전달 수단을 방해하는 것을 허락하지 않았기 때문이라고 볼 수 있다. 이전에 내가 '양징방'을 '언어오염'이라고 한 것도 바로 이러한 관점에서 세운 논리였다. 그러나 당시 나의 논점은 지나치게 단순한 사고로 접근한 것이었고, 모든 '양징방' 언어 현상을 언어오염으로 간주할 수는 없다고 본다.

이러한 '양징방 영어'의 발생이나, 두 개의 문화 집단이 상호 접촉하고 심지어 충돌하는 생생한 모습은 19세기 후반 중국을 방문한 영미인들의 저작에서도 산발적으로 나타난다. 그중 두 가지가 특히 흥미로운데, 바로 미국의 모험가 William Hunter(윌리엄 헌터)의 약간 허접한 두 개의 저작 *The Fan Kwae at Canton*(广州番鬼录: 광주번귀록) (1882)과 *Bits of Old China*(旧中国杂记: 구중국잡기) (1885)가 특히 흥미를 끈다. 이 작은 분량의 두 권은 비록 내용이 체계적이진 않지만, 당시의 현실을 생동감 있게 드러낸다. 여기에서 제시되는 정보는 이후에 출판된 많은 논저보다 현실적이며, 심지어 20년간 편집 인쇄된 『중국총보』보다도 더 많은 생생한 언어와 문화 정보를 제공한다. 저자의 글에는 자신의 오만한 태도가 잘 드러날 뿐만 아니라, 당시 중국인들이 '番鬼(번귀: 외국인)'를 업신여기는 태도 또한 생생히 묘사되어 있다. 『구중국잡기』에 수록된 '양징방 영어' 부분이 매우 흥미를 끄는데, 예를 들어, 책에서는 linguist(통역)가 '번귀'를 만났을 때 사용하는 'my chin chin you'(chin은 '请'의 음역)라는 표현이 공손 표현임을 다음과 같이 서술하고 있다.[17]

"한 '번귀'가 처음 광주에 도착했을 때, 그는 몸에 꽉 끼는 옷과 높은 모

---

17 해당 책 재판(중판)본(1911), p.124 참고. 헌터의 이 두 권의 서투른 책은 그의 아들에 의해 재출판되었다. 책은 오만, 편견, 무지 그리고 지루함으로 가득 차 있지만, 어느 정도 현실감이 담겨 있다. 또한 'Te-loo-ly No.1 Curio! (=Truly No.1 Curious!)'나 'Muscome my shop' 같은 우스운 징방어도 가득하다.

자 때문에 많은 사람의 시선을 끌고 있음을 알아차리고는 매우 난감해하였다. 그때, 영어에 자신 있다고 여기는 한 중국인이 그에게 말을 걸었으나, 그는 한 마디도 알아듣지 못했다. 마찬가지로 그가 하는 말 또한 아무도 알아듣지 못해, 그는 더욱 어찌할 바를 모르고 있었다. 그가 '양징방 영어'Pigeon English에 대해 들어본 적이 있었는지는 모르겠지만, 그에게는 중국인들이 하는 괴상한 단어와 어구가 마치 페니키아어나 에트루리아 주술을 듣는 듯했다. 중국인이 그에게 'my chin chin you'라고 하더라도, 그는 결코 이것이 공손한 인사말이라고 여기지 못했다. 그가 중국인을 방문했을 때, 주인의 왼쪽에 앉도록 배려받는 것이 자신에 대한 정중한 예절이라고는 상상도 하지 못했다. 중국인이 모자를 쓰고 그를 방문했을 때, 여전히 집 안에서도 계속 모자를 쓰고 있었다. 아마도 그는 그 손님이 교양이 없다고 여겼을지 몰라도, 사실 이것이야말로 예의 바른 행동이라는 것을 그는 몰랐다."

여기에 묘사된 것은 단순히 언어의 접촉뿐만 아니라 문화의 접촉이라는 사실을 보여준다. 책에는 또한 「Fokeiade(伙计颂: 화계송)」이라는 풍자시가 기록되어 있는데, 저자는 '伙计(화계)'라는 두 글자에 대해 주석을 달아 설명하고 있다.[18]

"伙计(화계)는 Fo(伙)와 Ke(计) 두 글자로 구성되어 있다. 첫 번째 글자는 동반자를 의미하고, 두 번째 글자는 계획을 의미한다. 두 글자가 합쳐지면 속어로 사람을 부르는 말이 되는데, 이름을 모르는 사람을 부를 때 '화계'라고 부른다. 광주에 살던 번귀들은 대부분 이 단어를 사용하여 중국인을 부를 때 사용하였고, 복수일 경우 -s를 붙인다. 하지만 존경받는 사람이나 낯선 이 혹은 친구를 부를 때는 '太爷(태야)' Tai Yay 또는 '老爷(노야)' Low Yay라고 부른다. '大老爷(대노야)' Ta-Low-Yay는 매우 고귀하게

18 해당 책 p.47 주석 참고.

들린다."

'화계'에 관한 이러한 주석은 매우 특이하게, 19세기 초 중국을 방문한 외국인들이 느꼈던 광주말의 몇몇 단어에 대한 뉘앙스nuance를 보존하고 있다. 岑麒祥(잠기상) 교수의 말에 따르면, '화계'는 만청滿清 시대에 광주 구어에 전해진 만주어를 음역한 한자로, 헌터가 말한 것처럼 '글자 그대로를 해석한' 것이 아니다. 만약 그렇다면 '화계'는 북방에서 남방으로 전해진 차용어로, 헌터가 책에서 아무렇게나 대충 말한 것과는 다르다고 할 수 있다. 이뿐만 아니라 그의 책에서는 또한 진실과 허위가 뒤섞인 것 같은, 즉 사실인 듯하면서도 아니고, 사실이 아닌 듯하면서도 사실인 것처럼 묘사하고 있는 것들이 있다. 이러한 것은 완전히 다른 두 문화 집단이 처음 접촉하면서 나타난 상호 언어 이해의 결과로 볼 수 있다.

6. 문화와 언어 상호 접촉의 흔적

다시 차용어로 돌아가서 말해 보자면, 차용어는 문화와 언어의 상호 접촉의 흔적이라고 할 수 있다. 본문에서는 논의의 범위를 순수 외래어에 국한하지 않고 시야를 넓혀, 19세기 초에 발생했던 언어와 문화의 상호 접촉 과정에서 나타나는 중국어 문자 생성법을 살펴보고, 그 문자 생성법으로부터 문화 접촉의 양상을 추론해 보고자 한다.

중국어 문자 생성법에서 외래 사물을 묘사하는 기호로 사용된 한자로는 '番(번)', '西(서)', '洋(양)' 세 글자가 주로 쓰이는데, 앞의 두 글자('番'과 '西')는 시대에 따라 나타내는 방위가 서로 달랐다. 세 번째 글자인 '洋'은 근대의 해상 교류 이후로, 문화 교류가 남쪽에서 북쪽으로 넘어감에 따라 '洋'이 많이 사용되면서 '番'을 대체하였다.

송나라 이후로 '번'은 외래 사물을 의미하는 일반적인 용어로 사용되었다. 송나라 사람의 저서 『诸蕃志(제번지)』에는 “번상(외국 상인)은 성쇠를 거듭했다.”番商兴败, “번박(외국 배)이 아직 도착하지 않았다.”番舶未到 등의 표현이 있으며, 또 『明史(명사)』에도 “번상은 말을 가지고 雅州(아주)에 와서 차와 교환하였다.”番商以马入雅州易茶라는 기록이 있다. 광동 출신의 학자인 굴대균(屈大均, 1630~1696)이 쓴 『广东新语(광동신어)』 18권에는 '洋船(양박)'과 '番人(번인)'이란 단어가 동시에 사용되고 있다. 여기서 주목할 점은, 본래 중국 서부 변방 소수민족 지역을 지칭하던 '番'의 의미가 점차 사용되지 않거나 아예 사라졌다는 것이다.

광동 지역의 사람들은 19세기 초 '番鬼(번귀)'라는 단어를 만들어냈는데, 이는 1, 2세기 전까지 자기 나라가 '天朝(천조)'[19]였다는 오만한 태도를 표현한 것이다. 본래 외래의 것을 표현하던 '番'을 '番舶(번박)'이나 '番人(번인)'이라는 표현에 사용하는 것은 크게 문제가 없으나, 외국 손님을 '鬼'(귀신)로 멸시하여 '번귀'라는 단어를 만든 것은 지나친 편견과 자만심을 보여준 것이다. 이러한 '番鬼'와 같은 방식으로 파생된 番鬼佬(외국 남자), 番鬼婆(외국 여자), 番鬼仔(외국 소년), 番鬼女(외국 소녀)라는 표현은 광동 월어 구어체에서 대략 150년 동안 존재해 왔다. 사실 '번귀'라는 단어는 아편전쟁 이전에 이미 존재하고 있었지만, 이러한 경멸적 표현들은 서양의 포격과 더불어 중국인들의 외국인에 대한 적대시한 감정을 더욱 심화하면서 더 광범위하게 사용되었다. 이는 쇄국적인 사고방식이 낳은 오만함과 편견을 보여주는 것 이외에도, 외세 침략자에 대한 경멸의 감정도 느끼게 해준다. 비록 아편 무역과 아편전쟁의 구체적 환경을 벗어날 수는 없겠지만, 광동 사람들의 배타적인 태도는 문제가 있다고 본다.

월어(광동어)에는 특히 '番(번)'을 접두사接头词로 사용하는 단어가 매우 많은데, 이는 지난 두 세기 동안의 문화 접촉의 결과물이다. 예를 들어 '番

19 역주: 옛날 중국이 외국에 대해 사용하던 중국 조정의 자칭.

枧'(肥皂, 비누), '番薯'(고구마, 사천성에서는 '红苕'라 부름), '番瓜'(호박), '番菜'(서양 음식), '番书'(외국 책) '番菜馆'(서양 식당), '番书院'(외국 학교), '番茄'(토마토), '番石榴'(구아바) 등이 있다.

왜 광동어에서 전통적인 도박 게임인 '摊钱(탄전)'(혹은 '摊铺'라고도 함)을 '番摊(번탄)'이라고 부르는 걸까? 외지에서 들어온 것(꼭 외국에서 들어온 것이 아니더라도)이라면 모두 '番'이라는 접사를 붙이는 걸까? 특히 '番摊(Fantan)'이라는 단어는 영어의 일반(통용) 어휘 목록에도 수록되었는데, 영국인의 기록에 따르면, 1878년경 처음으로 문헌에 등장했다고 한다. 하지만 나는 이 연도가 의문스러우며, 1840년 전후로 앞당겨져야 한다고 본다. 주목할 만한 점은 두 세기 전 언어 접촉(영어와 중국어)의 결과, 극히 적은 수의 음역 중국어 단어만이 영어에 귀속되었다. 예를 들면, '番摊'과 '请请(chinchin)'은 1795년에 기록으로 등장한다. 또 하나의 단어 '三板(samban)'(후에는 '舢板'으로 불림)은 1620년에 영어에 귀속되었다. 또 아편전쟁 이후(1845) 영어의 일반 어휘에 들어간 chow-chow라는 단어는 일종의 피진어라고 할 수 있다. 중국의 작은 물건들, 예를 들어 절인 채소부터 잡동사니까지 이름이 없는 것을 모두 chow-chow라고 불렀다. 영어가 어느 유형에도 속하지 않는 이러한 오염된 단어를 사용한 것을 보면 당시 악명 높은 식민지주의자들의 심리를 짐작할 수 있다.

'西(서)'라는 글자의 시대적 의미 역시 '番'과 마찬가지로 매우 뚜렷하게 드러난다. 대략 19세기 근대사 이전의 문헌에서 '西'로 시작하는 단어는 西域(서역), 즉 아시아 대륙 서쪽 변방을 가리켰고, 바다의 변경을 가리키는 '西洋(서양)'은 남태평양에서 서인도양 일대를 의미했으며, 유럽이나 미국을 지칭한 것이 아니었다.

'洋(양)'으로 외국을 지칭한 것은 시기상으로는 '番(번)'과 거의 비슷하지만, 월방언(광동어)에서는 '番'을 더 많이 사용했고, 상해 방언에서는 '洋'이나 '西'를 더 많이 사용했다. 그런데 '番鬼'가 '洋人(양인)'으로 바뀌게 된 것은 단순히 어휘의 변화가 아니라, 심리 상태의 변화를 의미한다고 할 수 있다. 다시 말해, 그토록 경멸하던 외국인을 '귀신鬼'에서 중국인과 동등한 개념의 '사람人'으로 바꾸어 부르게 되었는데, 그들도 그저 외국에서 온 '洋人'일 뿐이라는 시각은 해상 교류가 시작된 이후에 비로소 나타났다. 특히 월방언(광동어)에서 '火水(화수: 휘발유)'[20]가 '火油'로 바뀐 어휘의 변화는 매우 흥미롭다. 외국에서 들여온 '火水'는 기름 같지 않고 오히려 물처럼 보였으나, 불에 탈 수 있었기 때문에 현명한 선조들이 이를 '火水'라고 명명한 것이다. 거의 동시에 등장한 단어들로는 '火柴'(성냥)(나중에 '洋火'로 불림), '火酒'(알코올)(나중에 '酒精'으로 불림), '火船'(증기선)(나중에 '汽船'으로 불림), '火轮车'(나중에 '火车'로 불림) 등이 있는데, 이 단어들도 대부분 19세기 말에서 20세기 초 사이에 만들어졌다. 广(州)三(水) 철도(1903년)와 广(州)九(龙) 철도(1911년)가 완공되기 전까지는 월어(광동어)에 '火轮车'('火车')라는 단어가 없었다. 북쪽에 있는 여러 철도 또한 19세기 말(1888)에 건설이 시작되어 20세기 초에야 완공되었다.

현대중국어 용어학termin ology에서 '水泥'(cement 또는 Portland cement)라고 부르는 건축 재료는 지난 백여 년을 거쳐오면서 세 번 이름이 바뀌었는데, 이는 언어 교류사에서 흥미로운 일화 중 하나이다. 이 '새로운' 재료는 처음에는 광주 관청(관공서)에서 영국으로부터 들여와서 '红毛泥(홍모니)'라고 불렀는데, 여기서 '红毛(홍모)'는 영국에서 온 '番鬼(번귀)'를 가리킨다. 아마도 다른 곳(예를 들면 미국인)에서 이 재료가 처음으로 들어왔을 당시에는 사람들이 이것에 익숙하지 않아 '士敏土(스민투)'라고 음역하여 불렀으며, 항일전쟁 전까지도 월어(광동어)에서는 여전히 이 용어가 광범위하게 사용되었다. 다시 이 재료가 제1차 아편전쟁을 거친 이후에 화동 지

20 '火水'는 Kerosene을 뜻하며, 현대 중국어로는 '洋油' 또는 '煤油'라고 한다. '洋油'라는 단어는 이후에 외국에서 수입된 石油(汽油:가솔린), 등유 등의 총칭으로 바뀌었다.

역에 들어왔는데, 이때 상해 방언에서는 '水门汀(shuǐméntīng)'으로 음역하여 사용되었다.

앞서 말했듯이, 중국어는 음역한 외래어에 대한 잠재적인 저항성을 지니고 있어서, 사람들의 일상생활에서는 점차 음역어인 '士敏土'나 '水门汀'이라는 용어가 사라지고, '洋'자를 접두어로 하여 간결하게 구성한 '洋灰(양회)'라는 새로운 의역어를 사용하기 시작했다. 그러나 민족해방 전쟁 시기에 이르러, 기술자들이 심리적으로 '양'자를 꺼리게 되자, 다시 '水泥'라는 이름으로 바꾸었다. 이 외국에서 유입된 재료가 '红毛泥'에서 '水泥'로 바뀌기까지 이 땅은 얼마나 많은 고난을 겪었는지, 만약 이 단어들이 말할 수 있었다면, 자기들이 겪은 많은 쓰라린 이야기를 들려주었으리라.

7. 부정 요소와 긍정 요소

서구 열강의 지속적인 포화는 스스로 쇄국을 고수하던 중국의 대문을 열었고, 동시에 유학자들이 지닌 마음의 문도 열었다. 또 애국지사들은 봉건주의 정치 체제가 이 땅을 쇠퇴로 몰아가고 있다는 사실을 깨닫게 되었다. 당시의 지식인들은 무술변법戊戌变法을 전후로 일본에 건너가 국가를 강하게 하고 국민을 부유하게 하는 길을 모색하고자 하였다. 이 과정에서 일어에서부터 많은 신조어(자연과학과 사회과학을 포함하여)가 그대로 한자의 형태로 도입되었는데, 이것은 메이지 유신(1868) 이후 일어에 도입된 많은 서양의 어휘가 오늘날처럼 가타카나로 음역한 것이 아닌 한자로 의역되었었기 때문이다. 이와 같이 한자어로 된 대부분의 차용어는 이미 '중국어의 일원'汉化이 되어, 중국인들도 그것들이 중국어에서 만들어졌거나 원래 있던 어휘라고 생각하여 심리적으로도 전혀 '차용어'라고 느끼지 않는다는 것이다. 예를 들면, 思想(사상), 思潮(사조), 革命(혁명), 文明

(문명), 文化(문화), 经济(경제), 教育(교육), 共和(공화), 社会(사회), 观念(관념), 企业(기업), 干部(간부), 支部(지부), 场合(장합: 장소, 환경) 등은 날마다 사용되고 있어서 누구도 그것을 차용어라고 생각하지 않는데, 이는 또한 현대의 문화 접촉과 언어 접촉에서 봐도 특이한 현상이긴 하다. 심지어 학자들은 이러한 차용어에 대해서도 한자의 문자적 측면에 함축된 의미(심층 의미)를 찾으려 한다. 한 예를 들어보자. 梁启超(양계초)는 蒋方震(장방진)의 저서 『欧洲文艺复兴时代史(유럽 문예 부흥 시대사)』를 위해 서문序文을 썼는데, 서문이라기보다는 원문과 맞먹을 정도의 분량으로, 이후 『清代学术概论(청대학술개론)』이라는 단행본으로 출간되었다. 그는 이 책의 첫 번째 절에서 '사조思潮'라는 단어가 마치 그런 일이 있었던 것처럼, 생동감이 넘치는 뛰어난 필치로 이를 묘사하였다. 이러한 설명은 중국인들이 '思潮'라는 단어가 일본어에서 차용된 것이 아니라, 반고盘古가 천지를 연 시기부터 이미 존재했던 것처럼 느끼게 하였다. 이 지식인의 논술을 보자.[21]

"무릇 문화가 발전한 나라에서는, 그 국민이 한 시기 동안 환경의 변화와 심리적 감화로 인해, 뜻밖에 생각의 길이 자연스럽게 한 방향으로 나아가게 된다. 그리하여 서로 호응하며 마치 파도처럼 세차게 용솟음친다. 처음에는 그 기세가 매우 미미하여 거의 느끼지 못하나, 점차 상승하고 상승하여 최고조에 달하게 된다. 그리고 시간이 지나면 점차 떨어지며, 쇠퇴하고 사라지게 된다. 모든 '사유'思가 다 '사조(思潮: 사유의 흐름)'潮로 발전할 수 있는 것은 아니며, '사조'가 되려면 그 '사유'는 반드시 상당한 가치를 지니고 있어야 하고, 시대의 요구에 맞는 것이어야 한다. 모든 '시대'가 다 '사조'를 갖는 것은 아니며, 사조가 있는 시대는 반드시 문화가 진

---

21 梁启超(양계초)의 『清代学术概论(청대학술개론)』(『梁启超史学论著三种(양계초사학논저3종)』, 홍콩, 1980, p.186) 참고.

보하는 시대이다."

본래 일본어였던 '思潮'(shichyo)는 영어의 trend(of thought) 또는 current의 의역에 불과하였으나, 이후 양계초가 다시 자구字句의 의미를 근거로 한자의字意 해석을 진행하였다. 그리하여 현재는 덴마크의 G. Brandes(브란데스, 1842~1927)의 저서 *Hovedstrømninger i det 19de Aarhundredes Litteratur*(19세기 유럽 문화의 주류)에서 제시한 '主潮'(main current)와 양계초의 '思潮'에 대한 설명이 기본적으로 일치하고 있다. 이 또한 문화와 언어의 접촉이 서로 영향을 주고받았다는 대표적인 예로 볼 수 있다.

어쩌면 다음과 같이 주장할 수도 있을지 모른다. 즉, 어떤 상황과 조건에서 이루어지는 언어 접촉이든 간에, 항상 그에 상응하는 문화 접촉의 배경 속에서 이루어진다. 이는 피할 수 없는 것이며, 저항할 필요도 없고 낙담할 필요도 없다. 만약 이 접촉의 부정적인 요소를 시기적절하게 제거하거나 줄이는 데 주의를 기울인다면, 쌍방의 언어는 더욱 풍부해지고, 정보 전달 매개체의 역할을 더욱 효율적으로 발휘하게 될 것이다. 사실 문화 접촉은 원래의 주체를 발전시키고 풍부하게 하는 데도 이로운 점이 있기에, 사람들은 이에 대해 지나치게 예민하게 반응할 필요가 없다.

제5장

언어 접촉과 차용어 현상[1]

(1) 언어 접촉은 반드시 문화 접촉의 배경하에서 이루어진다.

여기서 말하는 언어는 광의의 개념으로, 구어와 문어, 즉 구두 언어와 서면 언어를 포함한다. 다른 말로 표현하자면, 말과 문자이다. 여기서 말하는 문화 또한 광의의 개념으로, 문화는 인류가 자신의 역사적 경험 속에서 창조한 삼라만상을 포함하는 결합체이다. 이는 영국의 인류학자 E.B.Tylor(테일러, 1832~1917)[2]가 제시한 것과 같이, 언어는 사회 구성원의 관념, 지식, 신앙, 예술, 법률, 도덕, 풍습 등 사회 구성원이 반드시 갖추어야 할 '능력과 습관' 등을 총체적으로 포함하고 있다.

(2) 언어는 사회현상의 일종이다.

오직 인간 사회에서만 음절을 나누어서 기록할 수 있는 언어가 존재한

---

1 본고는 1991년 10월 23일 청화대학교 건축대학에서 진행된 강연의 기본 내용이다.

2 E.B.Tylor(테일러)의 *The Primitive Culture(*원시문화), 1871, 참고.

다. 다른 동물들은 정보를 전달할 수 있는 수단을 가지고 있지만, 그 수단을 언어라고 할 수는 없다.

언어는 또 하나의 문화 현상으로, 사회 구성원이 지닌 '능력과 습관'을 표현하며, 직접 혹은 간접으로 그 사회의 문화 정보를 나타낸다.

언어는 정보 매체(또는 사회의 소통 수단)로써, 다양한 기호(음성 기호 또는 문자 기호-코드)를 사용하여 정보를 기록하고 전달한다. 동시에 언어는 그 자체로 한정된 기호의 배열로 무한정의 사물이나 개념을 표현하는 정보체계이다.[3]

(3) 학자들은 서로 다른 각도에서 문화와 언어의 상호 관계를 논술하고 있지만, 모든 논술은 대체로 아래의 세 가지 범주를 벗어나지 않는다.

- 언어는 문화의 구성 요소가 아니며, 문화를 표현하는 형식form도 아니다.
- 언어는 문화를 구성하는 성분이다.
- 언어는 문화와 동등한 관계가 아닌, 문화를 표현하는 방식 중의 하나이다.

어떠한 방식을 선택하든 간에 문화의 전파는 대부분 언어를 떠나서 논할 수 없다. 그래서 두 가지 서로 다른 문화가 접촉했을 때, 언어의 접촉이 일어나는 것을 피할 수도 없다.

(4) 다양한 문화 접촉은 다양한 조건 아래에서 발생하며, 다양한 조건이란 주관적인 면과 객관적인 면 모두를 포함한다.

---

3 "한정된 기호를 가지고 무한한 개념을 표현한다."라는 의미는 정보 언어학(Cybernetic Linguistics) 또는 언어 정보학(Language Informatics)에서 언어를 정의하는 중요한 논점이다.

주관적 조건이란 상호 접촉하는 쌍방이 지닌 힘의 강약, 선진국과 개발도상국, 발전과 쇠퇴의 차이를 의미한다.

객관적 조건이 가리키는 것은 더욱 복잡하다. 예를 들면, 한쪽이 다른 쪽을 억지로 지배하는 경우(정복, 침략 또는 유사한 상황에서 발생)인지, 아니면 양쪽이 서로 상품 거래를 통해 유발한 것인지에 따라 다르다. 즉 한 쪽이 의도적으로 다른 쪽에 '침투渗透'하려는 것인지, 또는 양쪽이 평화롭고 우호적인 활동을 바탕으로 서로 영향을 주는 것인지에 따라 달라질 수 있다.

서로 다른 두 문화가 접촉할 경우, 그 결과는 흔히 한쪽이 다른 한쪽을 소멸시키는 것이 아니다. 그런 상황이 발생할 가능성도 있지만, 일반적으로는 서로 스며들어서 "네 안에 내가 있고, 내 안에 네가 있다.你中有我和我中有你"라는 상황이 형성된다.

(5) 무릇 번영하고 발전하는 문화 집단은 대개 자신감이 강하며, 그들이 다른 문화에 접촉하거나, 심지어 그 안에 충돌 요소가 있는 경우에도 두려워하지 않는다. 이러한 문화 집단은 이질적인 문화를 두려워하지 않으며, 오히려 그들의 자신감은 이질적인 문화를 적절히 취사선택할 수 있다고 믿으며, 즉 이질적인 문화에서 수용할 가치가 있는 부분은 흡수하고, 그들의 생활 습관과 사회 관습에 맞지 않는 부분은 거부한다. 반면, 자신감이 낮은 문화 집단이나, 혹은 그 문화 집단 안에서 자신감이 약한 부분에서는 이질적인 문화나 부분적 요소의 '침입侵入'이나 영향을 받는 것을 두려워한다. 그러나 현실적 사회생활에서는 이러한 '침입侵入'이나 영향을 받게 되는 것이 불가피하며, 종종 막고 싶어도 막을 수 없는 경우도 많다. 저항하는 마음을 가지고 이질적인 문화와 접촉하는 것은 고통스러운 과정일 뿐만 아니라, 종종 부질없는 과정이 되기 쉽다.

(6) 언어 접촉은 이러한 문화 접촉의 배경하에서 발생하기에, 매우 흥미롭고도 복잡하다. 종종 위에서 언급한 그러한 상황이 존재한다.

(7) '塔(탑)' 자를 예로 들어 살펴보자.

한자에는 원래 '塔'이라는 글자가 없었다. 중국에서뿐만 아니라 세계에서 가장 오래된 '백과사전'인 『尔雅·宫第五(이아·궁제오)』에도 '塔'이라는 글자는 없다. 『说文解字(설문해자)』에서도 원본에는 '塔'이라는 글자가 없었으며, 단지 徐铉(서현, 917~992)이 『설문해자』를 교정하고 보충 설명하는 과정에서 '塔'이라는 한자가 추가되었는데, 그 당시에는 이미 중국에 많은 탑이 세워져 있었다. 따라서 중국의 고대에는 탑이라는 건축물이 존재하지 않았으며, 한당汉唐 시기에 불교문화가 중국 전통문화와 접촉하면서 생겨난 새로운 사물이다. 문화 접촉의 결과는 반드시 완전히 그 모습 그대로 옮겨지지도 아니하며, 그렇다고 해서, 그때마다 저항하여 거부하는 것도 아니다. 오히려 당시 사회생활에서 필요하고 유익하며 멋있다고 여겨지는 것을 받아들이지만, 대부분은 자신의 습관이나 미적 관념에 따라 변형하게 된다. 예를 들어, 东土(동토)에서 온 탑은 맨 처음 인도에서 세워진 탑과 그 형상이 완전히 일치하지는 않다. 즉 소림사少林寺 밖의 탑림塔林처럼 고승의 사리를 보관하기 위한 탑은 원형의 탑과 유사하기는 하지만, 이후 각지에 세워진 탑은 원형과는 큰 차이가 나타났다.[4]

일반적으로 '탑塔'이라는 한자는 진晋나라의 葛洪(갈홍, 284~341)이 지은 『字苑(자원)』에 처음 수록된 것으로 보고 있지만, 이 책은 현재 실전失传되어 다른 사람의 책에 인용된 내용을 통해 '塔'자가 수록되었었다는 것

---

4 刘敦桢(류돈정) 편집, 『中国古代建筑史(중국 고대 건축사)』 제2판(1984), 제4장 제4절 '寺和塔(사원과 탑)'; 청화대학교 건축학부 편집, 『中国古代建筑(중국 고대 건축)』(1985~1990), '종교 건축' 장(章); 또한 *The Realm of Tibetan Buddhism* (1985), P52 참고.

을 알 수 있다. 남조 양梁나라의 顾野王(고야왕)이 편찬한 『玉篇(옥편)』에도 '塔' 자가 수록되어 있는데, 이 책은 6세기인 543년에 완성되었다. 따라서 '塔'이라는 한자는 6세기 초 혹은 그 몇 년 전에 한자 조합 원칙에 따라 만들어졌다고 추론할 수 있다. '土(토)'는 의미를 나타내고, '荅(답)'은 소리를 나타낸다. 그래서 예해서倪海曙가 『现代汉字形声字字汇(현대한자형성자자휘)』를 편집할 때 수록하였는데, '塔'의 발음이 '荅(답)'의 'da'에서 전이되어 'ta'로 기록되어 있다. 스웨덴 한학자 B. Karlgren(칼그렌)의 저서인 『中文及汉和分析词典(중국어·일본어 한자 분석 사전)』[5]에서는 '塔'자의 음변音变 현상을 다음과 같이 기록하고 있다.

古音(고음)	tâp	(t는 무성음)
粤音(월어)	t′āp	(t′는 유성음)
国音(국음)	t′a	(t′는 유성음)

이 책에서는 산스크리트어梵语의 팔리어Prakrit 어형语形에서 차용되었다고 기록되어 있는데, 즉 팔리어의 어형인 'stûpa'에서 유래했다고 한다. 처음 차용할 때 사용된 여러 가지 다른 서법书法의 塔婆, 偷婆, 兜婆, 鍮婆 등은 산스크리트어 thūba 또는 thūpa를 음역한 것으로 전해지고 있지만, 이후에는 크게 유행하지 않았다.

(8) 신조어 '塔'이 도입될 때, 또 stūpa의 음역에서 유래된 세 개의 한자

---

5 B. Karlgren(칼그렌, 1889~1978)은 유럽 한학(汉学)계에서 중국어 연구에 큰 업적과 두드러진 기여를 한 스웨덴 한학자이다. 그의 분석 사전 원제는 *Analytic Dictionary of Chinese and Sino-Japanese*이며, 서문에서 "이 책은 언어학자가 연구하는 참고자료일 뿐만 아니라, 중국어를 연구하는 일반 학생들도 사용할 수 있다."고 언급했다. 사전은 각 한자에 국음(현대 음), 고대 음, 광동 음을 주석으로 달았다.

조합 ‘窣堵波’가 있었다. 王安石(왕안석)의 시诗에서 그 내용을 찾아볼 수 있다.

周颙宅在阿兰若, 周颙(주옹)의 집은 **阿兰若**(아란야)에 있고,
娄约身随窣堵波。허약한 몸은 **窣堵波**(솔도파)를 따르네.

흥미로운 점은, 이 시에서 솔도파와 대구를 이루는 세 글자의 ‘阿兰若’ 또한 음역된 차용어로, 이 또한 불교문화와의 접촉을 통해 생겨났다는 것을 알 수 있다. ‘阿兰若’은 산스크리트어 ‘aranya’의 음역으로, 본래의 의미는 ‘숲森林’이며, 이후 ‘고요함空静’의 의미로 파생되었다.

(9) ‘窣堵波’는 여러 종류의 서법书法이 있는데, 모두 세 개의 한자가 해음관계를 이루고 있다. 예를 들어: 窣堵玻, 窣塔婆, 苏鍮婆, 苏偷婆, 薮偷婆, 素睹波, 窣睹波, 私鍮簸, 数斗波, 薮斗婆, 率都婆, 卒塔婆 등이 있다. 그러나 이후 이들 표기는 문헌의 기록에서 점차 사라지게 되었고, 현대 중국어에는 ‘塔’자만 남게 되었다.

(10) ‘塔’ 자와 거의 같은 시기에, ‘塔’자 외에 ‘浮图(부도)’ 혹은 ‘浮屠(부도)’라는 또 하나의 2음절 단어가 만들어졌다. “救人一命, 胜造七级浮屠(图)”(한 사람을 구하는 것이 일곱 층의 부도浮屠를 짓는 것보다 낫다)라는 표현은 원명元明 시대의 희곡과 소설에서 ‘塔’ 자의 동의어로 광범위하게 사용되었다. 하지만 한당汉唐 시대에는 산스크리트어 ‘buddha’의 음역어로 ‘불佛’로만 해석되었고, 이후 점차 의미가 파생되어 ‘塔’ 자의 동의어로 발전하게 되었다. 즉 『西厢记(서상기)』의 한 구절인 ‘浮屠千丈, 高接云霓(탑이 천 길 높이로, 구름과 무지개에 닿아 있다)’에 보이는 ‘부도浮屠’는 당연히 ‘불佛’을 의미하는 것이 아닌 ‘탑塔’을 가리킨다.

(11) 이상에서 본 것처럼, 같은 어휘를 음역하는 한자가 매우 다양한 방식으로 표기되고 있음을 알 수 있다. 설사 '동음동조同音同调'의 한자라도 여러 개가 될 수도 있기에, 차용어에 대한 표기도 다양한 변화가 나타날 수 있다. 예나 지금이나 마찬가지로, 이러한 현상은 한자의 음역 과정에서 독특한 효과를 나타내기도 하지만, 동시에 불리한 점으로 작용하기도 한다. 그래서 지금의 음역 용어(특히 새로운 사물의 음역)에도 여전히 의미의 중의성이 발생할 수도 있다.

(12) 흥미로운 점은, 영어에서도 동양식의 특정 건축물, 주로 인도식이나 인도에서 중국으로 전해진 건축물을 표현하는 단어인 'pagoda', 즉 프랑스어에서는 'pagode', 독일어에서는 'Pagode'로 불리는 것들은 오히려 산스크리트어 또는 팔리어의 'stupa'에서 유래된 것이 아니라는 것이다. *Oxford English Dictionary*(옥스퍼드 사전)의 기록에 따르면, 이 단어의 어원은 페르시아어 'butkada'로, '신神' 또는 '우상偶像'을 의미하는 'but'과 '거처居处'를 의미하는 'kada'가 결합한 것으로 설명한다. 그러나 이 페르시아어 단어는 '신神 혹은 성인圣'의 의미를 나타내는 팔리어Prakrit 'pagodi'에서 유래된 것으로 보인다.

(13) 11세기 초(1084)에 완성된『资治通鉴(자치통감)』에는 '浮屠(부도)'라는 용어가 보이는데, 13세기 胡三省(호삼성, 1230~1302)의 주석에 따르면 "불제자들이 사리를 모시기 위해서 건물을 세우니 이를 '탑'이라고 한다. 또 서역의 언어胡言로는 종묘宗庙를 지칭하기에, 속칭 '탑묘塔庙'라고 부른다."라고 하였다. 여기서 또 다른 표현 방식인 '塔庙(탑묘)'가 등장하는데, 당시 서역의 어휘는 대개 범칭의 형용사 '호胡'를 붙여 '호언胡言'으로 불렀다. 고문헌에서는 또 '窣堵坡(波)(솔도파)'와 같은 의미의 '佛陀窣堵坡(불타솔도파)'라는 표현이 사용되었는데, 이 단어의 어원은 산스크리트어

'buddhastupa'이다. 여기에서 'buddha'는 '불佛' 또는 '불타佛陀'를 의미하며, '불타솔도파'는 '불탑佛塔'을 의미한다.

(14) 한 언어가 이국 문화와 외래어에 접했을 때 어떤 반응이 나타나는지를 연구한다는 것은 구체적으로 말해서, 외래어를 거부한 것인지 아니면 '수용'한 것인지, 어떤 것을 거부하고 어떤 것을 수용했는지를 살펴보는 것이다. 즉, 우리가 그 언어의 내적 발전 추세와 이 언어를 사용하는 집단의 심리 상태 및 사회 환경을 이해하게 해준다는 점에서는 의심할 것이 없지만, 그렇다고 해서 언어의 내적 구조가 문화적 사고방식을 결정한다고 단정할 수는 없다.

(15) '언어상대성linguistic relativity' 원리라고도 칭하는 사피어-워프의 가설Sapir-Whorf Hypothesis은 간단히 말해, 사람들이 세계를 바라보는 관점(대개 영문으로는 'view of the world'라고 하나, 보통은 독일어의 'Weltanschauung'을 '세계관'으로 번역하여 사용함)을 의미하며, 이러한 세계관은 모국어의 구조방식에 의해 전부 또는 부분적으로 결정된다는 것이다[6]. 워프에 의하면, '각 언어의 배경 언어체계(즉, 어법)는 관념을 재현하는 도구라기보다 오히려 관념을 형성하는 요소, 즉 개인의 정신 활동 과정과 지향점'이라고 말했다[7]. 이와 유사한 주장은 언어학자 Edward Sapir(사피어)의 *Language*(언어론)[8]에서도 나타나기에, 후세에서는 이를 '사피어-워프 가설'이라고 부른다.

---

6 이 간단한 표현은 Jack Richards(잭 리처드) 외 편집의 *Longman Dictionary of Applied Linguistics*(롱맨 응용 언어학 사전), 1989, p.167 참고.

7 Benjamin Lee Whorf(워프)의 대표작 *Language, Thought & Reality*(언어, 사고 및 현실), 1956. p.212 참고.

8 Edward Sapir(사피어)의 *Language: An Introduction to the Study of Speech*(언어론), 1921, 중문 번역본(陆卓元(육탁원)번역, 陆志韦(육지위) 교정(1977))을 참고.

J.Greenberg(그린버그)는 그의 소책자[9]에서 이러한 논점에 대해 찬성하지 않았다. 나 또한 완전히 정리된 내용은 아니었지만, 『社会语言学(사회어언학)』에서 이 주장을 반박한 적이 있다.

(16) 언어의 유입과 유출

현대 서양 언어와 접촉하면서 유입된 차용어를 접하다 보면, 오히려 중국어에서 빌려 쓴 어휘는 그다지 많지 않다는 것을 쉽게 알 수 있다. 반면, 중국어에는 외국어(산스크리트어, 일본어, 라틴계열 언어 등)에서 빌려 쓴 단어가 상대적으로 훨씬 더 많다. 역사적으로 볼 때, 중국어에 외국의 어휘가 대량으로 유입된 것은 두 차례의 큰 사건을 통해서 나타났다. 첫 번째는 한당汉唐 시기에 나타난 불교문화와의 접촉을 들 수 있으며, 두 번째는 20세기 초반, 즉 '5·4운동'을 전후로 한 30년간 활발하게 전개된 현대 자본주의 문화와의 접촉을 들 수 있다.

(17) 현대 중국어에 왜 이토록 많은 외국어가 유입되었는가를 살펴보는 것은 상당히 의미심장한 일이면서도 매우 복잡한 문제이다. 개괄해서 살펴보면, 대략 사회, 정치, 경제적 원인과 더불어 언어 내부의 구조적 원인을 들 수 있다. 한당汉唐 이후부터 근대까지, 당시 중국 주변 집단의 문화는 그 수준이 중국에 비해 높지 않았으며, 거기에다가 중국 자체의 쇄국锁国으로 인한 외부의 접촉이 적어 언어의 유입과 유출은 그다지 많지 않았다. 최근 이백여 년간에 이르러, 주변 상황이 크게 변화하였고, 고대로부터 이어진 전통문화가 근대 자본주의 문화의 습격을 받으면서 외래어의 유입이 급격히 많아지기 시작했다. 그러나 그동안 정체되어 있었던

9 J.Greenberg(그린버그)의 소책자 *A New Invitation to Linguistics*(새로운 언어학 입문) (1977)를 가리킨다.

중국의 사회 경제는 오히려 외부 문화 집단의 관심을 끌만한 것이 별로 없었기에, 중국 문화가 외국으로 이동한 경우는 극히 적었다. 게다가 중국어가 지닌 문자 체계는 표음체계가 아니었기에, 상호 표기하기가 불편해 중국어의 유출은 적을 수밖에 없었다.

하지만 단순히 언어의 유입이 유출보다 훨씬 많다고 해서, 그 나라의 사회 경제가 다른 나라에 비해 발전하지 않았다고 결론을 내릴 수는 없다. 가장 대표적인 예로 현대 일본을 들 수 있다.

(18) 아마도 차용어를 가장 많이 사용하는 언어라면. 현대 일본어를 들 수 있을 것이다.[10] 제2차 세계대전 후, 미국이 일본을 실효적 지배를 하면서 일본어에는 대량의 영어(정확히 말하면 미국 영어)가 유입된 차용어가 증가하였고, 이런 까닭에 영어 어휘를 모르면 일본어 학습에 많은 어려움이 있다고 여기는 사람도 있었다. 일본어에 차용어(외래어)가 이렇게 범람하게 된 데는 일본어 자체의 구조적 원인도 있었다. 일본어는 음절 기반의 두 가지 발음 체계를 가지고 있는데, 즉 가타카나片假名로는 차용어를 표기하고, 또 이에 대응하는 히라가나平假名로는 일본어 자체의 어법 관계를 표현하게 된다. 이런 표기 방식은 한자를 사용하는 것보다 더욱 편리한데, 이러한 표기의 편리함과 전쟁 이후의 언어환경 및 심리 상태가 더

---

10 현대 일본어의 차용어가 많고 넘쳐나는 것은 일본에서 매년 출판되는 많은 신조어 관련 서적에 모두 외래어가 부가되어 설명되고 있는 것에서 알 수 있다. 그중 자유국민사(自由国民社)가 편찬한 『现代用语の基础知识(현대 용어의 기초지식)』이 광범위하게 팔리는 것이 대표적인 예다. 이 책은 1938년부터 출판되었는데, 신조어 1,304개를 수록하고 있다. 이후 매년 확대 개정판이 나왔는데, 1950년에 발행된 첫 번째 개정판에는 신조어 12,775개를 수록하고 있다. 또 1972년에 발행된 두 번째 개정판에는 신조어 32,136개를 수록하고 있다. 특히 2001년에 발행된 개정판은 외래어 부분이 106페이지(16절지) 분량을 차지하고 있어, 그 수량이 얼마나 방대한지 알 수 있다.

해지면서 대량의 외래어(차용어)가 출현하게 되었다. 1960년대 이후, 일본은 강대국의 반열에 오르고, 첨단 기술 또한 여러 분야에서 앞서가게 되었음에도, 이러한 외래어(차용어)의 사용 역시 표현의 매개체가 되었다. 이것 또한 오늘날 세계 언어 상황에서 매우 특별한 현상 중 하나이다.

제6장
한자의 사회언어학 고찰

1. '화석化石'과 '궤적轨迹'

언어와 문자는 인류 사회생활의 '활화석活化石'으로, 인간이 거쳐 간 사회생활의 발자취를 찾을 수 있으며 심지어 특정 환경에서는 사회 역사의 '잃어버린 연결고리'를 찾아낼 수도 있다. 따라서 그것이 동태적轨迹이든, 정태적化石이든 간에, 사회언어학은 언어와 문자의 형태와 구조로부터 사회 발전의 일정한 규율을 해석하고 탐구하려고 노력하고 있다. 이러한 연구 과정을 통해, 언어와 문자 자체의 진화 과정과 발전 규율을 자연스레 발견하고 논증할 수도 있다.

이러한 의미에서, 모두 8권으로 구성된 『汉语大字典(한어대자전)』(12권으로 이루어진 자매편 『汉语大词典(한어대사전)』과 동일)은 15년간의 고된 작업을 통한 성과물로, 중국어의 언어, 문자 연구에 크나큰 공헌을 하게 되었다. 다시 말해, 이 『자전』은 지금까지 가장 완전한 자료 수집과 사실적 고증을 통한 가장 과학적 가치를 지닌 한자 자료집数据库이라고 할 수 있다.

알다시피, 이 『자전』은 세계에서 모어母语 사용 인구가 가장 많은 서사书写 체계(한자 체계)에 대해 포괄적 의미를 지닌 수집, 감별, 정리, 묘사, 분석 작업을 진행했을 뿐만 아니라, 한족 및 중화민족의 전통문화와 사회 발전을 연구하는 데에 대단히 유용한 자료를 제공했다. 따라서 『한어대자전』의 출판은 현실적이면서도 심오한 의미를 지니고 있다. 또한 사전 편찬의 토대 작업을 위해 자신을 돌보지 않고 헌신한 수많은 전문가, 학자, 편집자와 관련 작업을 묵묵히 진행한 모든 구성원에게 찬사를 보낸다.

이 전집全集이 모두 나오게 될 즈음에, 나는 자신의 연구 분야에서 출발하여, 이 저작에서 제공한 한자 정보에 대해 약간의 고찰을 진행하려 한다. 이러한 고찰은 우선 나 자신의 연구를 위해 필요한 작업으로, 아마도 『한어대자전』을 보고 느낀 점을 언급할 정도일 것이다. 그러나 만약 독자들이 조금의 영감이라도 얻을 수 있다면, 우리는 당연히 이 사업에 참여한 분들께 감사드려야 할 것이다.

2. '한자문화권'

나는 '한자문화권'[1]이라는 명칭이 정확히 과학적으로 지칭된 용어라고 생각하지 않는다. 왜냐하면 한자를 사용하는 사람은 한족 혹은 한족에 의해 형성된 문화에 국한되지 않으며, 다만 한족의 사회 발전 과정과 매우 밀접한 관계가 있다고는 할 수 있다. 그리고 한자를 사용하거나 한자의 일부 요소를 빌려 그 사유를 표현하는 여러 민족(한족 외 여러 민족)도 자신들만의 문화를 가지고 있으며, 이러한 문화의 형성은 그들의 사회 발전

1 '한자문화'와 '한자문화권'이라는 이러한 개념은 1986년 5월 일본에서 개최된 『朝日新闻(아사히신문)』과 '大修馆'에서 주최한 '한자 문화의 역사와 미래'라는 학술 토론회에서 제일 먼저 제기되었다. 후에 국내의 일부 잡지에서 가끔 채택하기도 했다.

과정과 밀접한 관계가 있다. 따라서 우리가 한자를 사용하는 민족과 이들로 구성된 사회가 모두 공통되고 통일된 문화를 가지고 있다는 결론을 내리는 것은 역사주의에 부합되지 않고, 유물주의에도 부합되지 않는다. 서로 다른 민족의 문화 속에서 일부 같거나 유사한 요소가 존재할 가능성이 충분하다는 점은 이해할 수 있지만, 이것으로 '한자문화권'이 형성되었다고 할 수는 없다.

한족은 몇천 년 동안 한자 체계를 사용했는데, 주로 한족이 민족을 형성해 가는 역사적 과정에서 생활했던 다양한 활동의 궤적을 반영하고 있다. 따라서 이러한 한자의 정보자료信息库에서는 주로 한족의 문화적 '화석化石'만을 발굴해 낼 뿐이다.

언어는 문화와 동등하다고 할 수 없다. 같은 언어를 사용하는 몇몇 민족이 모두 같은 문화를 가지지는 않는다. 반대로, 다른 언어를 사용하는 민족이라도 어떤 환경에서는 공통의 문화를 공유할 수 있다. 이러한 인식은 자본주의 언어학자들도 이미 공유하고 있다. 예컨대 미국의 언어학자 사피어[2]는 이렇게 단언하였다.

> "전혀 관련없는 언어가 같은 문화 속에서 공존하기도 하고, 밀접하게 연관된 언어, 심지어 동일 언어가 서로 다른 문화 범주에 속할 수도 있다."

영국과 미국은 비록 양자 사이에 시간의 흐름에 따라 일부 정상적 변이가 일어나긴 했지만, 여전히 공통의 언어인 영어를 사용하고 있다. 하지만 두 나라는 결코 같은 문화를 공유하고 있지 않다. 또 아메리카 인디언 부족에 속하는 후파족Hupa tribe, 유로크족Yurok tribe, 카루크족Karuk tribe 등

---

2 Edward Sapir(사피어)의 중역본 『语言论(*Language: An introduction to the study of speech*)』(1921), 陆卓元(육탁원) 역, 陆志韦(육지위) 교정(1977) 참고.

이 사용하는 언어는 서로 소통이 되지 않을 뿐만 아니라, 서로 다른 세 개의 주요 아메리카 语群(어군)으로 분류된다. 하지만 이 세 부류의 인디언들은 오히려 서로가 인정하고 소통할 수 있는 동일 문화를 가지고 있다.

따라서 사회언어학의 측면에서나 사회사상과 정치사상의 측면에서 굳이 존재하지도 않는 '한자문화권汉字文化圈'이라는 용어를 사용할 필요는 없다.

3. 马, 牛, 羊

일찍이 13세기 송宋나라 학자의 손을 거쳐 처음 만들어졌으며, 6~7백 년 동안 민간의 계몽 교재로 사용된 『三字经(삼자경)』에는 다음과 같은 구절이 있다.

> "马, 牛, 羊, 鷄, 犬, 豕: (말, 소, 양, 닭, 개, 돼지:)
> "此六畜, 人所食."[3] (이 '여섯 가축'은 사람이 먹을 수 있는 것이다.)

13세기부터 지금에 이르기까지 이미 7백 년이 흘렀지만, 이 말이 묘사하는 내용은 여전히 현실성이 있다. 다만 말과 소는 사람이 먹도록 공급되는 것에 한정되는 것은 아니기에, 『삼자경』의 묘사가 전면적인 설명이 되지 못할 뿐이다. 소와 말은 고대 중국 사회, 특히 현대 이전의 오랜 기간, 사회생활에서 가장 중요한 생산(경작), 교통(운수), 그리고 전쟁(전마)의 수단이기도 하였다. 이러한 사회문화의 '궤적'으로써의 한자 체계에서 马(말), 牛(소), 羊(양)의 여러 형태와 기능에 따른 서로 다른 한자를 찾아볼

3 역주: 『삼자경』에는 "马, 牛, 羊, 鸡, 犬, 豕, 此六畜, 人所饲."로 되어 있다.

수 있다. 罗常培(나상배), 吕叔湘(여숙상) 같은 저명한 선배 언어학자들도 马(吕叔湘), 牛, 羊(罗常培)에 대해 논증을 한 적이 있다. 먼저 나상배의 견해를 살펴보자.[4]

- "中国古代文字关于牛羊的词汇也特别丰富。"

(중국 고대 문자에서 소, 양에 관한 어휘가 매우 풍부하다.)

- "现代中国语言里这些字大多数都死亡了。"

(현대 중국어에서 이런 글자는 대부분 소멸되었다.)

- "可是古字书里既然保留这些字的记录, 那么, 中国古代社会里的畜牧生活是不可淹没的。"

(그러나 고대의 자서字书에는 여전히 이런 글자의 기록이 남아있으니, 중국 고대사회에서 목축 생활이 있었다는 사실을 숨길 수는 없다.)

- "这些词汇的死亡, 完全由于社会制度和经济制度的变迁所造成的。"

(이런 어휘의 소멸은 전적으로 사회제도와 경제 제도의 변천으로 인한 것이다.)

여숙상 또한 다음과 같이 말했다.[5]

- "有些字眼儿随着旧事物, 旧观念的消失而消失。例如『诗经·鲁颂』的「駉」这一首里提到马的名称就有十六种。"

(어떤 글자는 과거에 존재했던 사물이나 개념의 소멸로 인해서 사라졌다. 예컨대 『시경·노송』의 「경」이라는 시诗에서는 말을 지칭하는 한자를 열여섯 종이나 언급하고 있다.)

- "全部『诗经』里的马的名称还有好些, 再加上别的书里的, 名堂就更多了。"

(『시경』 전체에 보이는 말을 지칭하는 한자는 더 많은데, 다른 서적에 있는 것까지 포함

---

4 罗常培(나상배)의 『语言与文化(언어와 문화)』(1950) 참고.

5 吕叔湘(여숙상)의 『语文常谈(어문상담)』(1982) 참고.

하면 말과 관련된 항목은 더욱 많아진다.)

-“这是因为马在古代人的生活里占重要位置, 特别是那些贵族很讲究养马。”

(이것은 고대인의 생활에서 말이 중요한 지위를 차지하고 있었으며, 특히 귀족들은 말을 기르는 것에 매우 공을 들였다.)

-“这些字绝大多数后来都不用了。”

(이러한 한자는 대부분 훗날 더 이상 사용되지 않았다.)

이로써 알 수 있듯이, 사회생활은 언어의 생성과 소실의 배경으로 작용하고 있다. 중국인들은 경제 발전과 사회 교제의 수요에 따라 수많은 ‘한자汉字’를 만들었으나, 이후 사회생활의 급격한 변화와 언어 자체의 변화 규칙으로 인해 일부 글자는 조용히 사라졌다. 이러한 내용에 대해서는 아래 문장에서 다시 언급할 것이다.

물론 특수한 언어환경에서 만들어진 어휘는 소멸되지 않고 살아남아서, 여전히 사용되기도 한다. 예컨대, 에스키모인은 일년내내 얼음과 눈으로 뒤덮인 곳에서 생활하는데, 사회생활의 수요로 인해 그들은 얼음冰이나 눈雪과 관련된 개념에 대해서는 매우 민감하다. 그래서 얼음, 눈과 관련된 수많은 어휘가 만들어졌는데, 이러한 어휘는 지구상에 있는 대다수의 비교적 따뜻한 지역에서는 꿈에도 생각지 못한 것들이다. 특히 적도 부근에서 생활하는 사람들은 눈과 얼음을 구분하지도 못하는데, (사람들은 우스갯소리로, 광주 사람들이 얼음과 눈을 구분하지 못한다고 비웃고, 광동 사람들은 다른 지역의 사람들이 橘(귤), 柑(감), 橙(등)을 구분하지 못한다고 비웃는다) 이것은 더 이상 말할 필요가 없다. 그러나 여전히 빙설 환경은 존재하고 있기에, 에스키모어 중에 존재하는 이러한 어휘가 사라지지 않는 것이다.

4. '牛(소)'와 관련된 각종 개념의 부호

여기에서 나는 『한어대자전』 제3권을 통해 나상배가 언급했던 '牛(소)'와 관련된 글자를 관찰하고자 한다. 특히 제3권에는 '牛(소)' 부수의 한자가 상당히 많은데, 그중에는 대부분 이미 무엇을 가리키는지 알 수가 없는 것들이 많다. 다시 말해서, 이런 글자에 대해서는 5~6백 년 전 혹은 심지어 7~8백 년 전의 학자들도 모르고 있었다는 것이다. 그런데 어떤 연유에서인지 여전히 자신들이 이해하지 못하는 이러한 글자를 그들이 편찬하는 사전류에 수록하고 있다는 점이다. 예컨대, 다음과 같다.

⿰牜待 – 『字汇补(자휘보)』에 이르기를: "义阙(의미를 비워둠)", 즉 이 글자가 무슨 개념을 의미하는지 모른다는 말이다.[6]

⿰牜圭 – 『자휘보』에 이르기를: "义无考(의미를 고찰할 수 없음)", 즉 이 글자의 의미语义가 무엇인지 고증할 수 없다는 말이다.[7]

어떤 '牛' 편방을 지닌 글자들에 대해서 몇몇 자전에서 비록 '牛名(소 이름)'이라고 주석을 달아 밝혔지만, 사실상 엮은이가 당시에 글자만 보고 대강 뜻을 짐작한 것이 아닌가 하는 의심이 든다.

'牛' 편방의 글자는 문자 생성법의 규칙에 근거하여, 牛(소)와 같은 유형의 동물에 속할 것이라는 점은 분명하다. 그래서 주석에 '牛名(소 이름)'이라고 적어놓은 것은 당시의 사람이 옛사람의 뜻을 추측한 것으로 볼 수 있다. 다만 내가 의심하는 것은 무엇 때문에 '⿰牜曾', '⿰牜敫' 두 글자를, 『玉篇(옥

---

6 역주: 『한어대자전』에서는 ⿰牜待에 대해 다음과 같이 설명하고 있다.
⿰牜待 táo 『改併四声篇海·牛部』引『搜眞玉镜』: "⿰牜待, 徒劳切." 『字汇补·牛部』: "⿰牜待, 义阙."(p.1816)

7 역주: 『한어대자전』에서는 ⿰牜圭에 대해 다음과 같이 설명하고 있다.
⿰牜圭 shēng 『改併四声篇海·牛部』引『搜眞玉镜』: "⿰牜圭, 音生." 『字汇补·牛部』: "⿰牜圭, 诗争切. 义无攷."

편)』에서는 그것을 '牛(소)'라 하고, 『集韵(집운)』에서는 '소 이름'이라고 하는가 하는 것이다. 사실 고대사회에서 한족들의 '牛(소)'에 대한 개념은 그보다 천몇백 년 전에 편찬된 자전보다 내용이 훨씬 많고 더 정확하다고 본다. 서로 다른(비록 그 차이가 아주 미세한 것이라도) 개념을 지칭하는 사물에 대해, 각각 그에 대응하는 새로운 글자를 만들었다. 게다가 기술적인 원인(예컨대 조판, 인쇄 등 원인)으로 인해 같은 개념을 가리키나 자형이 달라서, 후세 사람들이 이체异体라고 부르는 서로 다른 자형의 글자가 많이 나타났다. 이는 한자 자전의 편찬에 약간의 불필요한 부담을 주게 되었는데, '牛'부에 수록된 한자는 대략 다음과 같은 통계 수치가 나타남을 알 수 있다.

『한어대자전』 329

『康熙字典(강희자전)』 228

『辞海(사해)』 59

『辞源(사원)』 54

『现代汉语词典(현대한어사전)』 46

『新华字典(신화자전)』 46

『常用字表(상용자표)』 8

이 통계 수치에서 알 수 있듯이, 현대로 오면서 한자의 사용 수량은 대폭 감소하고 있음을 알 수 있다. 이것은 아래의 세 가지 원인으로 인한 것이다.

① 일부 한자는 '소멸'하여 사라졌다.

② 일부 한자는 이체异体를 폐기하였다.

③ 일부 한자는 다음절어로 변화 발전되었다.

사실 『한어대자전』에 수록된 '牛(소)'에 관한 여러 개념의 한자를 고찰해 보는 것은 아주 흥미로운 일이다.

우선, 고대사회에서는 일정한 나이 차이가 나는 소를 구분하는 한자를 각각 다르게 만들었다. 다시 말하면, 나이가 다른 소에 각자 다른 개념을 부여함으로써, 각각의 개념에 대해 하나하나의 서로 다른 부호를 부여하고 있다는 것이다. 예컨대

두 살짜리 소: 犕, 㒃, 犋

세 살짜리 소: 犙, 犪

네 살짜리 소: 犻, 牭

네 살에서 다섯 살짜리 소: 犸

여덟 살짜리 소: 犕

여기에서 흥미로운 점은 '牛' 편방에 '貳'(二), '叁'(三), '四' 자를 부가하여, 둘, 셋, 네 살의 소를 각기 나누어 표현하고 있다는 것이다. 왼쪽의 '牛'는 일종의 지시 부호indicator이고 오른쪽의 숫자(貳, 叁, 四)는 의미부icon로, 이는 한자의 문자 생성법의 일종이다.

다음으로, 색상이 서로 다른 소 또한 각각의 부호가 존재한다. 예컨대, 다음과 같다.

흰 소: 犣, 㸌, 㹊

황백색의 소: 犥

흑소: 犏

등이 흰 소: 犒, 将

붉은 소: 㸲, 犅

혼잡색 소: 物

제사용 단색 소: 牺, 牷

호랑이 무늬가 있는 황소: ⿰牛余

검은색이 섞인 소: ⿰牛京, 牻

별 모양 반점이 섞여 있는 소: ⿰牛平

털의 색이 일정하지 못한 소(색상 구분이 어려운 소): 荦

현재 피부색이 서로 다른 사람을 '백인종', '황인종', '흑인종', '갈색인종' 등으로 부르는 것과 같이, 고대 중국 사회에서는 피부색이 다른 소에게 각기 서로 다른 이름을 부여하였다. 이는 고대 중국의 조상들이 소와 관련하여, 얼마나 자세하게 구분했는지를 보여주고 있다. 각각의 서로 다른 개념에 모두 특수한 부호를 부여했으며, 게다가 현재 학술계에서 규정한 '용어단순성术语单义性' 원칙에 부합된다(각각의 용어는 하나의 개념만 대표한다). 그러나 고대에는 하나의 한자를 새로 만들지언정, 두 개 혹은 두 개 이상의 기존 한자를 조합하여 새로운 하나의 개념을 나타내는 것을 원하지 않았는데, 이것은 매우 특수한 경우이다. 아마도 그러한 언어 환경에서는 글자字와 단어词가 일치했을 것이다.

수소, 암소, 송아지, 거세된 소, 물소 등에 대해서도 각자 서로 다른 부호가 있었다는 것은 아마 더 두말할 필요도 없을 것이다. 예컨대, 다음과 같다.

수소: 牤, 特, ⿰牛㝵, ⿰牛累

큰 수소: 牞

암소: 牯, ⿰牛雉, 牸, ⿰牛孛, ⿱此牛

거세된 소: 犆, 犄, 犍, 犗

송아지: ⿰牛菐(작은 수송아지), 犊, ⿰牛乍, ⿰牛后, ⿰牛曾

물소: 犺, 𤘽

이외에 큰 소犘, 뿔이 없는 송아지犝, 뿔이 없는 소犐, 힘이 센 소犌, 입술이 검은 소𤙖, 털이 노랗고 입술이 검은 소犉, 발이 검은 소犈, 눈이 검은 소牰 등이 있다.

고대의 들소나, 또 고대사회에서 소에 속하거나 혹은 소와 유사하다고 생각하는 동물에 대해서 만들어낸 부호字도 '소牛'의 의미를 따른다. 예컨대, 고대에 일종의 큰 들소를 '犪(규)'라고 불렀고, 또 한 종류는 '犩(위)'라고 불렀다. 일종의 소와 비슷하고 네 개의 뿔이 있으며, 눈이 사람을 닮은 동물을 '𤜫'(『옥편』)이라고 불렀다. 일종의 소와 비슷한 야수를 '𤘤'(『광운』, 『집운』)이라고 불렀다. 또 '𤚼'이라고 부르는 것도 있었는데, 어떤 종류의 들소인지는 알 수 없다. 심지어 『山海经(산해경)』에 수록된 일종의 소를 닮고 발이 세 개인 신화 속의 동물도 '牛'(𤛇)로 구성되었으며, '牛(소)'로 구성된 '独'(『옥편』)가 도대체 무슨 동물인지 현대인들은 알 수가 없다. 심지어 단봉낙타의 부호도 '牛'(牥)로 구성되었다.

소의 동작에 관해서도 모두 하나의 의미만을 나타내는 한자가 있다. 예컨대 소가 우는 것을 '牟(모)'라고 하고, 소가 우는 소리를 '㸳'라고 하였다. 임신한 소를 '𤛓'이라 하고, 병든 소를 '𤛥'라고 하였으나, 현재 사용하는 사람은 없다. 이와 비슷한 것으로는 다음과 같이 보기에도 아주 기괴한 글자가 있다.

𤚀 - 소의 뿔, 𤚜 - 牛肉干(육포), 㹘 - 牛胫(소 정강이)

재미있는 것은 소가 숨 쉬는 소리까지도 글자(𤛛)를 만들었으며, 소가 임신하지 못하는 것도 아주 독특한 글자(𤛮)를 만들었다. 소가 천천히 걷는 것은 '𤘬' 혹은 '𤙔'라고 하고, 소가 놀라서 달리는 것은 '犇'이라고 하여 모두 '牛'자가 편방으로 붙어있다. 소가 온순한 것을 '𤛓'이라 부르고, 소의 '성깔'이 (고집스러운 것)을 '犟'이라고 부르는데, 마지막 글자는 지금까지도 사용하고 있다. 소의 우리(울타리)(고대의 '牛棚(외양간)' 혹은 '牛栏(울타리)'는 정말로 소를 기르는 곳이며, '역사상 전례가 없던' 시기에 사람을 불법으로 구류하는 곳이 아님)을 나타내는 '牢(뇌)'는 심지어 사람을 가두는 곳('牢房감방')으로 의미가 희미해졌다. '牢房(뇌방: 감방)'과 '牛棚(우붕: 외양간)' 모두 두 개의 한자로 이루어진 단어词이며 모두 소에서 사람으로 이동하여 새로운 의미 범주를 형성하였는데, 이들 모두 사회생활의 화석이라고 할 수 있다. 아쉽게도 이것들은 단어이지 한 글자单字가 아니기에, 『한어대자전』에서 찾아볼 수 없다.

한자 모둠에 대량으로 존재하는 '牛'를 형태소로 구성된 글자는 먼저 중국 고대사회에서 소가 매우 중요한 가축(만약 가장 중요한 가축이라고 하지 않는다면)이었음을 증명한다. 중국의 민족과 문화를 배태했던 황토 평야와 고원에서 상당히 긴 시간 동안 소는 사회생활에서 중요한 역할을 하였음을 짐작할 수 있다. 소는 고기와 유제품을 제공했을 뿐만 아니라(이 분야에서 양의 역할이나 말의 역할을 크게 추월했을 수도 있다) 그 자체로 생산도구와 운송 수단이 되었으며, 오늘에 이르기까지(통상적으로 인정하는 갑골문 시대부터 현재까지 이미 3,500년이 흘렀다) 소는 많은 지역에서 여전히 없어서는 안 될 혹은 최소한의 생산도구와 운송 수단이 되었다. 10세기 전후(즉 한나라와 당나라 두 왕조)에, 이미 '牛'로 구성된 수많은 글자가 존재했다. 그러나 14세기부터 19세기(즉 명나라와 청나라 두 왕조)에는 오히려 많은 글자가 사라지면서, 사회 교제의 작용을 상실하게 되었다. 이후 많은 사람이 그러한 글자를 알지 못하고, 쓰지 않게 되었다. 그래서 현존하는 문헌을 통해서 그러한 글자가 어느 시기에 출현했는지, 어느 시기에 소멸했는지 고증하지 못한다는 점이 아쉬울 뿐이다. 만약 이 분야의 연구에 성과를 거둘 수 있다면, 오랜 봉건주의 통치하에서 생산과 생산관계를 형성했던 일부의 세세한 사항에 대해서 보다 더 명확하고 정확한 인식을 할 수 있을 것이다. 아쉽게도 우리에게는, Murray J.(제임스 머레이)[8]가 옥스퍼드 사전을 편집하는 과정에서 매 글자마다 처음 나타난 연대를 상세하게 밝힐 수 있었던 것처럼 그렇게 할 수 있는 자료가 없다. 만약 그렇다고 해서, 『한어대자전』을 책망한다면 공평하지 못하다. 왜냐하면 중국의 출판물은 책의 종류가 많고 방대하며, (고대 영문 출판물은 그다지 많지 않다) 게다가 많은 자서류字书类 혹은 유용한 문헌이 산실散失되었다(실제 산실된 수량만 해도 현존하는 고대 영문 문헌의 수량보다 많을 것이다).

수많은 자휘字汇의 변화 발전 과정에서 주의해야 할 언어 현상은 다음과 같다. 즉 소의 나이를 나타내는 고유 명칭, 두 살 소, 세 살 소, 네 살 소와 같은 한자单字는 이미 사라졌으며, 아마 사라진지 몇백 년은 지났을 것이다. 이후 사회 경제생활에서 소를 키우는 사람들이 이러한 차이를 더 이상 자세하게 구분할 필요가 없게 되었거나, 혹은 달리 구분할 방법이 있어서 전문 호칭을 만들 필요가 없었을 수도 있다. 따라서 이러한 종류의 한자들이 슬그머니 사라지면서, 절대다수의 사람들은 알지 못하게 되었다. 이와 동시에, 또 어떤 한자는 두 개의 한자로 이루어진 단어로 변화되었는데, 본래 한 개의 한자가 하나의 단어였던 것이 후에 많은 단어가 단음절어에서 이음절어로 전환되었다. 이러한 변화 과정은 아마도 매우 느렸을 것으로 보이며, 다만 필수적으로 계속 사용되어야 했던 많은 개념은 모두 두 개의 한자로 바뀌게 된 것이다. 우리는 『倒序现代汉语词典(도서현대한어사전)』에서 아래와 같이 두 글자로 전환된 일련의 단어들을 볼 수 있다.

---

8 Sir James Murray(제임스 머레이, 1837~1915)가 책임 편집한 영어 사전은 *A New english Dictionary on Historical Principles*(역사적 원칙에 의하여 편집된 신영어사전), 각 단어에 모두 처음 출현한 연도에 대한 주석을 달았다.

菜牛(비육우)/耕牛(농우)/牯牛(거세한 황소)/海牛(바다소)/黄牛(황소)/犍牛(거세된 수소)/犁牛(부림소)/羚牛(영양)/瘤牛(인도소)/牦牛(야크)/牤牛(황소)/犏牛(황소와 야크의 잡종)/乳牛(젖소)/麝牛(소를 닮은 동물)/水牛(물소)/野牛(들소)

심지어 어떤 것은 분명 소가 아님에도 소를 기반으로 이름을 지은 동물도 있다. 예를 들어,

天牛(곤충인 하늘소) / 蜗牛(연체동물인 달팽이)

상당히 흥미로운 점은 심지어 '铁牛(철소)'까지 파생해 냈었는데, 그것은 동물이 아니라 '트랙터'의 다른 이름이다. '耕牛(밭갈이 소)'에서 '铁牛(철소)'까지는 사회생산의 거대한 변혁이 있었다는 사실, 즉 짐승의 힘을 이용해 경작하던 것에서 기계의 힘을 이용해 경작하게 되었음을 나타낸다. 중국어에서 수백 년의 기나긴 시간을 거치면서 '铁牛(철소)'라는 단어가 만들어진 것은 그들의 사유 속에 경작하는 것은 여전히 소라는 인식이 존재하고 있었음을 보여준다. 비록 이것이 기계일지라도 사람들의 언어 습관에서는 여전히 '소'와 관련지어 부르게 된 것이다. 마치 서구에서 일찍 말을 이용하여 일을 함으로써, '마력马力'이라는 단어가 생긴 것과 유사하다. 기계가 말을 대신하여 일을 하게 되면서, 서양 사람들은 저도 모르게(아쉬움이 남아) 마력으로 이 기계의 힘을 표시한 것이다. 현재 마력은 계량 단위로 사용하며, 말과 완전히 무관하다. 오히려 735.5와트 혹은 대략 33000lbf·ft/min의 힘을 나타낸다.[9] 중국어에서 '铁牛(철소)'라는 단어가 언제부터 시작되었는지 알 수 없지만, 아마도 소련을 소개하던 시대(1930

---

9 저자의 『语言与动物(언어와 동물)』, 제2절 「从'斑马线', '猫眼睛'到'马力'('횡단보도'와 '문 구멍'에서 '마력'에 이르기까지)」(1980)을 참고하라. 『서림만보[속편]』(1984)에 수록됨.

년대)부터 해방 이후에 이르기까지, 이 시기쯤에 중국에서 사용되기 시작했을 것으로 보인다. 물론, '铁牛'라는 단어는 지금은 거의 사용되지 않고 있으며, 반음반의半音半意의 차용어 '拖拉机(트랙터)'에 자리를 양보했다('拖拉'는 tractor에서 trac-을 음역한 것이며, 예전에는 '汽犁'라는 단어를 사용하여 표시한 적도 있다. 그리고 '汽犁' 중의 '犁'는 경작 도구로, 고대에는 소로 경작하였기에 '犁'는 '牛'가 의부로 되어있다).

5. 문화의 물결과 차용어 중첩

두 종류의 언어가 서로 접촉할 때, 제일 자주 발생하는 현상이 차용어이다. 차용어는 단순한 사회의 언어 현상일뿐만 아니라 서로 가깝거나 혹은 서로 다른 사회문화가 접촉할 때 필연적으로 나타나는 결과이다. 장기간 폐쇄되었던 사회라도 외래어가 유입되는 것을 피할 수 없다. 왜냐하면 장기적으로 폐쇄된 사회라고 할지라도 어떤 특정 상황에서는 새로운 사물이나 새로운 개념이 '침투'하는 것을 완전히 배척할 수 없으며, 이러한 '침투'는 아무런 악의를 지니지 않는다.

강하고 자신감 넘치는 사회적 시스템에서는 '침투'한 외래어를 의식적으로 받아들이고 소화하기도 하지만, 이와 반대로, 노예화되고 자주적인 힘을 상실한 사회적 시스템에서는 종종 어쩔 수 없이 '침투'한 외래어를 억지로 사용할 수밖에 없다.

각자 지위나 역량이 서로 다른 정치적 실체가 서로 접촉할 때는 비교적 약한 한쪽이 종종 강한 쪽의 어휘를 어쩔 수 없이 받아들이게 되고, 강한 쪽은 늘 '주인'의 태도로 자발적으로 혹은 부지불식간에 약한 쪽에 그들의 어휘를 '수출'하게 된다. 이와 동시에, 양자 사이에는 많든 적든 간에 차용어를 거절하려는 의식 혹은 잠재의식이 나타난다.

중대한 사회적 변혁의 과정에는 그것이 변혁 전후로 나타난 내재적 변화이든, 아니면 부분적으로 외부의 영향(간섭 혹은 강화)을 받은 문화의 흐름이든 간에, 그 사회에는 또 다른 차용어가 축적되게 된다. 이와 동시에 이러한 문화의 물결은 다시 일련의 어휘를 외부로 '수송'하여 다른 사람이 사용하게 한다.

중국어 역사에서는 두 차례의 비교적 큰 차용어 발생 상황이 나타났다고 말할 수 있는데, 그 첫 번째는 한나라에서 당나라에 이르는 시기, 두 번째는 청나라 말기에서 민국 초기에서 시작하여 '5·4' 시기까지를 들 수 있다. 그런데 작금의 개혁개방 시대에도 대량의 차용어가 출현할 것으로 예상된다.

앞에서 언급했던 언어학자 사피어[10]는 70년대에 이미 "수 세기 이래, 중국어는 한국어, 일본어와 베트남어의 어휘 속에서 범람하고 있으나, 거꾸로 이들 언어의 어휘를 (뭔가를 차용어로) 받아들인 것은 없다."라고 단언하였다. 물론 이 학자의 단언이 완전히 실제에 부합한다고 할 수 없다. 적어도 이 단언의 아랫부분(즉 "뭔가를 받아들인 적은 없다.")은 그다지 실제에 부합하지 않는다. 아마도 첫 번째 시기는 불교가 들어오면서, 범문으로부터 대량의 차용어가 '유입'되었다고 할 수 있다. 그런데 두 번째 시기는 바로 일본어에서 서양 학문을 받아들이면서 많은 '차용어'가 이동하였는데, 그 당시 형식적으로는 마치 중국어의 요소(주로 한자)가 일본어에서 '범람'(그 시기 일본어는 '가타카나'보다는 한자를 사용하여 서양의 학문 차용어를 표기했다)하는 것처럼 보였지만, 실제로는 일본어의 새 어휘가 중국어에서 '범람'하고 있었다.

『한어대자전』에는 이 세 시기에 차용어로 사용된 한자가 수록되어 있다. 겉으로는 이상해 보이지만 사실상 이상하지 않은 현상은 어느 시기

---

10 주석 3과 동일.

(세 번째 시기에는 좀 적다)였든 간에, 차용어로 사용된 한자는 종종 원래 한자의 왼쪽에 '口' 편방을 붙이게 되는데, 여기에 쓰인 '口'는 이 한자가 음역된 차용어임을 말해준다. 한자 체계는 표음문자가 아니기에, 단지 새로운 글자를 만들 때는 원래의 글자에 지시 부호(예를 들어 '口', '气' 등)를 붙여 편방을 만드는 방법을 썼는데, 한어의 문자 생성법에 자연스럽게 부합하게 되었다.

『한어대자전』 '口部'에는 한나라와 당나라 시기 불교에서 '도입'한 차용어를 수록하고 있는데, 이러한 차용어는 모두 음역한 것이다. 대개 첫 음을 음역하거나 혹은 전체를 음역하였으며, 한자로 고쳐 쓸 때는 '口'를 붙여 편방으로 삼았다. 『서유기』의 여러 곳에 언급하고 있어서 비교적 많은 사람이 잘 알고 있는 '六字真言(육자진언)'을 증거로 삼아 고찰해 볼 수 있다.

1. 唵(ǎn) 『광운』에 있음.
2. 嘛(má)—
3. 呢(nī) 『광운』에 있음.
4. 叭(bā) 『집운』에 있음.
5. 咪(miē)—
6. 吽(hōng) 『자휘보』에 있음.

'六字真言(육자진언)'에 있는 세 글자는 『광운』이나 『집운』에도 보이며, 한 글자는 『자휘보』에 보인다. 다만 두 글자는 다른 경전에서는 찾아볼 수 없다. 아쉽게도 『한어대자전』에는 '唵' 외에 모두 의미의 해석을 하지 않았으며, 기원도 없다. '唵'자의 의미해석은 다음과 같다.

'唵' ③ 불교 범어의 기도문에서 상용하던 글자로, '婀', '乌', '莽' 세 글자가 합성된 것이다. '婀'는 '보리심菩提心'이란 의미이고, '乌'는 '보신报身'의 의미를 지니고, '莽'은 '화신化身'의 의미를 나타낸다. 이 세 글자를 합하여 '唵'이 되었는데, 의미의 경계가 그 끝을 알 수 없기에 일체 다라니의 첫 머리로 삼았다. (『守护国经(수호국경)』九를 보라)

이 해석은 사실상 『사원』(p.0525－2)과 같다. 다만 첫 구가 『사원』에서는 "불경의 범어 기도문에서 발어사로 많이 쓰인다."라고 하였다. 오히려 『사해』(p.1710-2)에서는 그 어원에 관하여 다음과 같이 해석하고 있다.

"② 梵文(범문) om의 음역으로, 불교 기도문의 발성사发声词이다. 『金刚经·补阙真言(금강경·보궐진언)』에 '唵呼嚧呼嚧'라고 한다."

나는 여기에서 그것의 옳고 그름과 장단점을 따지고 싶지 않다. 다만 한나라나 당나라에서 차용어를 음역할 때는 본래의 한자에 '口' 편방을 추가하는 방법을 주로 채택했는데, 아마도 이것은 한자의 생성에 부합하는 가장 간편한 방법으로 보인다. 그래서 이 방법은 오늘날에 이르기까지도 완전히 없어지지 않았다.

두 번째 시기(청말 민국 초기부터 '5·4' 전후)의 차용어는 『한어대자전』의 '口' 부에서 주의 깊게 살펴볼 만한 가치가 있는 표본을 찾을 수 있다. 예를 들어 도량형의 呎(=피트), 唡(=온스), 噸/吨(=영국식 噸/吨), 嗌(=에이커, acre), 嘝(=부셸 bushel) 등은 모두 음역 차용어가 아니라는 것이다. 이 한자들은 한나라나 당나라 때의 많은 음역 차용어와 달리 이 계열의 글자들은 오른쪽 절반은 본래 한자의 의미를 빌리고, 왼쪽 편방('口')은 그 글자가 외래어임을 나타낸다. 아편전쟁 전후, 관공서의 공문에서 무릇 외국인이나 외래 사물을 서술한 한자에는 대부분 '口'자를 편방으로 추가하였는데, 대표적인 한자로는 '㖧', '咭', '唎' 등이 있다. 따라서 청대의 『筹办夷务始末(주판이무시말)』에 수록된 상소문에는 이처럼 사물을 가리키는 편방을 추가한 한자를 곳곳에서 볼 수 있다. 다만 아편전쟁 이후, 백여 년 사이에 편방을 추가한 한자들은 비로소 본래의 모습을 차츰 회복하고 있다. 당연히 임시로 편방을 추가한 한자들은 비록 대 편폭의 자전이라도 굳이 수록해야 할 필요는 없다고 본다.

차용어의 범주에서도 고대 한자의 이음절화 현상을 볼 수 있다. 즉 두 개의 한자를 합쳐서 하나의 개념(하나의 사물)을 표현하는 것인데, 예를 들면 다음과 같다.

唢呐 - 페르시아어 sunan의 음역이며, 본래는 중동 일대에서 유행하던 황관악기簧管乐器이다. 이러한 악기가 언제 중국에 들어왔는지, 다시 말해 '唢呐(suǒnà)'이라는 단어가 어느 시대부터 시작됐는지는 어원학语源学의 문제이다. 만약 『한어대자전』에서 고증하고 주석을 달아서 밝혀 주었더라면, 정말 좋았을 텐데 아쉬움이 있다. 『한어대자전』의 기록(권1, p.667)에는 '唢'자에 대해 별다른 해석을 하지 않았고, '呐'자와 함께 쓰일 때만 비로소 의미가 있다고 설명하고 있다. 반면 '呐'(권1, p.588)이라는 글자는 옛날부터 있었으며, '唢呐'이라는 단어와 다른 해석이 있다. 만약 『한어대자전』 '呐'의 의미 항목 아래에 '唢'자와 합성하여 '唢呐'이라는 단어를 이룰 수 있다고 주석을 달아 밝혔더라면, 오히려 독자에게 다양한 참고 자료를 제공하는 것이 될 것이다.

이외에, '咖啡(kāfēi)'에 대해 『한어대사전』에서는 영어 coffee 혹은 포르투갈어 café의 음역(권1, p.610)이라고 기록하고 있다. 흥미로운 것은 『한어대자전』에 '咖喱(gālí)'도 수록되어 있는데, 영어 curry의 음역이다. 그런데 '咖啡'의 '咖'의 발음기호를 'kā'라고 하고, '咖喱'의 발음기호를 'gā'라고 한다. 이러한 차이를 인지해서인지 현재는 '咖啡'의 '咖'를 'gā'로 발음하기도 한다. 중국어에서 이러한 외래어 발음의 변이는 자주 발생하는데,

'啡'라는 글자 아래 마지막 의미 항목(3)에서 'fēi'는 '咖啡', '吗啡'처럼 음역한 글자라고 주석하여 앞에서 언급한 결함을 보완하고 있다. 여기에서는 또 다른 차용어 '吗啡'를 가져와 주석을 달고 있는데, '吗'의 의미 해석 (4)(권1, p.664)에서 영어 morphine의 음역에서 온 것이라 설명하고 있다. 이 중에서 '啡'자는 옛날부터 있었던 것으로, 억지로 편방 '口'를 추가한 것이 아니다. 다만『광운』에서는 '필개절匹愷切'이라고 반절하고,『집운』에서는 '방패절滂佩切'이라고 약간 다르게 반절하여 'fēi가 아닌 pēi'로 읽는다. 원나라의 희곡집에는 '啡'의 또 다른 속자俗字, 혹은 넓은 의미에서의 간체자라 할 수 있는 '呸'자가 있다.

6. 과학기술 관련 신조어

현대에 '口' 자가 부수로 쓰이는 한자들이 화학과 약학 용어에 대량으로 존재하고 있으며, 어디서나 쉽게 볼 수 있다. 예를 들어

嘧—嘧啶, 즉 영어의 pyrimidine의 음역이다.

啶—위의 단어 참고. (권1, p.646) 영어의 조판 오류이다.

嘌—嘌呤, 즉 영어의 purime의 음역이다.

呤—위의 단어 참고.

噻—噻唑, 즉 영어의 thiazole의 음역이다.

唑—위의 단어 참고.

吩—噻吩, 즉 영어의 thiophene의 음역이다.

哌—음역된 글자이다. 예를 들어: 两苯駢哌咔(권1, p.661)

喹—喹啉, 즉 영어의 quinolinc의 음역이다.

啉—위의 단어 참고.

哌—哌嗪, 즉 영어의 piperazine의 음역이며, 哌哔嗪이라고도 한다.

嗪—위의 단어 참고.

오늘날 전 세계의 용어학계가 글자를 가장 많고도 빠르게, 그리고 신기하게 만드는 곳이 화학계와 약학계라고 여기는 것도 당연하다.[11] 이렇게 된 데는 그들의 직업이 새로운 물질을 발견하고 합성하는 것이기에, 그에 상응하는 새로운 글자를 만들어내지 않을 수 없었다. 특히 중국어의 서사 체계(문자)는 병음 체계가 아니기에, 이들 학계에서 새로 만든 한자는 더욱 두드러져 보인다. '气'부의 예를 들어보자. 10년 전에 나는 이미 氕·氘·氚 이 세 글자를 대표적인 예로 삼았는데,[12] 이것들은 모두 새로운 '창힐苍颉의 문자 생성법'에 근거했다고 할 수 있다.

『한어대자전』의 '气'부에 수록된 총 46개의 한자(권3, pp.2010~2013) 중에서 새로 만들어진 한자는 전체의 절반 이상(56%)을 차지하며, 다음의 26개가 새로 만든 한자이다.

氕·氘·氚·氖(氝)·氙(氠)(氥)(氬)·氡(氭)·氟·氢(氫)·氩(氬)·氦·氰·氧(氱)·氨·氪·氮(氮)·氯(氯)

여기에서 나는 차용어의 구성 방법과 앞으로의 추세에 대해 논의하고 싶지는 않다. 한자의 체계가 병음 체계가 아니기에, 처음 보는 외래 사물이나 새로운 개념에 대해 아마도 새로운 개념을 완전히 이해하지 못한 상태에서 서둘러 만들기에는 음역이 가장 적합하지 않을까 싶다. 하지만 음역한 한자는 종종 사실과 맞지 않아서(사실 다른 언어, 병음 문자를 그대로 전사

11 예컨대 Wüster(뷔스터), Drezen E.(드레젠) 모두 이렇게 보고 있다. 저술한 어학 전문 저서에 각각 보인다.

12 필자의 『语言与社会生活(언어와 사회생활)』(1979), 제18장 '术语学(용어학)'을 참고하라.

transcription한다고 해도 종종 사실에 부합하지 않는다), 글자만 보고 대강 뜻을 짐작하는 경우가 많았다. 따라서 음역으로 만들어짐과 동시에 일종의 저항 현상도 생겨났다. 즉 이러한 저항 현상은 발음과 의미를 모두 갖추거나 적어도 의미에 맞는 의역을 찾으려 하는 노력으로 볼 수 있다. 음역 차용어에 대한 강한 저항은 현대 중국어에서 '이화异化'라고 부를 수 있을 만한 현상이라고 할 수 있다.

7. 비공식 한자

『한어대자전』에 수록된 비공식 한자는 근접한 학과의 많은 연구자에게 유용한 자료를 제공한다. 내가 말하는 '비공식 한자'란 중국어 방언 지역에서 만들어낸 한자, 한족 이외의 민족이 정보 교류의 도구로 사용할 때 새로 만든 '汉'자, 그리고 한족 문학가들이 특별한 어감을 표현하기 위해 만들어낸 새로운 한자를 의미한다.

중국어 방언 지역에서 만들어낸 한자는 특히 월방언 지역에서 두드러지게 나타나는데, 그 원인은 다양하다. 역사적으로 보면, 아편전쟁과 아편 무역을 위해 이 지역을 개방했으며, 이곳의 방언은 외래의 신문물을 받아들이는 과정에서 일부 어휘나 특별한 한자를 만들어냈다. 사회환경적으로는 최근 몇십 년간 홍콩의 일부 간행물들이 이곳 방언 어휘를 한자로 기록하면서, 발음은 있으나 글자가 없는 방언 어휘를 문어체로 수록하게 된 것이었다. 이러한 비공식 한자 중 일부는 남쪽에서 북쪽으로 백화문에 유입되어 두루 쓰이기 시작했다. 예를 들어, 나는 '嘅'자의 예문에 '唔'자를 추가하여 아래의 문장을 만들었다.

噉样做嘜唔啱嘅(권1, p.662)

(这样干是不对的. 이렇게 하는 것은 틀린 거야.)

위에 보이는 噉, 嗱, 唔, 啱, 嘅 이 다섯 한자는 모두 월방언에서 온 것으로, 이 중에서 가장 유행하는 것은 唔(m. 권1, p.627) 자와 嘅(gé. 권1, p.662) 자이다. 더 정확하게 말해서 월방언 지역에 본래 있던 한자를 빌려와서 관련 의미를 나타낸 것으로, 먼저 '唔'는 한나라 무덤의 마왕퇴 백서에 제일 먼저 보인다. 즉 "求之弗得, 唔昧思伏"에서 '唔'는 'wù'라고 읽으며 '寤'와 통가자通假字이다. 다시 '嘅'는 『광운』과 『설문해자』에 보인다. 발음은 'kài'라고 읽으며, 탄식('慨')이라는 의미다. 월방언의 문어체에서 '唔', '嘅' 두 글자를 빌려다가, 발음과 의미를 모두 바꾸면서 방언을 기록하는 부호로만 사용하고 있다. 이러한 글자가 모두 차용된 것이라면 '奀'과 같은 한자는 월방언에서 새롭게 만들어내었다고 볼 수 있으며, 12세기 범성대范成大의 저서에 이 글자가 보이는 것으로 보아, 이미 칠, 팔백 년의 역사를 지닌다고 할 수 있다. 『한어대자전』에서는 발음기호를 'ēn'(권1, p.529)이라고 달아놓고 있는데, 정확하지는 않다. 월방언에서는 「ŋen」으로 읽히며, 중국어 병음으로 표기할 수 없기에 이렇게 둘 수밖에 없다. 대체로 '奀'의 의미는 '야위고 작은 사람을 형용'할 때 사용되며, 최근에 표준어 글꼴에 포함되었다. '奀'과 유사한 방식으로 만들어진 글자인 '孬', '甭'도 표준어 글꼴에 포함되었는데, 이것은 북방 방언 지역에서 유행하는 두 한자를 결합하는 방식이다. 이 중에서 '甭(béng)'은 '不用'의 합음자이며, '필요없다', '쓸모없다'라는 의미를 나타낸다. 『龙龛手鉴(용감수감)』에 보이는 "甭为弃('甭'은 버리는 것이다)"에서는 방언에서 표현하는 의미와 조금의 차이가 있다. '孬'(nāo)도 『용감수감』에 보이는데, 현재 사용되는 발음과 차이가 있으며, '좋지 않다'라는 의미를 지닌다.

문학가들이 새롭게 만들거나 빌려서 사용하는 한자는 문학 언어의 변이현상으로, 사전학辞典学 학자들이 관심을 가질만하다. 『한어대자전』의 편집 특징 중 하나는 현대 작가의 작품에서 사용한 새로운 뜻이나 새로운 어감을 지닌 한자를 찾아 수록했다는 것이며, 현존하는 자서字书에만 근거를 두지 않았다는 점 또한 칭찬할 만하다. 다음의 '口'자 부수에서도 이러한 자료를 볼 수 있다.

吷(dāi)—"那养鹰把式跟它面对面不断地挥着手, 吷！吷！地喊着。(魏巍)

(매사냥꾼은 매를 향하여 끊임없이 손을 흔들면서, 吷! 吷! 하고 외쳤다.)

吽(hǒu)—"埃娥想大叫起来, 然而只是吽吽的几声牛鸣。"(郑振铎)

(애아는 큰 소리로 외치고 싶었으나, 吽吽하는 소 울음소리만 날 뿐이었다.)

吹(chuī)—"梅女士心里料准了秋敏女士一定又有一番好吹。"(茅盾)

(매 부인은 속으로 추민 여사가 틀림없이 허풍을 떨 것이라고 단정 지었다.)

"一百块, 少一分咱们吹！"(老舍)

(백 원, 한 푼이라도 적으면 이 계약은 무효야.)

"咱们这算吹了吧？"(赵树理)

(우리 틀어진 셈이네?)

吙(huō)—"等我走到大堂, 吙！"(李劼人)

(내가 로비에 들어서니, 헉!)

"我女子不到他赵吙(=家)去。"(韩起祥)

(우리 딸은 조씨 집에 시집가지 않을 것이다.)

吧(bā)—"没有否认, 只低头吧烟。"(周立波)

(부인하지 않고, 고개를 숙이고 담배만 빼끔거렸다.)

咋(zhā)—"他没俺振山老大咋呼得厉害。"(柳青)

(그는 우리 진산 형님처럼 허세를 부리지는 않는다.)

咧(liě)—"叉着手来咧着嘴。"(李季)

(팔짱을 끼고 입을 헤벌쭉거린다.)

咧(lie)—"什么宗教咧, 军阀咧, 政阀咧, 不遇民众的势力则已, 遇则必降伏拜倒

于其前。"(李大钊)

(무슨 종교니, 군벌이니, 정치파벌이니, 민중의 세력을 만나지 않으면 그만이지만, 만나면 반드시 그 앞에 굴복할 것이다.)

咯(lo)—"就是被教育是神圣的事业咯, 教员清高, 不同凡俗咯, 那一套。"(叶圣陶)

(교육을 받는다는 것은 신성한 일이라느니, 교원은 고결하다느니, 속되지 않다느니하는 그러한 것들이다.)

唔(n)—"唔! 你在这里挖坑?"(罗广斌, 杨益言)

(음! 여기에 구덩이를 팔건가?)

嘘(niā)—"她也张开两条臂膊, 叫道:'来嘘'!"(鲁迅)

(그녀도 두 팔을 벌리고 외쳤다. '오세요.')

'嘘'자는 『집운』에서 '桓虐切'로 반절하여 'xué'라고 읽으며, 『옥편』에서는 "'嘘'은 '噱'과 같다."로 해석하고 있다. 역시 현대 방언에서 빌려 쓰고 있는 '嘘'과는 발음과 의미가 모두 다르다.

중국 본토 이외의 다른 지역에서 사용했거나, 혹은 빌려서 썼거나, 또 새롭게 만들어진 한자 등은 당연히 대형 사전류에서 부가하여 설명되어야 할 것들이다. 예를 들어 『한어대사전』에 수록된 '일본어 한자和制汉字' '畑'(권3, p.2195)은 중국을 침략한 일본 두목의 성으로 알려져 있으며(특히 『毛泽东选集(모택동선집)』에서도 이 두목이 언급되고 있다), 중국어에서는 발음을 'tián'으로 읽으며, '일본인 성명에 사용되는 글자'라고 주석하고 있다. 다만 일본어 발음인 'hata'에 대한 주석이 없어, 독자들에게 더 많은 정보를 제공할 수 없다는 점이 아쉽다. 또 일본어에서 '畑'은 '国字(국자)'라고 불리는데, 앞에서 언급한 '일본어 한자'를 말한다. 맨 처음 *Das Kapital. Kritik der politischen Ökonomie*(자본론)을 번역한 '高畠(고전)'의 '畠(haku)'도 '국자'에 속한다. 현재는 『한어대자전』에 얼마나 많은 '일본어 한자'가 수록되었는지 통계가 없지만, '한자자료집汉字库'으로서 다른 나라에서 만들어진 한자까지 모두 수록할 수 있다면 아주 의미 있는 일이 되지 않을까 한다.

후세 사람들은 '일본어 한자和制汉字' '畑'이 어떻게 『한어대자전』에 수록되었을까 하고 궁금할 수도 있다. 위에서 이미 간략하게 언급하다시피, 일본 군국주의가 중국 침략전쟁(1937~1945)을 일으켰고, 중국 사람들은 중국을 침략한 일본군 두목의 성이 '畑'이며 이름은 '畑俊六(Hata Shunroku)'라는 것을 알게 되었다. 하지만 후세 사람들이 『한어대자전』을 찾을 때 이러한 사실을 알 수는 없는데, 자전에서는 일본인의 성과 이름에 쓰이는 글자라고만 설명되어 있기 때문이다. 물론, 자전에서 이러한 상세한 내용의 주석을 달 수는 없지만, 이 글자의 어원에 대해 명확하게 밝힐 수는 있을 것으로 보인다. 이러한 글자의 어원에 관한 내용은 어원학etymology에서 말하는 정의가 아니라, 언어환경context에서 규정한 본래의 의미이다. 이로써 알 수 있듯이 사회언어학에서 출발하는 경우에도, 우리는 여덟 권으로 구성된 한자 자료집 『한어대자전』에서 많은 정보를 얻을 수 있다는 것을 알 수 있다.

8. 한자 서사 체계의 간화简化 과정

『한어대자전』은 한자의 서사 체계(전체 추세로 볼 때)가 간화简化되어 가는 과정을 기록하고 있다. 간화简化의 과정은 서사 도구의 변화(경필-붓-경필-전자硬笔-软笔-硬笔-电子)에 따라 이루어졌으며, 이 과정에 영향을 주고 제약을 가하는 요소는 매우 복잡하다. 여기에는 사회적 리듬의 가속화와 정보교환의 빈번함, 사회의식의 변화 등이 포함된다. 나는 2, 30년 전, 이미 고인이 된 언어학 대가 赵元任(조원임)이 "유사 이래, 한자는 사실상 줄곧 간화簡化되고 있었다. 다만 때로는 빨리 때로는 느릴 뿐이다."[13]라고 했던 말에 지금도 공감한다.

마침 『한어대자전』 제1권에서 하나의 예로 한자의 간화簡化 과정을 설명할 수 있다.

⿱⿰土⿰鹿土⿰鹿鹿—『설문』.

⿱麤土—『설문』: "籒文(주문)".

⿱⿰土鹿⿰鹿鹿—『집운』: "전서에서는 '土'를 의미부로 한다."

塵—『광운』, 『설문』

尘—『자휘보』.

尘—현재의 간체자.

许慎(허신)이 『설문』에서 "사슴이 달릴 때 먼지가 날린다.鹿行扬土"고 했는데, 여기에서 '날린다는 것'은 곧 '흙먼지'를 가리킨다. 즉 사슴이 흙길에서 달리면서 일으키는 것은 다른 무엇이 아니라 흙먼지尘土라는 것이다. 이후에 段玉裁(단옥재)가 주석을 달았을 때는 "무리를 지어 다니면 흙먼지가 심하다."라고 하였다. 다만 한 마리의 사슴이 달려도 흙먼지를 일으킬 수 있는데, 하필이면 세 마리를 썼는지는 알 수 없다. 사람은 언제나 '게으르다'. 즉 사람은 언제나 총명하여서 가장 적은 노동으로 제일 큰 성과를 내려고 한다. 그리하여 세 마리의 사슴과 두 개의 흙三鹿二土을 세 마리의 사슴과 하나의 흙三鹿一土으로 간략화하고, 다시 한 마리의 사슴과 하나의 흙一鹿一土으로 간략화하였다. 후에 '시간은 모자라고 해야 할 일은 많았던 세속의 사람俗人들은 이 글자도 '복잡'하다고 하여, 다시 속자俗

13 "其实有史以来中国字是一直总在简化着呐 只是有时快有时慢就是了。"(조원임의 『通字方案(통자방안)』(1967)을 보라. 1983년 북경판, p.90. 조원임: 『语言问题(언어문제)』(1968), 1979년 북경판.)

字에서 '尘'으로 썼다. '속자俗字'에서 이렇게 쓴다는 의미는 일상생활에서 일반 백성들이 모두 그렇게 쓴다는 것을 나타낸다. 이러한 한자의 예는 세속의 문제를 아주 잘 설명하고 있다.

나는 여기에 덧붙여 이러한 상상도 해본다. 만약 『한어대자전』에서 고대의 갑골문으로부터 금문 및 백서帛书, 죽서竹书, 대전, 소전, 예서, 행서, 해서, 초서, 속자, 간체자 등에 이르기까지 일일이 그 예증을 찾아 자형 변천을 설명할 수 있다면, 아마도 매우 의미 있고 아주 흥미로운[14] 일이 될 것이다. 비록 『한어대자전』이 아직은 완전하지 않지만, 일부 글자에 대해서만이라도 이렇게 할 수 있다면 더 좋지 않을까 생각해본다.

9. 권위 있는 한자 자료집汉字库

『한어대자전』에 수록된 한자가 총 몇 자인지, 또 이 자전이 가장 많은 한자를 수록한 서적인지는 논증할 필요가 없다. 하지만 나는 『한어대자전』이 당대 중국의 수백수천 명의 학자와 편집자 및 기타 관계자들이 15년 동안 열심히 노력해서 얻은 새로운 성과라고 단언할 수 있다. 일본의 한학자 诸桥辙次(모로하시 데츠지)[15]는 한자 연구로 존경받는 인물인데, 처음 중국에 유학을 왔을 때 张元济(장원제), 傅增湘(부증상) 등과 교류하였다. 귀국 후 전 생애를 바쳐 『汉和大辞典(한화대사전)』을 완성하였는데, 총 자수가 49,964자(12권의 글자 수는 48,902이고, 13권의 보충된 부분까지 합친다면 모두

14 예컨대 张瑄(장선)의 『中文常用三千字形义释(중문상용3천자 자형·자의 해설)』(1968).

15 诸桥辙次(모로하시 데츠지, 1883~1982), 『大汉和辞典(대한화사전)』, 출판 기념을 위해 편찬한 『大汉和辞典を读む(대한화사전을 읽다)』(纪田顺一郎(기다 순이치로) 편, 1985)를 참고.

49,964자가 된다)나 된다. 특히 세상에 존재하는 모든 정자, 약자, 속자, 이체자, 고체자古体字 등을 망라하고, 일본인이 말하는 '국자(国字: '일본식和制' 한자)'까지 함께 수록한 것으로 유명하다. 그들은 와세다 대학 도서관에 소장된 '국보' 『옥편』(사실은 '잔권'임)과 같은 진귀한 자료를 사용했다고 자랑스럽게 말하는데, 사실 이 책은 6세기(543년)에 출판된 중국의 첫 번째 규범화 해서체 자전(16,917자 수록)이다. 따라서 모로하시의 사전보다 훨씬 뒤에 출판된 『한어대자전』이 『한화대자전』보다 더 많은 글자를 수록하고 있다는 점은 조금도 이상하지 않다. 또 좀 더 세심하게 감별하고 논증을 거쳐 수록된 글자가 여기에 미치지 못한다고 하더라고 그것의 가치를 폄훼할 수 없다. 그 당시의 사람들은 '스스로 치켜세우고', '널리 알리는 것'을 좋아했기 때문에, 이 점에서 『한어대자전』이 꾸밈이 없고 수수하다고 하더라도 그것들과 굳이 가치를 비교할 필요가 없다. 『한어대자전』은 선인들의 수고를 기반으로 하여 창조적으로 정리하고 순서대로 배열하여 완성된 것으로, 간략하면서도 그 뜻은 명확하게 하고, 꾸밈은 없으나 깊은 뜻을 추구하는 태도로 사람들을 위해 노력할 뿐이다.

서양 언어학계에서는 보편적으로 "문화 전파에 중국어, 범문, 아랍어, 그리스어, 라틴어 등 다섯 개의 언어가 압도적인 힘을 발휘했다."라고 여긴다. 나도 이러한 관점이 어떤 의미에서는 정확하다고 생각하지만, 현재 라틴어, 인도어와 고대 그리스어는 이미 그 실제적 능력을 상실하였다. 그것들은 '소멸'한 것이 아니라, 단지 지금의 현대 정보를 전파할 수 있는 능력을 잃어버렸을 뿐이다. 중국어와 아랍어만이 여전히 왕성한 생명력을 가지고 있으며, 이것은 현실이다. 그러나 이것이 현실 세계의 전부는 아니다. 왜냐하면 현대(정보화 시대)는 오히려 일부 언어에 문화를 전파하고 정보를 전파하는 기회를 주고 있으며, 이러한 기회는 현대 세계의 여러 가지 사회적 요인으로 인해 형성된 것이다. 1989년 5월, 노벨상을 받은 스페인 작가 Camilo Jose Sera(카밀로 호세 셀라)는 파리 강연에서, "22세기 말에 이르면, 세계는 영어, 스페인어, 중국어와 아랍어 네 개의 언어만 남게 될 것이다."라고 말했다. 그가 이 네 개의 언어만이 2백 년 후에 인류의 공용언어(?) 혹은 교류언어(?)가 될 것이라고 한 것은 아마 언어환경의 변화에 근거해서 논한 것으로 보인다. 우선 중국어는 10억(2백 년 후 10억을 훨씬 넘을 것이다!)의 사람들이 모어로 사용하고 있으며, 아랍어는 중동, 이슬람 사람들이 모어로 사용하고 있다. 또 스페인어는 남미 몇십 개의 나라(브라질 외)와 스페인에서 사용하고 있고, 영어는 현재 80%의 과학문헌들에서 쓰이고 있기에(그중 대부분이 코퍼스에 입력되었다) 국제간 네트워크 검색에서 필요한 언어이다. 사람들, 특히 서양인들은 모두 이렇게 말한다. 러시아어는? 프랑스어는? 독일어는? 아마도 이러한 언어들은 꼭 그렇지는 않더라도, 미래에 문화 전파의 경쟁에서 뒤처지는(즉 우리가 완곡한 표현으로 말하는 '퇴보'이다) 언어에 속할 것이다. 지금 중국에서는 다음 세기는 중국어의 시대가 될 것이라고 어떤 이들이 신바람이 나서 말한다. 하지만 프랑스 학술원에서 언어의 기원 문제에 관해 변론하지 않은 것처럼, 나는 위에서 언급한 현실과 희망 혹은 예언에 대해 굳이 평론하고 싶지는 않다. 나는 모든 민족이 자신들의 언어가 아름다우며 실용적이며 표현력이 뛰어나며 또한 자랑스러워할 권리가 있다고 생각한다. 그러나 이와 동시에 모든 민족은 응당 다른 민족의 언어를 존중해야 한다. 그리고 그들이 사용하는 언어 또한 아름다우며 실용적이며 표현력이 뛰어나며 충분히 긍지를 느낄만 하다는 것을 믿어야 한다. 바로 이러한 점 때문에, 우리는 중국의 조상들이 만들고 대를 이어 전해져 내려온 염황자손炎黄子孙의 한자에 대해, 책임을 갖고 수집하고 정리하고 분석하여야 하며, 동시에 긍지를 가지고 권위 있는 자료집에 모아 이 세상에 내놓아야 한다. 이는 선조에 대한 우리의 책임이며, 지금의 이 세계에 대한 공헌이기도 하다. 이것이면 충분하다. 그리고 이것이 바로 『한어대자전』의 공헌이기도 하다.

제7장

신조어의 사회언어학 고찰[1]

신조어(혹은 신어)는 일반언어학에서는 그다지 중요하게 여기지 않았으며, 어휘학 연구가 진행되면서 비로소 나름의 지위를 획득하였다. 그러나 사회언어학의 각도에서 고찰해 보면, '신조어'라는 개념은 상당히 다양하고 흥미로운 내용을 도출해낼 수 있다.

어떤 언어에서든지 신조어는 본래 존재했던 언어자료(혹은 언어 요소)를 기반으로 구성되며, 그것이 구 단어에 새로운 의미가 부여된 것이든, 아니면 완전히 새롭게 만들어진 신조어든 간에, 본래의 어휘 요소를 벗어날 수는 없다.

나는 1984년에 열렸던 '성장省长 회의'에서 중앙의 몇몇 간부들의 강연을 들으면서, 구어체이든 문어체이든지 간에 '理顺(lǐshùn)'이라는 단어가 자주 사용되고 있다는 것을 발견했다. 예를 들어, '理顺各种关系', '理顺财政收支' 등이 있는데, 동사(때로는 명사) '理顺'은 아직 '현대중국어사전'에

1 본고는 1986년 4월 22일 한 대학교에서 발표한 학술 보고의 개요이다.

등재되지 않았다. 『常用构词字典(상용구사자전)』에 '理'자를 형태소로 조합된 단어나 구가 26개가 존재하지만, '理顺'은 보이지 않는다. 또 새로 나온 『现代汉语词表(현대한어어휘표)』에도 51개의 단어와 구가 있으나, 여전히 이 단어는 보이지 않는다. 하지만 오히려 현실 생활에서는 상용되고 있다. 예를 들면, 다음과 같다.

整个价格体系正在朝着逐步理顺的合理方向前进。(1986-01-06)
모든 가격 체계는 순리적이며 합리적인 방향으로 나아가고 있다.

사회언어학자가 보기에, '理顺'이 아무런 근거 없이 하늘에서 떨어진 것은 아니라고 본다. 많은 사람이 기억하지는 못하겠지만, 『三国演义(삼국연의)』 제52회에 '鲁肃(노숙)'이 '孔明(공명)'을 만났을 때 하는 말에 다음과 같은 근거가 보인다.

前者, 操引百万之众, 名下江南, 实欲来图皇叔;幸得东吴杀退曹兵, 救了皇叔, 所有荆州九郡, 合当归于东吴。今皇叔用诡计, 夺占荆襄, 使江东空费钱粮军马, 而皇叔安受其利, 恐于理未顺。전에 조조가 백만의 무리를 이끌고 강남으로 내려온 것은, 실제로는 황숙을 도모하기 위해 온 것이었습니다. 다행히 동오가 조조의 병력을 물리치고 황숙을 구했으니, 형주 9군은 응당 동오에게 모두 돌아가야 합니다. 이제 황숙께서 간사한 꾀를 써서 형주와 양양을 탈취하여 강동으로 하여금 헛되이 돈과 곡식과 군마를 쓰게 하고서는, 황숙은 오히려 편안히 앉아 그 이익을 받아 누리시니 이치에 맞지 않을까 두렵습니다.

본래 『삼국연의』는 원말元末·명초明初에 완성되었으니, 14세기 사람인 작자 罗贯中(나관중)이 '理～顺'과 같은 구조방식을 사용한 것은 이미 5백 년의 역사를 지니고 있다고 할 수 있다. 그러나 적어도 근 백여 년 사이에, '理顺'이라는 단어가 '于理未顺'이란 구절에서 빠져나와 새로운 구조를 형성하고, 현재에 이르러, 이 구조가 전 국민의 표준어 어휘집에 포함될 것으로 예측할 수 있을 것 같다.

1.

중국어 '新词(신조어, neology는 1779년에 처음 보인다 → neologism는 1800년에 처음 보인다)'의 구사 방식은 영어나 러시아어의 구성 방식과 완전히 같다.

[희랍어] neo+logie
[현대중국어] 新+词

최근 몇몇 학자들은 영어의 단어는 폐쇄적인 체계를 지니고 있어 개별 방식으로 존재하지만, 현대중국어는 매 단어가 모두 개방적 체계를 지니고 있어 조합방식으로 구성된다고 말한다. 다른 말로 하면, 영어는 40만 개의 단어가 고립적으로 존재하지만, 현대중국어는 단지 2, 3천 자만 배우면, 40여 만개의 독립된 단어를 만들 수 있다는 것이다. 하지만 이러한 주장이 개념착오가 아니라면, 적어도 적절한 표현은 아니라고 말할 수 있다. 다음 간단한 분석을 통해서 살펴보면, 이러한 것은 더 설명할 필요가 없는 것이라는 것을 알 수 있다.

'突破(돌파)'라는 단어는 이미 현대중국어에서 상용되고 있으나, 본래 외국어에서 '유입'된 것이다. 언제 들어온 것인지는 정확한 기록이 없어 고증할 수 없지만, 영어 'break-through'에서 번역된 것으로 파악되고 있다. 영어는 두 가지 서사법书写法이 있는데, 대략 이 단어가 처음 현재의 영국 영어에 출현했을 때는 'break'와 'through'라는 두 개의 독자적인 단어 사이에 횡선(—)을 넣는 것이 영어 단어 생성법의 통례로, 대개 합성어合成语

는 일반적으로 두 개의 구성 부분 사이에 짧은 획을 그어 이 단어가 합성되었음을 보여준다. 이후, 미국 영어에서는 특별히 사용 빈도가 높아지면서 중간에 그은 획이 보이지 않거나, 생략되어 'breakthrough'라는 단어(마치 독일어의 합성어와 같이 하나로 사용되면서 횡선이 보이지 않음)가 되었다. 즉 중국어 '突破(돌파)'도 1918년에 처음 출현하였는데, 그때는 제1차 세계대전 말기의 전황을 설명하는 보도 자료에 적군의 방어선을 '突破'했다는 내용으로 표현되었다. 30년대에 이르러, '突破'는 사회현상을 묘사하는 용도로 사용되었으며, 50년대에는 시장의 어떠한 변화 혹은 '혁신'을 표현할 때 사용하였다. 1957년 과학기술학계에서 신조어로 활용할 때는 이전의 업적을 능가하는 중대한 성과, 특히 '오랜 기간 성공하지 못했던' 분야에서 좋은 결과를 얻었을 때 주로 사용하였다.

사실 영어 'breakthrough'는 본래 'break+through'의 방식으로 구성되었고, 현대중국어의 차용어 '突破' 또한 '突+破'의 문자 생성법에 부합된다고 해서 두 언어의 구사체계가 모두 폐쇄체계라는 것은 아니다. 다만 어휘학의 관점에서 단어는 기본적으로 '구사 능력(wordpower: '词力'으로 직역하기도 하며, 구사의 능력, 즉 어휘 생성 능력)이 있다는 것이다. 여기에서 주의할 점은 'wordpower' 역시 'word'와 'power' 두 단어의 합성어라는 점이며, 역시 단순한 의미적 조합으로 파악할 수 있다는 것이다.

2.

신조어의 형성은 중요한 사회적 언어 현상으로, "신조어의 출현은 사회생활 변화의 결과라는 것이다."(『사회언어학』 p.102) 이와 동시에, "과학 기술의 발전은 많은 신조어의 생성을 유도한다."라고 하는데, 후자는 용어가 되어, 용어학의 연구대상이 된다.

불가리아 언어학자 A.D.Atanasov(아타나소프, 1983)가 내린 신조어의 정의를 살펴볼 필요가 있다.

> 언어 사용자가 특정 언어의 어휘군에서 자신의 사상을 확실하게 표현할 수 있는 가장 적절한 어휘를 찾을 수 없을 때, 구어나 문언 중에서 새로운 사용법을 통해 새로운 어휘, 즉 신조어를 도입하게 된다. 처음 신조어를 사용할 때에는 종종 개인적인 표현 방식을 도입하게 되는데, 그가 새로운 표현이 필요하다고 느끼면 이 신조어를 사용하게 된다.

또 다른 정의도 참고해볼 필요가 있다.

> 무릇 새롭게 창조한다는 것은 아직 보편적으로 수용되지 않은 단어나 구절을 사용하게 되는데, 이것을 '신조어'라고 한다. (R. R. Hartmann(하트만), F. C. Stock(스톡) 1973)

여기에서 '아직 보편적으로 수용되지 않은' 것이 만약 보편적으로 수용이 되면, 전 국민의 어휘군에 들어가게 되고, 그때는 '신(新: 새롭다)'이라는 의미가 성립되지 않는다.

> 새로운 사물이나 개념을 표현하기 위해서 창조된 단어나 구절(Д. Э. Розенталь(로젠탈), М. А. Теленкова(텔렌코바), 1976)

여기에서 주의할 점은 신조어가 표현하는 지시대상(사물, 개념 등)은 일상생활에서 이전에는 볼 수 없었던 물질 혹은 정신적인 측면의 것이라는 것이다.

무릇 아직 통용어휘에 진입할 수 없는 단어는 그 자체로는 아직 확정적이지 않거나, 새롭게 유입된 것을 표현하는 단어로, 신조어라고 부른다.

(В. И. ТореЛов(토렐로프), 1984)

[신조어]의 표현은 생동감이 있어 평상시와는 다르며, 기존 어휘와는 미세한 차이가 있다. (Н. Щ. швиски(슈비스키), 1972)

주의: 신조어-시간이 지나면 '새롭다'는 의미도 사라진다.

3.

신조어의 생성은 지시대상의 출현, 응용, 소실로 이어지거나 혹은 전국민의 통용어휘로 진입하는 과정을 거치게 되는데, 그 생성 과정의 모형은 다음과 같다.

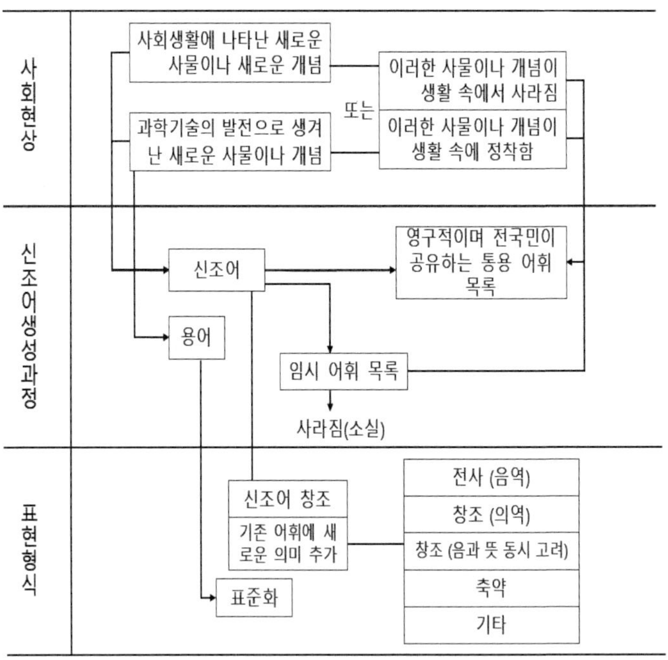

신조어 생성 과정의 예

(1) 기존 어휘에 새로운 의미가 추가: 爱人, 检讨, 状元

(2) 신조어의 창조: 邮差 →邮递员, 脱贫

(3) 유입된 신조어:

A. 음역: 迷你, 巴士, 的士

B. 의역: 博士后, 继续工程教育

超级市场 → 自选市场(商场), 热狗, 叉车

C. 음역에 의미부를 첨가: 桑拿浴, 汉堡包, 玻璃马赛克

(4) 축약:

字频 = 한자가 본문에 출현한 빈도

词频 = 단어가 본문에 출현한 빈도

三反 = (1951) 反贪污, 反浪费, 反官僚主义

(1966) 反党, 反社会主义, 反毛泽东思想

4.

신조어의 규범화와 용어의 표준화 — 규범화의 요구

(1) 사회현상 중의 {새로운 사물, 새로운 관념, 신개념}이 지닌 본질적 특징에 부합하거나 혹은 가장 적절하게 표현할 수 있어야 한다.

(2) 사용자의 언어 문자의 규율이나 습관에 부합해야 한다.

(3) 사회 교제 활동의 심리상태와 사회준칙에 부합해야 한다.

표준화의 요구에서 더욱 엄격하다. ⓐ 제정하는 과정에서 본질 특징에 대한 과학적인 고찰과 더불어 언어적 관습에 부합해야 한다. ⓑ 공포할 때는 더욱 강한 강제성을 띠어야 한다. ⓒ 학과 간 교차를 고려해야 하며,

인접 학과 및 과학적 체계성이나 계층을 고려해야 한다.

5.

이를 위해, 중국의 사회언어학자들은 신조어(새로운 용어)에 대한 아래와 같은 신념(단지 기대 신념)을 지녀야 한다.

1. 새로운 한자를 만들지 말아야 한다. (어휘가 아닌 새로운 한자를 지칭)
2. 다음절어로 구성할 것을 제시(즉 둘 이상의 다음절로 된 어휘)
3. 음역어는 형태소의 중의성이 발생하지 않도록 해야 한다.
4. 발음하기 쉽게 해야 한다. ('印贴利根追亚'처럼 발음하기 어렵지 않도록 해야 한다)

예를 들면, 莱塞光 → 激光, 汽犁 → 拖拉机

5. 옛것을 무조건 따라서는 안 된다. 예를 들어, '花旗'나 '红毛'는 쓰지 않는 것이 마땅하다.
6. 맹목적인 외국어 사용을 삼가야 한다. 예를 들면, '迷你'나 '穿梭机(타임머신)'는 쓰지 않는 것이 마땅하다.
7. 방언을 남용해서도 안 된다. 예를 들면, '曲奇(쿠키)'나 '士多(스토어)' 등은 사용해서는 안 된다.
8. 관습을 무시해서도 안 된다. 예를 들어, '专门化'나 '博士后'는 가능하다.
9. 사회적 심리를 위반해서도 안 된다. 예를 들어, 超级市场 → 自选市场

규범화와 표준화의 경로(기준)

① 사회적 약속约定俗成 ② 자전과 사전 ③ 대중매체(신문, 방송, TV 등) 활용 ④ 행정수단

제8장

보통화普通话의 사회언어학적 고찰[1]

1. 이론편

중화인민공화국 헌법 제19조에는 "국가는 전국적으로 통용되는 보통화를 보급한다."라는 규정이 있다. 이 규정은 중국의 정치, 경제, 교육, 문화의 발전 상황과 국가 현대화의 필요성과 전망에 근거해 제안된 것으로, 1956년 국무원이 발표한 「关于推广普通话的指示(보통화 보급에 관한 지침)」보다 한층 더 발전된 것이다.

이론적으로 볼 때, 개방형 사회 모델은 통용되는 언어 규범 또는 규범화된 언어를 필요로 하고 또 요구된다. 내부적으로 경제를 활성화하고, 외부적으로 개방을 실현하기 위해서는 당연히 개방형 사회 구조 모델이 필요하다. 이론상으로나 실제나 모두 자연 경제의 폐쇄적 구조를 깨뜨려

---

1 이 글은 武汉(무한)에서 출판된 『普通话(보통화)』의 요청에 따라 1985년 5월 27일에 작성되었으며, 해당 잡지의 두 번째 호에 게재되었다.

야만 생산력이 자유로울 수 있다는 것이 이미 증명되었다. 이 정보화 시대에서는 새로운 글로벌 기술 혁명의 도전에 맞서기 위해서도 폐쇄적 구조에서 개방형 구조로 전환해야 한다.

사회언어학적 관점에서 볼 때, 소위 개방형 사회 모델은 반드시 언어 집단과 언어 집단 간에 주기적이면서도 광범위한 접촉을 가져야 함을 의미한다. 쉽게 말하면, '늙어 죽도록 왕래하지 않는' 습관을 완전히 바꾸어야 하며, 중국인은 외국인과 접촉(이는 한 언어 집단과 여러 언어 집단 사이의 접촉을 의미)해야 한다. 이뿐만 아니라, 한漢족과 국내의 다른 민족과의 접촉(이 또한 물론 여러 언어 집단 간 접촉에 해당함), 국경 내 55개 소수민족 간의 접촉(이 역시 언어 집단 간 접촉이다)도 필요하다. 또 한족(또는 다른 민족) 내에서도 각기 서로 다른 방언을 사용하는 사람과 상호 접촉하거나, 심지어 같은 방언 지역(예: 광동 방언 지역, 민 방언 지역) 내에서 동일 방언 내부의 지역 사투리를 사용하는 사람 사이의 접촉, 즉 다른 말을 사용하는 사람 간의 접촉은 어느 시기보다도(특히 폐쇄적 모델을 시행했던 시기보다) 강력하게 전국적으로 통용되는 규범화된 언어를 필요로 한다. 만약 전국적으로 통용되는 규범화된 표준어가 없다면 이러한 교류는 이루어지기가 쉽지 않을 것이다. 비록 사용자 자신은 여기에 함축된 깊은 사회언어학적 이론적 의미를 잘 알지 못할지라도, 대화 당사자가 서로 다른 방언을 사용한다면 대내외적으로 효과적인 교류를 할 수 없게 된다는 이치는 자명한 것이다.

보통화는 역사적 발전 과정, 즉 자연 경제가 점차 분열되는 과정에서 민족, 사회, 정치, 경제, 문화, 교육 등의 여러 복합 조건의 제약 아래 규범화되었다. 아울러 중화인민공화국이 성립되면서 국가의 정책과 행정 기관의 적극적인 노력으로 널리 보급되었다. 단순히 자연 언어의 발전 과정에만 의존하여 공용어를 보급하는 것은 너무도 느리며, 오로지 행정적 힘에만 의존하여 강제로 공용어를 보급하는 것은 상당히 억지스럽고 반감을 불러일으킬 수 있다. 현재 중국의 보통화는 북경 발음을 표준음으로

하고, 북방어를 기초 방언으로 하며, 전형적인 현대 백화문 저작을 문법 규범의 기준으로 삼고 있다. 현재 보통화는 자연적으로 형성된 사회적 요소와 적극적인 행정 정책이 가미되면서, 대표적인 개방형 모델이 되어 대내외적으로 순조롭고 효율적으로 보급되고 있다.

보통화는 중화인민공화국 성립 후 현재까지 단순히 한 민족의 공용어에 그치지 않고, 사회문화의 발전 수요에 따라 전 중국의 대표 언어로 자리 잡았다. 아울러 한족을 포함한 다른 55개 민족을 아우르고, 대내외적으로도 중국을 대표하는 언어가 되었다. 1958년 周恩来(주은래) 총리는 「当前文字改革的任务(현시기 문자개혁의 임무)」보고서에서 "한족에게 북경 발음을 표준음으로 한 보통화를 적극적으로 보급하는 것은 중요한 정치 과제이다."라고 하여, '한족에게' 보통화를 보급한다고만 언급되고 있다. 하지만 1982년 헌법에서는 "국가는 전국적으로 통용되는 표준어를 보급한다."라고 규정하고 있는데, 이것은 역사적인 발전이라고 할 수 있다. 여기서 말하는 '전국'은 '전국 각 민족이 함께 만들어낸 통일된 다민족 국가'(헌법 『序言(서언)』)를 뜻하는데, 현재 중국은 56개의 다민족 국가가 화목하게 공존하고 있다. 동시에, 헌법 제121조에서는 민족 자치 지역에서 "현지에서 통용되는 하나 또는 여러 언어 문자를 함께 사용한다."고 규정하고 있음을 주목해 볼 필요가 있다. 이는 새로운 역사적 조건 아래 4개의 현대화四化 건설의 필요에 따라 보통화는 단순히 한족 내부의 공용어가 아니라 전국 각 민족 간의 공용어가 되었음을 알 수 있다.

국가의 현대화가 진행됨에 따라, 교제 수단으로서의 언어와 문자는 새로운 기술 혁명의 요구에 부응해야 하기에, 현재 진행되는 언어의 규범화는 과거 어느 시대보다 더 필요하고 시급해 보인다. 이 가운데, 보통화는 바로 그런 규범 언어이다. 사회언어학적 관점에서 볼 때, 3A(즉, FA 공장 자동화, OA 사무실 자동화, HA 가정 자동화)와 C3I 시스템(즉, C1 지휘, C2 통제, C3 통신, I 정보) 시대에는 점점 더 많은 상황에서 언어(여기서 내가 사용한 언어는 소쉬르가 말한 '말'과 약간 비슷한 의미로, 문어체 즉 문자를 포함한 광의의 '언어'가 아닌 음성의 음절로 구분된 구어를 지칭)를 통해 직접 제어할 것을 요구하고 있다. 이는 전국적으로 통용되는 규범 언어를 더욱 필요하게 만든다. 정보 공학의 발달로 원거리 또는 초 원거리에서 하이파이Hi-Fi 통화는 이미 일상적인 일이 되었다. 케이블이든 전파든, 즉 유선 통화든 무선 통화든, 이는 고효율을 추구하는 정보 사회에 필수적이다. 심지어 가정에서도 가족 구성원이 수천수만 킬로미터 떨어져 서로 통화하는 것이 드문 일이 아니다. 북경에 사는 사람이 홍콩에 사는 사람과 통화한다는 것은 이전에는 거의 상상할 수 없는 일이었지만, 이제는 16.5위안만 내면 1분 동안 통화할 수 있다. 이는 사람들이 더욱 규범 언어를 사용하도록 유도한다. 가령 유인 인공위성과 지상의 통화, 비행기와 지상의 통화, 기차 운행 시의 역과의 통화, 자동차 운행 시 다른 사람과의 통화, 재해 구조, 화재 진압, 항구에서의 하역 작업, 대중 활동 등 현장 지휘가 필요한 다양한 업무 환경에서도 무선 송수신기와 무전기를 통한 직접 대화가 가능하다. 이러한 모든 대화 활동은 규범화된 언어가 필요하며, 현재 이 시점에서는 바로 보통화가 그 역할을 한다. 가까운 미래에는, 즉 금세기 말이나 다음 세기 초에는 컴퓨터의 발전과 함께 컴퓨터로 제어되는 로봇이 광범위하게 운용됨에 따라 음성 제어는 점점 더 그 중요성이 두드러질 것이다.

그리고 음성 제어에는 표준 언어 혹은 표준에 가까운 규범화된 언어, 즉 높은 수준의 보통화가 요구될 것이다. 최근(1985년 5월 23일) 영국 무역산업부 대변인은 영국 정부가 13만 파운드를 투자해 중국어로 '듣고 말할 수 있는' 컴퓨터 개발에 나선다고 밝혔다. 이는 중국어로 기계에 말을 하면 화면에 한자가 나타난다는 것을 의미한다. 이 영국 관원은 심지어 영어 음성 제어 컴퓨터가 등장하기 전에 중국어 음성 제어 장비가 먼저 개발될 가능성이 더 크다고 낙관하였다. 이것은 음절이 많은 영어에 비해, 중국어는 '성조 언어'인 것 때문이라는 것이 통신사의 해석인데, 이론적으로는 논의의 여지가 있다. 중국의 연구 기관에서도 현대중국어로 음성 제어 장비(예: 음성 제어 타자기)를 연구 제작하고 있지만, 이 과정에서 성조 문제(위에서 언급한 통신사에서 전한 의견과 반대로), 동음어 문제 등이 여전히 해결이 필요한 과제로 남아 있다. 하지만 어쨌든 현재 정보 과학 기술의 발전을 고려할 때, 짧게는 15년(20세기 말까지), 길게는 30년(21세기 초까지) 이내에 음성 제어에 획기적인 발전이 있을 것이라고 확신한다. 따라서 보통화를 대대적으로 보급하는 것은, 특히 현재 대여섯 살의 어린이들이 금세기 말이나 다음 세기 초에 20세에서 30세 전후의 청년이 되었을 때, 그들이 부모들이 말하는 것처럼 유창하게 보통화를 말하고, 또 사고할 수 있다면, 앞으로 새로운 기술 발전에 적응하는 데 더욱 유리할 것이다.

특히 강조해야 할 점은, 중국이 자체 통신 위성을 보유하게 되면서, 중앙 방송국과 중앙 텔레비전 방송국의 전국 연합 방송 프로그램이 전파 권역을 전국으로 확대할 수 있게 되었다는 것이다. 이와 같은 정보전달의 전국적인 확대는 국민 경제의 발전, 각 민족의 단결, 문화 교육의 보급, '四化(4개의 현대화)' 건설을 위한 홍보 활동의 강화, 애국주의와 중화사상의 고취에 큰 역할을 하였다. 한마디로 사회주의 정신문명과 물질문명의 건설을 촉진하고, 현재뿐 아니라 미래에도 모두 크게 이바지할 것으로 본다. 여기서 정보전달의 주요 매개체는 규범 언어인 보통화이며, 방언은 될 수 없다. 보통화는 북경 발음을 표준으로 하고, 북방어와 현대 백화문 저작을 전형으로 한 어휘, 억양, 문법 체계를 갖추고 있다.

따라서 우리가 내린 간단한 결론은, 반드시 보통화를 보다 광범위하고도 체계적으로 보급해야 한다는 것이다. 그 이유는 다음과 같다.

(1) 개방형 사회 모델의 요구

(2) 사회주의 두 문명 건설의 필요

(3) 정보 시대 과학 기술 발전의 추구

이를 통해서 보통화의 보급은 선택 사항이 아니라 오히려 중국의 사회주의 건설의 기초 작업이자 정보 시대의 기초 건설이라는 것을 알 수 있다. 다시 말해, 헌법 제19조의 규정이 가지는 이론적 의미가 바로 여기에 있다.

2. 어휘편

'보통화pǔtōnghuà'는 대만에서는 '国语(국어)'라고 하고, 싱가폴에서는 '华语(화어)'라고 한다. 또 해외 화교들은 '中文(중문)'이라고 하며, 과거에는 '官话(관화)'라고 칭했는데, 'Mandarin'에서 나왔다. 30년대 라틴어화 운동 시기에는 '北方话(북방말)'라고도 하였다. 이처럼 서로 다른 용어들은 미세한 의미의 차이나 어감의 차이는 있지만, 지시하는 대상은 기본적으로 '보통화'를 의미한다. 언어를 교류 도구라는 관점에서 볼 때, 언어는 어음, 어휘, 어법, 어조 등의 언어 요소를 갖추어야 한다. 또 보통화를 당대 중국의 정보 교류의 주요 기제라고 볼 때, 보통화는 반드시 정보전달, 저장, 표현 등의 정보기능을 해야 한다. 과거 긴 시간 동안 보통화를 보급하고 연구하는 과정에서는 주로 어음 요소, 즉 어음의 구성, 성조(여기에서는 '4성'을 의미하며, 어구 속의 어조를 의미하지는 않는다), 어음 변이(두 음절 이상의 연접 과정에서 나타나는 변이) 등을 포함한다. 또 방언 지역에서는 방언과 보통화의 어음 대응 관계나 규율을 주로 연구하였다. 이러한 연구도 분명히 필요하고 매우 중요하지만, 실제 교류에서는 어음에 치중한 연구로는 효과적인 정보전달을 할 수 없다. 최근의 예를 하나 들면, 북경방송국에서 홍콩방송국의 월방언(粤语: 광주말) 드라마『万水千山总是情(천산만수 모두 정)』을 방영할 때 원작의 광동 방언을 보통화로 바꾸었는데, 사람들은 이 드라마의 보통화 더빙이 약간 어색하다고 느꼈다. 그것은 월방언에서 습관적으로 의미 없이 사용하는 문미 조사를 보통화에서는 의미를 지닌 요소로 번역함으로써, 듣기에 어색함을 가져온 것이었다. 예를 들어, "系唔系㗎?"를 '是不是呀?'로 대역하였고, 동시에 '呀'를 '是', '不', '是'와 거의 같은 수준으로 끌어서 발음하였기 때문이었다. 일반적인 상황에서는 '是不是?'만 표현해도 "系唔系㗎?"가 지닌 정보 내용을 거의 전부 표현할 수 있었다. 설사 여성이 애교에 가까운 어조로 '呀'를 부가한다고 하더라도, 최소한 '呀'를 '是'의 몇분의 일 정도로 짧게 발음해야 했다. 하지만 이러한 것들은 단지 어색하다는 느낌만 있을 뿐, 중의歧义가 발생하지는 않는다. 또 다른 예를 보자. "没有哪一个比我熟行"(85-05-18)에서 월방언 어휘인 '熟行'을 북경음 그대로 음역하여 발음할 경우 굉장히 이상하게 들릴 수 있다. 왜냐하면, 이 어휘는 보통화로는 '内行(nèiháng)'〔『汉语拼音词汇(한어병음어휘)』 p.351, 『现代汉语词表(현대한어어휘표)』 p.770〕으로 번역할 수 있는데, 'shuhang'으로 읽으면 그 의미를 이해할 수 없다. '熟行'이라는 단어는 월방언에서는 매우 일반적인 어휘(『广州话方言词典(광주말방언사전)』, 1981, 홍콩, p.208, 'sug6 hong4', '内行', '在行', '熟练'으로 번역됨; R.T. Cowles(R.T. 코울스)의 『粤语词汇(월방언어휘)』, 1965, 홍콩, p.948, shuk-hong을 accustomed to; knowing a trade라고 주석하고 있음)이다. 그러나 북경 발음(보통화)으로는 '읽어'낸다 하더라도, 보통화에 존재하는 단어가 아니기에 의미를 표현하지 못한다. 『广州话普通话口语词对译手册(광동말-보통화 구어 대응어 핸드북)』(1982, 홍콩)을 보면, 북경 발음으로 단순하게 읽어서는 전혀 의미가 전달되지 않는 문장이 많이 수록되어 있다. 예를 들어, 95쪽에 나오는 문장들이 그러하다.

> 拶嚟顶吓档先 (= 先拿来 凑合着 用)
>
> (우선 가져와서 아쉬운 대로 사용하다)
>
> 请个 工人 打理 细路 (= 找一个 阿姨[保姆] 来 照顾 小孩)
>
> (아주머니[보모]를 구해서 아이를 돌보다)

위에 주어진 월방언 문장을 북경 발음으로 읽으면, 광동 사람조차도 알아듣지 못한다. 이러한 문제는 주로 어휘와 관련되어 있다.

따라서 현대중국어 어휘와 주요 방언 지역 어휘에 관한 비교연구(물론 현대중국어 어휘와 한족 이외의 여러 민족 언어 어휘의 연구 및 비교도 포함)는 지금까지 연구가 거의 없었기에, 더 효과적으로 보통화를 널리 보급하기 위해 현재는 한시도 늦출 수 없는 긴급한 작업이다. 饶秉才(요병재) 등 세 명의 저자가 쓴 『广州话方言词汇特点(광주말 방언의 어휘특징)』(『광주말방언사전』의 부록)은 당연히 보통화 보급에 노력하는 사람들의 관심을 끌었다. 이는 단순한 어휘 대조표가 아니라, 주목할 만한 논점을 가지고 방언 어휘를 종합적으로 분석한 것으로 평가를 받고 있다. 특히 월방언의 일부 단음절 어휘를 예로 들었는데, 어떤 사람은 이것을 고음古音이나 고어古词의 보존 결과로 간주하였다. 이러한 단음절어는 표준어에서 2음절어로 변한 경우가 많기에, 단음절 단어를 북경 발음으로 읽으면 북방 청자들도 어색하게 느끼거나 정보전달의 효율성이 떨어져서 수용 민감도가 낮아질 수 있다. 예를 들어, '眼'은 '眼睛', '蚂'는 '蚂蚁', '蔗'는 '甘蔗' 등이다. 광동 사람들은 '食蔗'라고 말하는데, 북경 발음으로 읽으면 광동 방언 지역 외의 청자에게는 '吃甘蔗'에 비해 수용도가 현저히 떨어진다.

주목할 만한 점은 최근 방언 지역에서 새로운 언어 현상이 나타나고 있다는 것이다. 예를 들어, 최근 월방언(광주말)을 사용하는 지역(광주)에서는 중앙 방송국과 텔레비전 방송국이 30여 년간 계속해서 매일 보통화로 방송하고 있고, 또 북방 사람들의 단기간 방문이나 장기간 광주에서 근무하는 과정에서, 이 두 언어(보통화와 광주말)가 상호 접촉하면서 월방언 어휘에도 상당한 변화가 일어나고 있다. 이러한 변화는 월방언 발음(광주 방언)으로 표준어 어휘를 읽는 경우가 증가한 것으로 반영되는데, 심지어 보통화 '的'자도 종종 월방언 발음으로 광주 방언의 구어에 등장하면서 원래의 '嘅'자를 사용하지 않는다. 이러한 현상의 사회적 요인은 분명히 북경이 전국의 정치 중심지이기 때문이라고 할 수 있다. 비록 이러한 언어 현상에 대해 아직 대규모 조사 연구가 이루어진 적은 없지만, 어쨌든 환영할 만한 현상이다. 이렇게 하면 표준어의 많은 어휘, 특히 새로운 단어가 고스란히 방언 어휘에 들어가게 되어(비록 원래의 북경 발음을 잃고 방언의 발음이 입히긴 하지만), 어휘의 규범화 활동에 크게 이바지하고 그 과정을 단축할 수 있기 때문이다. 예측하건대, 앞서 언급한 언어 접촉 조건이 변하지 않는 한(실제로는 변하지 않는 것이 아니라 접촉이 더욱 빈번해지고, 표준어의 '영향력'이 더욱 강해질 것이다), 한 세대를 거쳐 교류하게 되면 일부 방언(예: 광동 방언)의 고유 어휘 중 몇십 퍼센트는 보통화 어휘로 대체될 것이다. 아마도 이것이 언어 이론에서 말하는 융합일 것이다.

덧붙여, 보통화 어휘에 대한 심도 있는 연구는 발음이나 어법에 비해, 더 많은 시간과 노력이 필요할 것으로 보인다. 현대중국어에는 비교적 규범화된 어휘 5만 6천여 개를 포함한 『현대한어사전』(1965, 1978), 5만 9천백 개의 어휘를 수록한 『한어병음어휘』(1963)가 있다. 또 상세한 설명이 없기는 하지만 약 9만 개의 어휘를 수록한 『상용구사자전』(1982)과 10만 개의 어휘를 수록한 『현대한어어휘표』(1984)가 있다. 이로써 현대중국어는 어휘의 정형화, 한자의 어휘 구성 능력, 그리고 표준어 어휘와 주요 방언 어휘 간의 대비 연구 등, 표준어 보급과 확산을 위해 더 많은 시간과 노력이 필요함을 알 수 있다.

3. 교류편

모든 사회적 교류 상황에서 표준어를 언어 교류 수단으로 사용하는 것은 헌법 제19조의 규정을 구체화하는 작업이다. 이른바 '교류'란 현대 언어학과 정보과학 용어로, 여기서 사용된 '교류'라는 단어는 사실상 정보

전달의 의미이며, 때로는 '의사소통'communication으로 여겨진다. 사이버네틱스의 창시자 중 한 명인 노버트 위너의 첫 저서 *Cybernetic*(제어론)의 부제는 바로 'Cybernetic : or, control and communication in the animal and the machine(동물과 기계의 제어와 커뮤니케이션)'이다. 소위 언어 교류란 사람이나 기계(예: 컴퓨터) 혹은 특정 장비가 음절로 나눈 음성 언어를 수단으로, 특정 지점에서 또 다른 목표 지점으로 정보를 전달하는 과정이다.[2] 소위 '사회 교류'란 사회에서 사람과 사람 사이의 접촉을 의미하며, 특히 언어 접촉을 가리킨다. 물론 사람과 기관, 기관과 기관 사이의 접촉도 포함하는데, 즉 사회 구성원(또는 사회 조직) 간의 공개적인 장소에서의 접촉을 의미한다. '모든'이란 예외 없는 교류 상황(대화, 방송, 전화 등을 포함)을 뜻한다. 헌법은 국가의 힘을 이용하여 전국 각 민족이 공용으로 사용하는 보통화를 보급할 것을 규정하고 있다. 보통화는 한족에게는 일반적으로 그들의 모어이다. 중국 내 소수 민족에게는 모어는 아니지만, 두 언어 사이의 매개어(중간언어)이자 공용어이다. 외국인에게 보통화는 당연히 그들의 모국어는 아니지만, 중국이 공인한 규범 언어이다. 이와 동시에 한족 내부에도 상당수 방언 지역의 주민이 있으며, 보통화는 그들의 모어 언어 구조와 기본적으로 일치하지만, 실제로 사용하는 구어에서는 그들의 모어(방언)와 다소 차이가 있다는 것을 주목해야 한다. 즉 북방어 발음 지역에서도 보통화와 이들 지역에서 통용되는 방언인 토속어(북방 방언) 간에 음성, 억양, 어휘의 차이가 있다. 이러한 복잡한 상황이 있기에 헌법은 '국가의 확대 보급'에 정권의 힘을 적절히 활용하여 권장하도록 규정하고 있다. 다시 말해, 모든 언어적 사회 교류의 상황에서 보통화 사용을 권장하는 것인데, 이는 민족의 단결과 국가의 통일에 도움이 되기 때문이

---

2 역주: Dennis Longley and Michael Shain(데니스 롱리와 마이클 스테인)의 Dictionary of Information Technology(정보공학사전), 1982, p.64. 본문에서 괄호 속에 추가한 것을 주석으로 가져왔음.

다. 또한 정보 교환과 전달의 상호 이해, 정확성, 고효율성에 크게 기여하고, 중의성과 오해가 일어날 소지를 줄인다.

모든 사회 언어 교류 상황에서는 보통화를 사용해야 한다. 사회생활의 일상 언어 교류에서는 적어도 듣기에 불편하지 않도록 상호 동등한 입장에서 교양 있는 이성적인 관계를 유지해야 하며, 욕설 등과 같은 저속한 표현을 사용하지 말아야 한다. 이는 언어 사회 교류 활동에서 지성인과 야만인의 경계를 제시해 준다. 1985년 3월 청년단 중앙 위원회에서 전국 청소년에게 보통화 사용을 장려하며 제시한 '선진 예절 용어 10글자'는 매우 의미가 있는데, 이는 청소년에게만 적용되는 것이 아니다. 만약 방언 지역을 포함하여 모든 사회 교류 상황에서 이 10글자를 널리 사용한다면, 이는 사회주의 정신문명의 건설에 대단히 이로울 것이다.

사회언어학적 관점에서 볼 때, 이 10글자를 제대로 보급하려면, 응용언어학과 제어론 언어학의 원리에 따라 적절한 해석과 보충이 이루어져야 이성적 언어 교류의 목적을 달성할 수 있다. 이 '10글자'를 제안하는 것이 일방적인 면은 있지만, 모든 언어적 사회 교류는 쌍방향(심지어 다방향)을 추구한다. 보통화 보급의 임무를 담당하는 응용 언어학 연구자들은 몇 가지 프로그램을 만들어 이 10개의 기본 글자(정확히는 5개의 기본어휘)가 보다 더 효율적으로 사회적 교류작용을 발휘할 수 있도록 해야 한다.

인사말 '*您好*'는 일반적으로 *您好*!⇆*您好*!처럼 쌍방향의 목적을 달성하기 위해 사용하는 데, 두 친구가 만났을 때, 한 명이 "*您好*!"라고 하면, 또 다른 한 명이 그것에 대응해서 "*您好*!"라고 하면서 서로의 안부를 묻는다. 서로 만나자마자 일언반구도 없이 몸을 돌려서 지나가 버리는 상황도 분명히 존재할 수 있다. 하지만, 이것은 대체로 특수한 상황으로 간주할 수 있으며, 대개는 질문도 아니고 대답도 필요 없는 피차간의 관심 표현일 뿐이다. 또 최근 호텔에서는 러시아어의 'Здравствуйте'나 영어(미국영어)의 'Hi!'처럼 대표전화의 교환원이 전화가 오면 무조건 '*您好*!'라는 인

사부터 건네게 되는데, 사회언어학적 관점에서는 일종의 예절로 볼 수 있다. 특히 10여 년의 혼란 시기를 거치면서, 사람과 사람의 대화가 상스러운 욕지거리에서부터 저열한 표현으로 끝나는 경우가 많았다. 하지만 '您好!'라는 인사말을 들으면, 마치 정상인의 곁으로 돌아온 것 같은 느낌을 가져오게 된다. 다만 정보학의 각도에서 보면, 필요 없는 부가 정보에 불과하다. 왜냐하면, 당시 전화를 건 사람이 가장 알고 싶은 정보(확정적인 것은 아니지만)는 이 전화가 그가 필요로 하는 곳으로 연결된 것인지에 있지, 우호적인 인사말에 있는 것이 아니기 때문이다. 그러나 이것은 (이성적 분석은) 중요한 것이 아니며, 이러한 첫 인사말은 나름의 예의와 질서를 전달함으로써 유쾌한 분위기를 만들어 준다.

'请' 또한 '请⇆请!'처럼 쌍방향 목적으로 사용할 수 있는데, 두 친구가 서로 방에 먼저 들어가라고 청할 때나 혹은 자신이 후행하겠다고 양보할 때 '请!'을 사용하게 된다. 이때는 상대방에게 먼저 들어가라고 하면서 일정한 자세(신체 언어)를 취하게 되는데, 이 또한 일종의 언어가 되지만, 신체 언어일 뿐이다. 또 다른 각도에서 대답의 '请!'에서는 상대방을 존중하는 의미를 표현할 수도 있으며, 다른 한편에서는 쌍방이 아닌 '请←谢谢!'와 같이 일방적인 행위가 될 수도 있다. 즉 첫 번째 '请'이 예의를 갖추면서 상대방에게 일정한 동작이나 의지가 반영되길 요구하는 것이라면, 두 번째의 '谢谢!'는 기분 좋게 상대방의 요구를 받아들이고, 아울러 이러한 예의에 대한 경의를 표하는 것으로 볼 수 있다. 당연히 첫 번째 '请'에 대한 피드백(역행의 대답)은 '谢谢'도 될 수 있고, 언어환경에 따라 서로 다른 반응으로 나타날 수 있다.

'谢谢' 또한 쌍방향 혹은 단방향 목적으로 사용이 가능한 상투어에 속한다. 예를 들어, 어떤 사람이 모종의 원인으로 당신에게 '谢谢!'라고 인사를 했을 때, 이때는 각종 다양한 반응이 나타날 수 있다.

谢谢!→

←(不用谢。)(不谢不谢。)(不客气。)

물론 어떤 경우에는 대답으로 '谢谢!'처럼 화자와 유사한 청자의 반응이 나타날 수도 있다. 예를 들어, 백화점에서 판매원이 상품을 포장하여 당신에게 주는 경우, 혹은 내가 판매원에게 물건값을 지급할 경우, 대개 판매원은 교양과 예의를 갖추어 미소를 지으며 '谢谢!'라고 하게 된다. 그러면 나 또한 내 손에 내가 산 상품을 건네줄 때, 만족의 미소로 판매원에게 똑같이 '谢谢!'라고 한다. 쌍방향의 교류인 谢谢⇆谢谢!의 경우에는 판매원이 '감사합니다'라고 말하는 것은 당신이 물건을 사서 그에게 서비스할 기회를 주었기 때문이고, 당신이 '감사합니다'라고 말하는 것은 상대방이 당신에게 좋은 서비스를 제공했기 때문에 진심으로 감사를 표하는 것이다. 이러한 상황에서, 사람들은 선진적이고 교양을 갖춘 사회주의 국가 국민 간에 진정한 평등 관계의 대화를 접하게 될 것이다.

'对不起'는 두 가지 서로 다른 어감을 표현한다. 즉 한편으로는 비교적 작은 실수에 대해 '미안함'을 나타내는 것으로, 다른 사람에게 고의가 아닌 우연히 당신이 범한 행위에 미안함을 표시하면서 '对不起'라고 말할 수 있다. 또 다른 한편으로는 약간의 부탁 의미를 담고 있다. 예를 들어, 당신이 몇몇 사람들이 길을 막고 있는 문을 지나가려고 할 때, '对不起'라고 말할 수 있다. 물론 그다음에 이어지는 말은 "당신이 내가 가야 할 길을 막고 있으니, 좀 비켜 주세요."이겠지만, 종종 말로 하지 않고 생략된다. 만약 당신이 상대방에게 미안하다고 말했을 때, 상대방이 교양 있고 예의 바른 사람이면 곧바로 자신이 길을 막고 있음을 깨닫고 몸을 비켜 당신이 지나갈 수 있게 해줄 것이다. 물론 앞의 상황에서는 다음과 같은 쌍방의 대화가 필요할 때가 많다.

对不起 →

← (没什么。)(不要紧。)(没关系。)

상대방이 미안함을 표시했는데도, 당신이 눈을 부릅뜨고 쳐다보는 것은 예의 없는 행동이다. 상대방이 미안함을 나타내면, 괜찮다는 의미로 '没关系'나 '不要紧' 등을 표시하는 것은 교양 있는 교제라 할 수 있다. 후자의 경우는 일반적으로 단방향 대화로 이해될 수 있다. 즉 "对不起!"라고 했을 때, 종종 말 없는 대답(어떤 행동으로 답하는 것)이 돌아오는 것도 비교양적 행동은 아니다.

일을 마치고 헤어질 때의 인사말 '再见'은 친한 친구든지 아니면 '업무상' 처음 만난 사이든 간에, 둘 사이의 사회적 교류 활동이 끝났음을 표시하거나, 적어도 일시적으로 일단락되었음을 나타낼 때는 모두 '再见'이라는 한마디를 건네야 한다. 그것이 대면이든 전화 통화든, 끝맺음으로 '再见'이라고 말해야 한다. 이 또한 당연히 예의 표시라고 할 수 있지만, 사실 그것은 단순한 예의에 그치는 것이 아닌, 언어적 교제 활동이 마무리되었음을 나타낸다. 이때의 '再见'은 일종의 종료 신호이자 쌍방향 교류 행위로, 상호 간에 '再见'이라는 말을 했을 때, 비로소 이번 교류가 원만히 완료되었다고 할 수 있다. 쌍방향의 再见⇆再见!에서, '再见'은 때때로 '再会'로 표현되기도 한다. '再见'이든 '再会'이든, 이는 물론 나중에 다시 만날 기회가 있기를 바라는 의미이지만, 종종 모호한 표현인 경우가 많다. 단지 언어적 교제가 끝나서 헤어진다는 것일 뿐이지, 실제로 다음에 꼭 다시 만나야겠다는 의미는 아니다. 이것은 '明天见!'(또는 '明儿见!')이라는 표현과는 약간 다른 어감이다. '明天见'은 종종 약속했거나 하지 않았든 간에, 어쨌든 내일 다시 만날 기회가 있을 것이라는 신호로 여겨진다.

일상적인 사회 교제 언어가 물론 위에서 언급한 다섯 가지 단어에 국한되지 않지만, 아무튼 이 다섯 가지 단어는 분명히 가장 많이 쓰이고 자주 등장하는 표현이다. 만약 보통화의 교제 어휘와 표현 방법을 이야기 형식으로 엮어서 사람들로 하여금 무의식적으로 보통화의 표현 방법을 익히게 하는 비디오를 제작할 수 있다면, 이는 매우 유익한 작업이 될 것이다. 그리고 그 의미의 중요성과 영향이 미치는 정도는 가늠하기 어려울 것이다.

제9장

용어의 사회언어학적 고찰[1]

1. 용어와 용어학

용어학은 과학기술 발전의 필요에 따라서 발생한 학문으로, 용어의 표준화는 역으로 다시 과학기술의 발전을 촉진하게 된다. 이것은 인류가 자연환경, 즉 거시적 세계와 미시적 세계를 인식하고 바꾸는 과정으로, 객관적 법칙에 부합하는 변증법적 사유를 기반으로 한다.

중국은 16, 17세기 이전에 이미 고대 용어의 자료집이라 할 수 있는 백과사전류 저작인 『尔雅(이아)』[2]가 출현했으며, 그리고 20세기의 30년대

1 본문은 저자가 1991년 7월에 개최된 용어학, 표준화 및 기술 전파 국제 학술회의(International Conference on Terminology, Standardization and Technology)의 개막식 연설을 바탕으로 중국어로 개작된 것이다. 원문은 해당 회의 논문집(Proceedings pp. 1~6)에서 볼 수 있다.

2 『尔雅(이아)』는 늦어도 서기 3세기에서 4세기 사이에 완성된 책이다. 후세에 전해진 郭璞(곽박)의 주석본이 바로 이 시기에 등장했기 때문이다. 곽박은 동진 시대 사람으로 276년에 태어나 324년에 사망했다. 이 책은 외국의 어휘학계에서 세계 최초의 백

전반기에 중국 과학계는 이미 용어 표준화 작업을 진행하여 어느 정도 성과를 얻었다. 그러나 우리는 여전히 현대적 의미의 용어학은 전자 기술 혁명을 기반으로 형성된 학제적多科性 연관성을 지닌 독립 학문이라는 점을 알고 있다. 오스트리아 엔지니어인 Eugen Wüster(오이겐 뷔스터, 1898~1977)가 1931년에 발표한 저작 *Internationale Sprachnormung in der Technik: besonders in der Elektrotechnik*(공학, 특히 전기공학에서 국제언어 표준화)는 현대 용어학의 '처녀작'으로 꼽을 수 있다.

뷔스터 박사가 「Die nationale Sprachnormung u. ihre Verallgemeinerung(민족 언어 표준화 및 그 개괄)」이라는 부제를 덧붙인 이 논문은 현대 용어학의 이론적 체계를 확립한 최초의 저작으로 간주되며 또한 응용 사회언어학의 토대를 닦은 대표적인 저작으로 볼 수 있다. 뷔스터는 자신의 용어

과사전으로 평가받고 있으며. 당시의 사회생활에 연관된 여러 분야의 많은 사물과 개념을 분류하고 정의를 내렸기 때문에, 이러한 점에서 『이아』는 현대의 용어 데이터베이스인 터미노뱅크(terminobank) 또는 터뱅크(termbank)와 약간 유사하다. 『이아』는 중국 고대 학자들이 이미 16~17세기 이전에 비교적 원시적인 형태의 용어학 정립 활동을 수행했으며, 응용 사회언어학의 실천 과정을 적용했음을 보여준다.
『이아』는 당시의 많은 사물과 개념에 대해 간결하고 일목요연(명확)한 정의를 내렸으며, 이러한 정의는 당시의 과학 연구 수준으로 보았을 때 상당히 정확한 것이다. 『이아』 卷上 『释地第九(석지제구)』를 예로 들어보겠다.
읍(邑)의 바깥을 교(郊)라 하고, 교의 바깥을 목(牧)이라 하며, 목의 바깥을 야(野)라 하고, 야의 바깥을 림(林)이라 한다. 림의 바깥을 경(坰)이라 하며, 아래가 습한 곳을 습(隰)이라 하고, 큰 들판을 평(平)이라 하며, 넓고 평탄한 곳을 원(原)이라 한다. 넓고 평탄한 곳을 육(陆)이라 하고, 큰 육지를 부(阜)라 하며, 큰 부를 릉(陵)이라 하고, 큰 릉을 아(阿)라 하고, 먹을 수 있는 것을 원(原)이라 하고, 비탈진 곳을 판(坂)이라 하며, 낮은 곳을 습(隰)이라 한다.
여기서는 많은 개념에 대한 정의를 내리고, 그것들에 각각의 이름이 붙여졌다. 이때 사용된 한자는 어떤 것은 지금까지도 사용되고 있으며(예: 郊), 그 의미가 변하지 않았고, 어떤 것은 의미가 바뀌었으며(예: 牧), 어떤 것은 새로운 복합어를 만들어내기도 했다(예: '平原, 高原'). 그러나 2천 년 후의 독자들이 이 책을 접할 때, 당시의 분류학과 명명(命名)학이 그러한 높은 수준에 도달했음에 모두 놀라워하지 않을 수 없다.

이론이 다음의 네 가지 학문과 연관성이 있음을 지적하였다.

언어학linguistics

논리학logic

본체론(ontology, 명명학)

정보학(informatics, 분류학)

그는 방법론에 문제의 중점을 두고 있다. 그의 이론에 따르면, 용어학의 방법은 간단히 다음과 같이 요약할 수 있다.

정의定义 —— C

정명定名 —— T

정형定形 —— N

$$T = \frac{N}{C} \quad \text{즉, 용어} = \frac{\text{형태}}{\text{의미}}$$

정의는 이미 알려진 개념을 바탕으로 새로운 개념에 대한 종합적인 설명과 경계가 설정되어야 한다. 이러한 종합적 묘사와 경계의 설정은 개념의 내포와 외연의 범위를 충족해야 한다. 동시에, 명확(모호하거나 불분명하지 않으며)하면서도, 간결(군더더기가 없이, 또는 불필요한 정보를 최대한 배제)하고, 전면적(편협하거나 고립적이지 않음)인 본질적 특징(표면적이거나 유도적 특징이 아님)을 지녀야 한다. 다만 정의를 내릴 때는 순환적이지 않아야 하는데, 최근의 일부 사전에서는 그 정의가 순환적이어서, 검색자가 찾으려는 정보를 얻기 어렵다. 예를 들면 '섬유 제품纺织品'은 '섬유 산업에서 생산된 물품'으로 정의되며, '섬유 산업纺织工业'은 '섬유 제품을 제조하는 모든 것'이라고 정의되어, 그 설명이 계속 순환되면서 결국 독자는 아무것도 얻지 못하게 된다. 'A는 B와 같고, B는 A와 같다'라고 설명하는 것은 사전 편찬의 가장 큰 금기이며, 당연히 순환은 용어에 대한 정의를 내리는 데 있어 금기 사항이다.

용어는 학문 체계에서 특정 개념을 표현하기 때문에, 정명定名 즉 이름을 지을 때는 그 용어가 속한 전반적인 체계의 요구에 부합되어야 한다. 용어의 선택, 즉 명명命名은 결코 개인의 의지에 따라 임의로 정해지거나 서로 연관성이 없거나, 혹은 상호 모순이 되어서는 안 된다.

기호를 사용하여 정형화를 이루고자 할 때는 그 기호(중국어에서는 한자로 구성된 단어 또는 구절)가 반드시 이 용어를 사용하는 사회 집단의 심리 상태와 언어 습관에 부합해야 한다. 아울러 그 대상의 본질적 특성을 적절하게 표현하고 풍부한 표현력을 갖추면서도 쉽게 받아들여질 수 있어야 한다.

뷔스터는 한 개념이 A 언어에서 명칭(즉, 이 개념에 대한 용어가 만들어졌다)을 정했다면, 이에 해당하는 B 언어에서도 이에 상응하는 명칭(용어)이 있어야 한다고 주장했다. 이 주장의 출발점은 사회생활에서 새로운 개념이 등장하면, 그 개념의 본질적 특성을 잘 표현하고, 오직 그 개념만을 표현할 수 있는 명칭(용어)을 만들어야 한다는 것이다.

응용 사회언어학자들은 어떤 사물을 정의하고, 명명하고, 정형화할 때는 몇 가지 고전적인 형식의 구조를 활용하고 있다. 이러한 고전 구조에는 다음의 몇 가지가 포함된다.

- 복합 구조.

예: '인도유럽어印欧语言' = 인(도)언어(印(度)语言) + 유(럽)언어(欧(洲)语言).

'병력수송장갑차装甲运兵车' = 장갑차装甲车 + 병력수송차运兵车.

- 중첩 구조.

예: '기술자 엔지니어工人工程师' = 기술자工人/엔지니어工程师(동일 인물 지칭).

'지게차叉车' = 갈퀴叉/차车(동일 사물의 두 부품).

- 종속 구조.

예: '경운기手扶拖拉机' = 수동 트랙터(手扶(的)拖拉机).

'3상 모터三相电动机' = 3상(의) 전동기(三相(的)电动机).

'초전도체超导体' = 초super 전도체.

- 연장 구조.

예: '석죽(石竹, 패랭이꽃)' ≠ 석石 + 죽竹;

≠ 석 / 죽;

≠ 석 → 죽. 이는 단일 개념이다.

2. 전기공학 혁명과 레닌 공식

일반적으로 '전기공학Elektrotechnik'이라는 용어는 1880년 독일어에서 처음으로 사용되었으며, '전기공학 혁명'은 지난 19세기 하반기에 싹트기 시작하여 20세기 초까지 대략 25년에 걸쳐 이루어진 위대한 개혁으로 볼 수 있다. 이 개혁의 특징은 전력을 동력으로 사용하여 증기력을 대체하면서 과학기술의 거대한 발전(특히 기계 산업과 화학 산업의 시대적 발전)을 이끌었다. 그리하여 사회적 생산성을 크게 향상하였고, 사회생활 전반에 큰 변화가 나타났다. 만약 사전학자인 슐로만A. Schloman이 20세기 초(1907년)에 편찬한 첫 번째 전기공학 사전에 수록된 13,600개의 항목이 21년 후(1928년)에 출판된 이 사전의 개정판에서는 21,000개의 항목으로 늘어났다는 점을 주목한다면, 여기서 언급된 '전기공학 혁명'의 기세가 얼마나 강력했는지 알 수 있을 것이다.

서양의 일부 미래학자들은 전기공학 혁명을 인류 사회 생산성의 3차 혁명이라고 부르며, 따라서 농업 혁명과 기계 혁명을 이어서 사회 생산성을 크게 높였다는 주장은 상당한 설득력이 있음을 보여준다. 이러한 각도에서 볼 때, 레닌의 유명한 공식 즉 "소비에트 정권이 전국적인 전기화를 이끈다면, 이는 공산주의와 같다."라는 주장은 당시 과학기술의 거대한 발전을 직시하고, 1920년에 그 의견을 제시한 것이다. '소비에트 정권'은 바로 생산 관계를 의미하고 '전국 전기화'는 생산성을 가리킨다. 레닌의 이러한 은유적 비유는 생산 관계의 변혁이 사회 생산력의 제약을 해제하여 생산성의 장애를 해소하고, 대대적으로 생산성을 높여서 인류 사회의 더 높은 단계, 즉 더 풍족한 단계로 나아갈 수 있도록 촉진한다는 것을 의미한다. 다만 레닌의 공식이 빠르게 현실화하지 못한 이유는 사회 발전의 요소가 너무 복잡하여 과학기술의 발전과 완벽하게 일치되지 않았기 때문이다. 역사는 항상 나선형 궤적을 따라 전진한다. 하지만 만약 이 공식을 은유적으로 이해한다면 전기공학 혁명의 사회적 의미가 얼마나 큰가를 깊이 이해할 수 있을 것이다. 제어론cybernetics의 창시자 위너는 산업혁명(증기 기관과 전동기의 사용)을 단지 '어두운 악마의 방앗간阴暗的魔鬼磨坊'의 혁명이라고 주장했다(이 역시도 하나의 비유이다). 20세기 60년대에 일어난 '정보 혁명'만이 비로소 인류가 놀랄만한 과학기술의 획기적인 발전을 가져왔다고 할 수 있다. 전자의 수수께끼가 풀리면서 정보 과학이 이루어졌으며 정보 과학이 각 분야에 응용되면서 사회 생산성이 다시 한번 크게 향상되었다.

3. 현대적 의미의 용어학

과학기술의 발전은 사회 생산력의 향상을 촉진하고, 사회 생산력의 향상은 다시 과학기술의 발전을 추동한다. 이러한 발전 과정에서 필연적으로 수많은 새로운 개념, 새로운 도구, 새로운 공정 및 새로운 사물이 나타나게 된다. 이러한 새로운 개념, 도구, 공정 및 사물을 표현하기 위해서는 이에 적합한 많은 새로운 명사, 즉 새로운 용어를 만들어야 한다. 새로운 용어를 제정하기 위해서는 해당 분야의 전문가들이 분류학分类学과 명명학命名学 측면에서 탐구할 필요가 있으며, 또한 언어학자 및 다른 과학자들이 응용 언어학, 사회 심리학, 사전 편찬학, 논리학 등과도 상호 협력이 필요하다. 이것이 바로 현대적 의미의 용어학이 형성되는 과정이며, 뷔스터가 75세가 되던 해(1973년)에, *Muttersprache*(모어)라는 잡지에 발표된 한 기사도 이러한 과정을 설명하고 있다.

4. 전기공학 혁명과 정보 혁명

뷔스터가 전기공학의 기초 저작을 발표한 이후, 이미 60년이란 세월이 흘렀다. 앞서 말한 바와 같이, 이렇게 60년이 흐르는 동안 과학기술은 두 차례의 혁명을 거쳤는데, 그것이 바로 전기공학 혁명과 정보 혁명이다.

세계 최초로 용어학을 고등교육 과정에 도입한 Quebec Laval(퀘벡 라발) 대학의 G. Rondeau(론도) 교수에 따르면, 현대 용어학은 정보 과학의 발전과 함께 더불어 발전하고 심화했다.

정보 기술은 지역 간의 거리를 크게 단축하였으며, 시간의 장벽도 좁혀나갔다. 즉, 오늘날의 정보 기술은 과학기술의 국제적 교류와 세계적 접촉을 가속화하고 강화하고 있다. 따라서 용어의 표준화는 역사상 그 어느 때보다 더욱 절실하고 중요하게 되었다. 이뿐만 아니라, 본래 용어 표준화 작업은 과학기술 발전에 다방면으로, 그리고 전례 없는 역할을 하고 있다. 구체적으로 말하자면, 다음과 같다.

- 과학기술 지식의 전파(과학기술 교육과 지식 보급 작업 포함);
- 과학 연구 성과의 응용;

- 과학기술의 새로운 개념(새로운 도구)의 이해와 도입;
- 새로운 학문의 개척;
- 데이터의 저장, 전송 및 검색;
- 데이터와 성과의 편집 및 출판;
- 국내외 학술 교류 등등

용어의 표준화 작업은 매우 중요한 역할을 담당하고 있으며, 이는 갈수록 더 많은 사람에게 인식되고 있다.

5. 제3세계의 절박한 과제

제3세계, 즉 개발도상국에 있어 용어학과 용어 표준화 작업은 특히 중요하다. 그 이유는 다음과 같다.

- 일반적으로 개발도상국의 과학기술 발전이 비교적 늦은 편이어서, 포괄적이고 체계적인 과학 데이터가 부족할 가능성이 크다.
- 특히, 일부 국가들은 과거에는 찬란한 고대 문명을 구가하고 있었지만, 역사적, 사회적으로 연유한 복잡한 원인으로 인해, 현대 과학에서는 선진국보다 여전히 뒤처져 있다.
- 국민 경제의 발전을 도모하기 위해서는 과학기술의 교육, 연구 및 응용이 절실히 필요하다.
- 대외 무역과 경제 교류의 절박한 필요성이 있다.
- 이러한 국가들이 사용하는 언어와 문자 체계는 비교적 독특한 형식과 관습을 가지고 있다.

따라서 용어학과 용어 표준화 작업은 제3세계 개발도상국에서 선진국보다 더욱 절박하게 필요하다.

중국은 개발도상국으로서 제3세계에 속한다고 할 수 있으며, 다른 개발도상국들과 마찬가지로 용어학과 용어 표준화 작업이 사회 경제와 과학기술 발전에 미치는 중요성과 역할을 잘 알고 있다. 현재 중국은 아래와 같은 이유로 인해, 용어 표준화 작업이 특히 절실히 요구되고 있다.

- 1980년대부터 시작된 개혁 개방 정책은 중국의 기본 국책 사업이 되었다.
- 국제 과학기술 교류와 경제적 교류가 전례 없이 발달했다.
- 전 국민의 과학 문화 수준의 향상이 절박한 과제가 되었다.
- 표음문자가 아닌 한자 체계의 용어 정립에 따른 특수한 어려움이 있다.
- 국내에서 제정한 용어와 홍콩, 대만 및 해외 화교들이 제정한 용어 간에는 인위적인 장벽으로 인해 차이점이 존재하고 있다.

6. 사회언어학자의 고찰

내가 사회언어학자가 되어, 최근 몇 년간 응용언어학 분야에서 진행한 관찰, 실험을 토대로 얻은 결과에 근거하여, 현재 중국의 용어학 및 용어 표준화 작업이 얼마나 중요하고 절실하며 어려운 작업인지를 몇 가지 흥미로운 예를 들어 설명해 보고자 한다.

첫 번째 예는 우리가 흔히 사용하고 있는 단어인 '出版(출판)'을 들어보고자 하는데, 이 단어는 엄밀한 의미에서는 과학 용어가 아닌 신문방송학의 전문 용어로 사용되고 있다. 중국에서는 대개 '新闻出版署(신문출판서)'와 '外文出版发行事业局(외국어출판발행사업국)' 두 부서에서 '出版'이라는 단어를 사용하고 있다. 우선 전자의 '出版'은 출판, 인쇄, 발행 등 세 가지 의미를 포함하고 있지만, 후자의 '出版'은 좁은 의미의 출판에만 해당하여 '발행'과 상호 대응된다. 일부 출판사 내부에서는 '출판부出版部'라는 부서가 있으며, 여기서 '出版'은 '생산生产'과 동의어로 사용하여 그 의미가 더욱 좁아진다. 또 '出版'이라는 단어를 영어로 번역해 보면, 중의성으로 인한 더 많은 혼란이 일어날 수 있다. 예를 들면, '신문출판서'의 기관지인 『新闻出版报(신문출판보)』는 영어로 'Press and Publishing Journal'이라고 번역할 수 있는데, 여기서 Press는 '신문'을 의미한다. 반면, 중국의 유명한 출판사인 '商务印书馆(상무인서관)'의 전통적인 영문 표기인 'The Commercial Press'에서 'Press'는 출판사를 의미한다. 이는 영국의 옥스퍼드 대학교 출판사 'Oxford University Press'의 사용법과 같다. 최근에는 '기자회견'을 일반적으로 'Press Conference'라고도 하는데, 여기서 'Press'는 '出版'과 전혀 관련이 없다. 또한, 국제 출판인, 출판사, 출판가 조직인 IPA에서 'Publishers'는 '출판상出版商'이나 '출판가出版家'로도 쓰이긴 하지만, 사실 '상商'과 '가家'의 사회적 의미에는 원칙적인 구별이 있다. 내가 의도적으로 이처럼 더 많은 사회적 요소를 가진 용어나 준용어('출판')를 언급한 것은, 이 용어가 종종 다의성과 의미의 모호성을 유발하고 있다는 것을 지적하고자 한 것이다. 이뿐만 아니라, 사회과학 범주에서 또는 사회현상에 대한 용어를 만들 때, 자연 과학과 기술 과학의 개념을 정하는 것보다 훨씬 더 복잡하다는 것을 설명하고자 한 것이다. 이는 사회적 요소가 단순한 자연적 요소보다 훨씬 복잡하며, 관습적인 '사회적 약속约定俗成'의 요소가 더 많이 작용하기 때문이다.

이제 더 심한 예로, 축약어压缩语를 들 수 있는데, 여기서 '축약어'를 지칭하는 알파벳 'acronym'은 각 단어의 첫 자모를 떼어서 이어 붙여 만든 용어이다. 중국 본토에서 현재 사용하는 '레이저激光'는 이전의 음역어 '莱塞(光)'(Laser)을 대체한 것이다. 이 용어는 원래 의미인 'stimulated'에 가까운 '激(격할 격)' 자를 사용하여 보편적으로 활용하게 되었다. 바로 앞에서 든 용례는 현대 중국어가 새로운 용어를 도입할 때, 의역이 중국인의 심리와 중국어 사용 습관에 더 부합한다는 사실을 설명할 수 있다. 따라서 최근에 해외에서 새로 번역되어 도입된 '镭射' 또는 '雷射'는 굳이 '激光'이라는 단어로 대체할 필요가 없을 것 같다. 그러나 '레이더(雷达, Radar)'라는 번역 용어는 비록 음역이지만, 의역인 '무선 전파 거리 측정기无线电测距仪'가 너무 길고 번거로운 표기 방식이라서 대체했다. 덧붙여 말하자면, 해외에서 사용하는 '电脑(컴퓨터: 즉 영어 'electric brain'이라는 의미)'라는 용어는 '전자계산기电子计算机'electronic computer 또는 '계산기计算机'라는 개념을 나타내지만, 사람들은 이 용어가 그다지 과학적이지 않다고 여긴다. 하지만 발음하기가 쉽다는 점에서 아마도 두 용어가 한동안 공존하거나, 서로 다른 측면에서 사용될 수 있을 것이다(예를 들어, 전자는 일상적인 구어 표현으로, 후자는 공식적인 문서에서 사용될 수 있을 것이다). 그러나 'AIDS'와 같은 축약어를 접했을 때, 사회에서는 해외의 음역어 '爱滋病(에이즈병)'(또는 그 파생형 '艾滋病')을 빠르게 채택하고, 초기의 의역 용어인 '获得性(A)免疫力(I)缺乏(D)综合症(S)[후천성(A)면역력(I)결핍(D)증후군(S)]'이라는 발음하기 어려운 한자 조합을 포기했다. 이는 용어 표준화 작업에서 음역이 전혀 쓸모가 없지 않다는 것을 다시 증명한다. MIRV(또는 [mərv]라고 읽거나 네 글자를 그대로 부르는 것) 같은 축약어가 현대 중국어에 도입될 때, '多弹头分导重返大气层运载工具(다탄두 분리 유도 재진입 비행체)'라는 표현으로만 쓸 수 있으며, 이 표현 외에 다른 표현 방법은 없다. 그러나 'NATO'(북대서양 조약기구)는 사회 조직으로 일상 사회생활에서 더 자주 사용하게 되는데, 아마도 더 많은 사회적 요소를 지니고 있어서 그대로 사용하고 있다. 다만, 현대 중국어는 놀랍게도 이 용어를 비슷한 의미로 다시 축약한 '북약北约'을 사용하고 있다.

내가 위에서 제시한 일련의 극단적인 용례가 나타난 배경에는 어떤 것이 있는지, 다음과 같은 몇 가지 요점으로 논증할 수 있지 않을까 한다.

- 용어 정립이 중국의 현재 과학기술 발전에 얼마나 중요한지를 살핀다.
- 용어 표준화가 중국의 개혁 개방 정책을 시행하는 데 얼마나 중대한 영향을 미치는지를 살핀다.
- 용어 표준화 과정이 중국에서 얼마나 어려운지, 그리고 많은 연구, 비교 및 생각이 필요한지를 살핀다.
- 용어학과 응용 사회언어학, 특히 현대중국어 화용론의 상호 간 협조가 얼마나 긴급한지를 살펴볼 필요가 있다.

7. 용어의 국제화 문제

용어의 국제화 문제[3]는 쉽게 간과할 수 있는 문제가 아니다. 용어학의 선구자들은 이미 이 문제를 주목해 왔다. 원래 과학기술의 발전은 국경을 초월한 것이며, 과학기술의 교류는 용어의 국제화를 더욱 강화해 왔다. 현재 세계의 기술 조건에 따르면, 어떤 나라라도 자신을 완전히 봉쇄시키는 것은 불가능하며, 따라서 어떤 과학 기술 정보도 차단할 수 없다. 따라서 외국에서 새로운 개념이나 도구를 도입하거나, 자국에서 새로운 개념

3 1930년대에 용어학이 독립된 학문으로 부상할 때, 학자들은 국제화 문제에 주목했다. 특히 중요한 전문 저작으로는 Ernst Drezen(에른스트 드레젠)의 *Pri problemo de internaciigo de science-teknika terminaro* (과학기술 용어의 국제화 문제, 1935)를 꼽을 수 있다. 이 책의 부제는 「Historio, nuna stato kaj perspektivoj(역사, 현상, 및 전망)」이며, 저자가 1934년 스톡홀름에서 열린 국제 표준화 협회(ISA) 회의에서 발표된 보고서이다. 이 보고서는 당시 소련 과학 아카데미 기술 용어학 위원회의 승인을 받은 것이었다. 저자는 당시 위원회의 위원장이었으나, 1937~1938년 대숙청(Great Terror) 시기에 실종되었다.

이나 새로운 도구를 수출할 때, 과연 새로운 용어가 국제적으로 통용될 수 있는지에 유의해야 한다. 비록 중국 전통문화(예: 침구)에 관한 정보는 현대중국어의 모델(방식)에 따른 용어 제정이 우선으로 고려되어야 하지만, 해외로 용어를 옮길 때는 당연히 국제화를 고려해야 한다. 이것은 매우 복잡한 문제이지만, 표준화 사업에서는 반드시 중요하게 다뤄져야 할 사안이다.

다시 한번 강조하자면, 용어학과 용어 표준화 과정은 과학기술 발전을 촉진함으로써, 사회 생산력을 증가시킬 수 있는 중요한 토대가 되는 작업이다. 용어학이라는 하나의 학문을 발전시키고, 모국어의 언어 습관을 고려하여 민족의 심리를 반영한 용어집을 구축하는 것은 전 국민의 과학 문화 수준을 높이는 과정이기도 하다. 또 국내외 학술 교류를 촉진하며, 국민 경제를 발전시키는데 매우 절박한 의미를 지닌다는 점에서 특별히 중시해야 할 과제이다.

제10장
언어공정

1. 언어공정

언어공정Language engineering[1]은 응용 사회언어학에서 중요하게 다루는 내용 중 하나이다. 심지어 어떤 의미에서 언어공정은 응용 사회언어학과 거의 같은 의미라고 할 수 있다. '언어공정'이라는 단어는 최근에서야 정보과학 문헌에 등장했다. 아마도 이 용어는 인공지능 전문가 E. A. Feigenbaum(파이겐바움) 교수가 창시한 '지식공정'knowledge engineering[2]이라는 단어를 모방하여 만들어졌을 것이다. 지식공정은 컴퓨터와 기타 신기

1 언어공정이라는 이 용어는 언어학 문헌에 잘 보이지 않으나, 최근의 언어 정보 처리와 정보과학에 보인다.

2 Edward. A. Feigenbaum(파이겐바움) 교수는 당대 유명한 인공지능 전문가이다. *The Handbook of Artificial Intelligence*, (1981)의 주요 편집자이기도 하다. 그는 '지식공정'(Knowledge Engineering)을 당시 사용되던 'Epistemological Engineering'이라는 어휘로 대체할 것을 주장하였다. 일본 인공지능 전문가 田中幸吉(다나카 고키치) 교수가 편집한 『知识工学(지식공학)』(1984), 제1부, 제1장. 1.1 6쪽을 참고하라.

술 수단을 이용하여 전문 영역에서 특정 문제를 해결하는 전 과정을 총칭하는 말이다. 이에 따라, 언어공정은 컴퓨터와 기타 신기술 수단을 이용하여 언어학 영역(특히 사회언어학 영역) 내에서 특정 문제를 해결하는 전 과정의 총칭이라고 할 수 있다. '언어공정'이라는 이 새로운 용어는 개혁개방 시대에 자주 출현했으며 특히 정보계통에서 자주 접할 수 있다. 사실상 지난 10년이라는 짧은 시간에 중국에서는 중요한 의의가 있는 여러 가지 언어공정을 진행했는데, 이는 언어연구에 유용할 뿐만 아니라, 사회생활에도 깊은 영향을 준다.

최근 10년(1980~1990)간 중국 내에서 진행된 대규모 언어공정의 내용으로는 아래의 몇 가지 항목을 예로 들 수 있다.[3]

□ 한자 사용 빈도 측정
□ 어휘 사용 빈도 측정
□ 뉴스용 한자 사용 빈도 측정
□ 상용자표의 제정
□ 통용자표의 제정
□ 한자 부건部件[4] 출현 빈도 측정
□ 인명 한자의 사용 빈도 측정
□ 성씨 한자의 사용 빈도 측정

이 몇 가지 항목의 언어공정은 대략 80년대 초부터 준비를 시작했으며 80년대 중기 이후에 잇따라 완성되었다. 어떤 공정은 결과를 공포하

---

3 80년대 중국에서 진행된 여러 언어공정의 대체적인 상황에 대해서는 필자가 편집한 『现代汉语定量分析(현대한어정량분석)』(1980)이라는 책을 참고하라.

4 역주: 부건(部件)은 문자학 용어이다. 주로 필획으로 이루어진, 한자 구성의 최소 기능단위를 가리킨다.

였으나 어떤 공정의 데이터는 아직 대중들에게 보편화되지는 않았다. 만약 70년대에 인공으로 진행한 한자 사용 빈도 측정(즉 '748공정'으로 통칭)[5]까지 포함한다면 우리는 현대 한자를 처리하는 몇 개의 중대한 공정이 있다고 말할 수 있을 것이다. 한자가 서적과 신문(원본 text)에서 출현한 빈도에 대해 제일 먼저 통계를 진행한 사람은 1928년 교육가 陈鹤琴(진학금)이다. 수작업으로 진행했는데, 이 역시 하나의 언어공정이라고 할 수 있다. 진학금이 통계를 시작한 후부터 지금까지 이미 60여 년이 지났다. 따라서 한자에 대한 정량분석은 이미 60년의 역사를 지닌다.

여기에서 지적할 점은, 개별 저서에 대한 글자 사용 빈도의 통계는 아직 포함하지 않았다는 것이다. 즉 80년대에는 『骆驼祥子(낙타상자)』, 『论语(논어)』, 『史记(사기)』, 『红楼梦(홍루몽)』, 『全唐诗(전당시)』, 『鲁迅全集(노신전집)』 등의 한자 사용 빈도에 대해 잇따라 측정을 끝냈으며, 이 모든 자료는 언어공정의 항목에 온전히 포함할 수 있다. 비록 각 항목의 목적이 다르더라도 이들은 모두 응용 사회언어학이 중국에서 거둔 중대한 발전과 성과라 할 수 있다. 홍콩 중문대학의 중국문화연구소에서 하나의 프로젝트를 진행했는데, 이는 선진先秦과 양한两汉 시대에 출현한 103종의 전적典籍을 컴퓨터에 입력하는 것이었다. 결과적으로 색인의 작용을 할 수 있을 뿐만 아니라 각종 학과의 연구에도 여러 가지 편리함을 제공할 수 있었다. 응용 사회언어학으로 놓고 말할 때 이 또한 대형 언어공정으로, 90년대에 완성되기를 간절히 바랐다. 이 언어공정은 고대 중국어와 한자, 어휘의 변화를 연구하는 데 큰 역할을 하게 될 것이다.

한자 사용 빈도란 한자가 문어(원본)에 출현한 빈도frequency를 말한다.

---

5 '748공정'은 1974년 8월 胡愈(호유)가 주도하고, 중앙의 여러 부문에서 연구 제정한 『汉字信息处理系统工程(한자정보처리계통공정)』을 가리킨다. 1977년 『汉字频度表(한자빈도표)』(신화인쇄장)를 간행했다. 贝贵琴·张学涛(패귀금·장학도) 편집 『汉字频度统计(한자빈도통계)』(1988)을 참고하라.

한자 사용 빈도의 측정은 언어 연구의 기초공정이다. 일반적으로 당대의 글자 사용 빈도의 측정은 독일의 F.W.Kaeding(카에딩)으로부터 시작되었다고 본다. 그는 1898년부터 다년간의 노력을 거쳐 수작업으로 첫 번째 독일어 '사용 빈도 사전'을 완성하였다. 그는 몇백 명의 연구자와 함께 10,910,777자의 독일어 말뭉치에 대해서 하나하나 분석을 진행하였다. 당시에는 컴퓨터가 아닌 수작업으로 하나하나 측정해야 했기에, 잠깐의 실수라도 하게 되면 정확한 수치를 얻을 수 없을 뿐 아니라, 많은 시간이 소요되는 번거로운 작업이었다. 중국어에서 첫 번째 한자의 사용 빈도에 관한 측정(1928년 진학금)[6]이었던 '748공정'은 모두 기계를 통한 자동화가

---

6 진학금의 『语体文应用字汇(어체문응용자휘)』, 상무인서관, 1928년 출판. 『中华教育改进社丛刊(중화교육개진사총간)』 제5종이다. 책 앞편에는 陶知行(도지행)(주:후에 陶行知(도행지)로 바뀜)이 1925년 5월에 쓴 서문이 있다. 도행지는 서문에서 다음과 같이 말한다.

"그들(근대 교육가)은 하나하나의 과목, 심지어 한 편의 문장, 하나의 수학 문제, 하나의 운동에 대해 목표에 근거하여 그것들의 효용에 대해 묻는다. 그들의 주장은 배워야 하는 것은 사용해야 하는 것이다. ……후에 그들은 학생이 배운 한자까지도 점검하기 시작했다. 학생들이 현재 배우는 한자는 모두에게 필요한 것인가? 이 문제가 생긴 후 몇몇 학자들이 응용 字汇(자휘)에 대해 연구하기 시작했다. 중국에서도 몇 명의 학자가 이 문제를 연구하기 시작했으며 그중에 진학금 선생의 연구가 가장 체계적이었다. 진학금과 그의 조수 9명은 2~3년에 걸쳐서 수십 만자에 이르는 구어문을 점검했으며 『어체문응용자휘』라는 책을 펴냈다. 이 보고서는 출판사에 넘기기 전에 이미 『平民千字课(평민천자과)』에서 한자를 사용하는 근거가 되었다. 앞으로 초등학교 교과용 한자도 이것으로 아주 좋은 근거를 삼을 수 있을 것이다. 비록 완전한 것은 아니지만 말이다. 그러나 나는 이 자휘가 성인 및 국민교육에 대해 큰 공헌을 할 것을 믿는다."

진학금의 책 앞에 수록된 '서론'의 '中文应用字汇(중문응용자휘)'에는 여러 종류가 있으며, 그중에는 Pastor P. Kronz(파스터 P. 크론즈)가 Southhill(사우스힐)에 근거한 연구와 그가 편집한 『常用四千字录(상용4천자록)』이 포함되어 있다. 진학금은 두 번의 측량을 했는데, 첫 번째는 여섯 종류의 자료를 사용했으며, 554,478개 한자의 어휘 자료를 포함, 4,261개의 字种(서로 다른 글자의 수)을 얻었다. 두 번째는 348,180개의 한자 어휘 자료를 사용했으며 4,261개의 한자와는 다른 458개의 한자를 얻었다.

아닌 수작업으로 진행되었다. 전자에 사용된 말뭉치는 55만 자(554,478)이고, 후자에 사용된 말뭉치는 2천백만여 자(21,629,372)이다.

2. 몇 가지 용어의 정의

언어공정에서는 통상적으로 아래의 용어를 사용한다.

말뭉치corpus – 언어공정을 진행할 때 서면 자료를 선택하여 연구자료로 삼아서 컴퓨터에 입력한다. 이러한 자료를 '말뭉치'라고 총칭하는데, 단위는 글자 혹은 어휘이다.

원본text – 추출하여 컴퓨터에 입력한 문어를 원본이라고 한다. 원본과 샘플을 때로는 혼용하기도 하고 때로는 의미가 다르기도 하다.

표본sample – 통상적으로 어떤 원칙에 근거하여 추출한 서면어의 특정 부분을 말하며, 추출된 부분을 표본이라고 한다.

기호token – 통상적으로 표본 내에 있는 글자와 문장부호를 모두 총괄하는 말이다. 그러나 대부분 경우에는 문장부호를 포함하지 않은 순수 글자 수만을 가리킨다.

자형type – 말뭉치에 보이는 서로 다른 글자(어휘)를 말한다. 예를 들어

두 번째 성과는 불에 타서 사라졌기에 출판된 것은 첫 번째 성과이다.

진학금이 사용한 어휘 자료는 여섯 종류로 나눈다. 1) 아동용 서적, 127,293자, 2) 신문(통속신문 위주), 153,344자, 3)부녀 잡지, 90,142자, 4) 초등학생 과외독본, 51,807자, 5) 고금소설, 71,267자, 6) 기타, 60,625자.

진학금은 이 성과에 두 가지 결함이 존재한다고 말한다. 첫 번째는 "수집된 자료가 광범위하지 않다.", 두 번째는 "모은 글자 수가 부족하다." 현재 통용하는 용어로 말한다면 어휘 자료의 분포면이 넓지 않고 어휘 자료에 사용된 한자의 수량이 부족하다는 것이다. 책 말미에는 '字数次数对照表(자수차수대조표)', 즉 글자 사용 빈도의 순서에 따라 배열한 자표(无字频统计)가 있다.

11,873,029개의 字符(자부)[7]가 있는 말뭉치(이 자부는 문장부호를 연결하지 않은 순수한 글자 수)에서는 서로 다른 글자가 7,745개만 존재한다.

글자 사용 빈도frequency – 어떤 글자(혹은 어휘)가 원본에서 나타난 횟수 w와 사용하고 있는 말뭉치가 포함하고 있는 총글자 수(어휘) t 사이의 비율인데, f를 글자 사용 빈도(글자 출현 빈도)라고 설정하면, 다음과 같은 공식을 얻을 수 있다.

$$f = \frac{w}{t}$$

여기에서 얻은 빈도가 글자가 출현하는 상대적인 빈도relative frequency이다. 글자의 종류를 내림차순으로 배열하고, 그에 상응하는 빈도를 연속해서 더한다면 누적 빈도cumulative frequency를 얻을 수 있다. 현대 한어에서 한자와 어휘는 다르다. 이 부분은 위에서 이미 여러 번 언급하였다. 따라서 글자의 사용 빈도character frequency와 어휘의 사용 빈도word frequency가 나타나게 되는 것이다. 일부 언어공정에서는 이 두 가지를 하나로 혼동하는 경우가 있다. 혹은 현대 한어의 글자와 어휘의 사용 빈도가 특정 목적을 위한 것이라고 하는데, 예를 들어, 교학에서 사용하는 상용한자와 상용어휘를 고찰하거나 혹은 매체에서 사용하는 상용한자와 상용어휘를 고찰하기 위해 진행했다고 한다. 현대한어에서 어떤 경우에 '어휘'라고 할 수 있으며, 무엇이 '어휘'이며, 무엇이 '어휘'가 아닌지는 아직 내려진 정의가 없어서 백가쟁명의 단계라고 할 수 있다. 그리하여 어휘의 사용 빈

7 역주: 字符(자부)는 한자의 내부구조를 분석하여 얻어낸 가장 기본적인 한자 구성단위이다.

도를 측정하는 것이 글자 사용 빈도를 측정하는 것보다 훨씬 어렵다. 나는 한 언어공정의 책임자가 이렇게 하소연하는 것에 공감한다.[8]

"한자의 빈도를 통계 낼 때, 한 글자가 하나의 단위이기 때문에 어휘를 나누는 문제가 존재하지 않는다. 반면 표음문자를 사용하는 외국어는 단어 사이에 빈 간격이 있기에 어휘의 수량을 통계 내는데 그다지 어렵지 않다.(주: 일반 표음문자에서 통계를 낸 어휘 사용 빈도가 바로 글자 사용 빈도이다. 자모가 출현한 빈도를 통계 내려고 한다면 별도로 진행해야 한다. - 인용자) 그러나 한어의 어휘 사용 빈도를 통계 내려고 하면 난이도는 훨씬 높아진다. 어휘를 구분할 수 있는 뚜렷한 형태의 경계를 근거로 제시할 수 없다는 것이 주된 어려움이다. 형태소와 어휘, 어휘와 구절의 경계 구분 및 어휘의 분류 문제가 이론적으로나 실제로나 모두 적절하게 해결되지 못했다."

3. 정량분석

실제 방법과 효과를 놓고 본다면 여기에서 서술하는 언어공정은, 간단하게 말한다면 현대한어의 일부 요소(일부 범주)의 정량분석이다. 정량분석quantitative analysis은 두 가지 의미를 가진다. 첫 번째 의미는 컴퓨터를 사용해 검증 연구가 필요한 대상에 대해 양의 측정을 진행하는 것이다. 그리고 양의 측정을 바탕으로 두 번째 분석을 진행한다.

언어 실체(언어체계의 여러 범주)의 연구에 대해서는 定性(질적) 분석(화학용어를 빌림)만 진행한다. 즉 그것의 형태와 구조를 묘사하는 데 역점을 두

8 常宝儒(상보유)의 『现代汉语频率词典的研制(현대한어빈율사전연구제작)』를 참고하라. 위의 책 『现代汉语定量分析(현대한어정량분석)』(1989)에 수록되어 있다.

고, 정량분석에만 치중하지 않는다는 것이다. 비록 수치가 드러나더라도 그에 관한 세부적인 분석에 대해서는 소홀히 한다. 최근, 특히 20세기 60년대 이후, 정보과학은 놀라운 발전을 가져왔으며 이론상으로나 기술적으로 모두 언어학 연구에 응용할 수 있게 되었다. 전자(이론)는 정보론, 공제론, 계통론, 분산구조와 확률론, 표집 이론sampling theory, 게임 이론Game Theory, 신경 생리학 및 뇌과학The Split Brain In Man 연구 등이고, 후자(기술)는 컴퓨터의 소형화와 고효율화 등이다. 이렇게 언어재료를 원료로 정량분석을 진행하게 된다면 효과를 얻기 쉽다. 사회언어학과 응용사회언어학은 발전 과정에서 정량분석 문제에 차츰 주의를 기울이게 되었다. 언어의 여러 요소(각자의 기구가 단위 unit가 될 때)에 대해 정량분석을 진행하는 것은 언어학자의 최종 목적이 아니다. 정량분석에서 얻은 수치에서 출발하여 언어 습득language acquisition에 대해 새로운 이론, 모델과 방법을 제시한다. 또 언어의 변이language variation 현상에 대해 합리적인 해석을 하고 변이의 규칙을 찾아냄으로써 변이의 추세에 대해 예측 혹은 판단할 수 있다. 이는 언어 정책의 결정language policy decision-making에 믿음직한 수치를 제공하여 정책 결정에 도움을 준다. 그리하여 언어학 이론(예컨대 언어 공통성, language universals)[9]에 대해 수치를 제공함으로써 일부 가설, 원리나 논점 등을 실증, 증명 혹은 부정하는 것이다. 이 모든 것들은 모두 정량분석을 기초로 해야 한다. 정성定性에서 정량, 그리고 다시 정량에서 정성까지, 양의 측정 결과에서 출발하여 분석 연구를 거쳐 본질에 대한 이해를 심화한다. 이것이 바로 정량분석의 최종 목적이다. 한 예를 들어보자. 초, 중학교 학생들이 본국의 언어 문자를 배울 때 최저한도의 '常用字表(상용자표)'가 필요하다. 최저한도minimum의 '상용자표'가 있어야만 학생들이 정해진 기간에 충

9 언어보편성(language universals)은 이미 알고 있는 모든 언어에서 빠짐없이 출현하는 일종의 언어 유형 혹은 언어 현상을 가리킨다. J. H. Greenberg(그린버그)가 *Universals of Language*(언어의 보편성)라는 세 권의 책을 집필했다.(1966)

분한 양의 필요한 한자를 배울 수 있다. 학생들의 머리에 일정한 수량의 자표가 축적되어야만 사회생활에서 얼마든지 자유롭게 대처할 수 있다. 이러한 '상용자표'를 제정하기 위해서는 느낌에 따라 한자를 선별해서는 안 되며, 또 임의로 한자를 추출해서도 안 된다. 반드시 한자 사용 빈도로 측정한 수치를 기초로 한 후, 기타 보조 방법을 채택하여 제정해야 한다. 제정한 다음에는 임의로 추출한 말뭉치에 다시 환원하여 검증해야 한다. 그런 다음에야 비교적 실제 수요에 부합하는 자표를 얻을 수 있다. 따라서 말뭉치에 대해 글자 사용 빈도를 측정하는 것은 최종 목적이 아니라 어떠한 결론에 도달하기 위한 기초 작업일 뿐이다.

4. 정량定量에서 정성定性까지

위에서 말한 정성에서 정량까지, 다시 정량에서 정성으로 돌아가는 것은, 양의 측정 결과에서 출발하여 분석과 연구를 거쳐 본질에 대한 이해를 심화하는 것이다. 이것은 아마도 최근의 일부 학과(모든 학과라고 하지 않는다면)의 발전 과정에서 반드시 거쳐야 하는 길이기도 하다. 특히 최근 몇십 년의 정보과학 체계의 창립, 첨단기술의 도입과 응용으로 인해 언어학이라는 오래된 학과는 점차 양의 측정에 주의를 기울이게 되었다. 즉 묘사와 구조분석에 중점을 둘뿐만 아니라 말뭉치를 원료로 각종 양의 측정을 진행하였다. 사회언어학과 같은 신흥 학과는 짙은 실용적 의미를 가진 학과로서, 자연히 양의 측정에 점차 주의를 기울이게 되었다.[10] 언어

10 서양에서 근년에 출판한 사회언어학 저작이다. 예컨대 R. A. Hudson(허드슨, 1980)의 저작은 다섯 번째 부분 전체가 「The quantitative study of speech(말의 정량 연구)」이다. R. Fasold(페이솔드, 1984)의 저작에서 5장은 「정량분석」이다. 그전에 출판된 John B.Carrol(캐럴)의 *Language and Thought*(언어와 사고) (1964)에서도 한

의 여러 요소에 대해 양의 측정을 진행하고, 이러한 측정 수치에 대해 분석하며, 언어이론에 대해 새로운 관념 혹은 새로운 해석을 내놓고 언어문자의 실제 응용에 대해 새로운 구상을 하는 것, 즉 정성 분석을 심화해야만 조사 연구의 순환을 완성하게 되는 것이다. 물론 이것은 많은 순환과정 중의 하나일 뿐이다. 정성 분석 – 양의 측정 – 심화 인식 혹은 효율적인 운용, 이것이 위에서 언급한 순환의 가장 단순한 도식이다. 특히 1960년대에 전자 기술이 빠르게 발전하게 되면서 언어의 여러 요소에 대한 정량분석이 많이 편리해졌고 쉬워졌으며 정확해졌다. 물론 전자 기술이 발전하기 이전에는 양의 측정을 진행할 수 없었다고 추론하는 것이다. 예를 들어, 위에서 언급한 첫 번째 글자 사용 빈도 통계사전字频统计词典은 카에딩이 1898년에 완성한 것이다. 빈도 측정 사업에서 종종 인용하는 지프의 법칙Zipf's Law, 즉 유명한 F·R=C도 1936년에 공포한 것이다. 자주 인용되는 베노이트 만델브로트Benoit Mandelbrot 집합도 50년대에 유도해낸 것이다.[11] 중국에서 첫 번째로 현대적 의미에서 글자 사용 빈도 측정을 진행한 사람은 교육가 진학금이 1928년에 완성한 것이다. 그는 몇 명의 조

절을 할애하여 통계의 관점에서 언어 행위를 논술하고 있다. 이 책의 53쪽에 아주 재미있는 도해가 있는데, 글자의 길이와 글자 사용 빈도 간의 관계를 분석하였으며, 3개의 자모로 이루어진 영어 단어의 빈도가 가장 높은 것을 증명해내었다.

역주: 페이숄드의 저서는 *The Sociolinguistics of Society*(사회 속 사회언어학)(1984)를 말한다.

11 지프의 법칙과 B. Mandelbrot 修正公式(수정공식)에 대해서는 중국 도서 중에서 冯志伟(풍지위)의 『数理语言学(수리어언학)』(상해, 1985)의 3장 '统计语言学(통계언어학)', 풍지위의 『现代语言学流派(현대어언학유파)』(섬서, 1987) 13장 「수리어언학」을 참고할 수 있다.

원문은 G. K. Zipf(지프)의 *The Psycho-Biology of Language*(언어의 심리생물학), (1936), B. Mandelbrot(만델브로트)의 *An Informational Theory of the Statistical Structure of Language*(언어 통계 구조에 관한 정보 이론), W. Jackson(잭슨)이 책임 편집한 *Communication Theory*(의사소통 이론) (1953)의 486~502쪽을 참고할 수 있다.

수들과 함께 수작업으로 거의 60만 자에 달하는 언어자료에 대한 통계를 내었다. 심지어 70년대 중국에서는 수작업으로 어휘 자료가 2,100만 자에 달하는 글자 사용 빈도에 대한 통계를 진행했는데, 바로 통상적으로 '748공정'이라고 불리는 것이다. 컴퓨터와 정보과학을 도입하기 이전에 언어의 여러 요소에 대해 양의 측정이 필요하고 실제로도 가능하다는 것을 이러한 선구자의 예를 통해 보여주고 있다.

컴퓨터가 언어 정량 연구의 새 시대를 열었다는 것은 의심할 바가 없다. 예전에는 몇 배, 몇십 배, 몇백 배의 인력과 시간을 들여 일부 언어 요소를 측정하는 사업을 진행했다면 지금은 컴퓨터를 이용하는데, 시간과 인력을 절약할 뿐만 아니라 더 정확한 수치를 얻을 수도 있다. 최근 중국이 언어 문자 응용 영역에서 몇 년이라는 짧은 시간에 이토록 대단한 성과를 거둔 것은 컴퓨터 및 기타 신기술을 도입한 직접적인 결과이다.

5. 말뭉치 채택의 최적량

글자 사용 빈도, 어휘 사용 빈도를 측정하기 위해 채택해야 할 어휘 자료의 양으로 얼마가 가장 적당할지는 깊이 생각해 볼 문제이다. 어휘 자료의 양이 너무 적으면 통계 결과가 언어 응용의 실제적 사실에 부합하지 않는다는 것은 충분히 예견할 수 있다. 그러나 어휘 자료의 양을 무한대로 확대할 수도 없다. 양이 지나치게 많으면 오랜 시간이 걸리고 실수를 초래할 수도 있다. 양이 많을수록 좋다고 말할 수 있는가? 확률론의 대수의 법칙에 근거하면, 상용자, 상용어휘의 출현 빈도가 10^{-5}(즉 10만 번 중 적어도 한 번은 나타나야 한다)인 경우가 적당하다. 이를 위해 글자 사용 빈도를 측정할 때 자릿수를 10배까지 늘릴 수 있는데, 백만 번의 어휘 자료에서

한 번 나타나는 것이 적당하다. 『현대한어빈율사전』[12]을 제정할 때, 언어공정에서는 '보험' 계수를 늘렸는데 실제로 추출된 표본은 200만 자부였다.(문장부호를 빼면 181만 자부, 131만 어휘) 편집자들은 상용어휘를 선정하기 위해서는 이 자료를 활용하여 개별 한자가 나타난 횟수(빈도)를 통계 내는 것이 바람직하다고 말한다. 이러한 규모로 측정한 결과는 1,000개의 고빈도의 글자가 어휘 자료의 91.3%를 차지하며, 8,000개의 고빈도의 어휘가 어휘 자료의 95%를 차지한다는 것이다. 여기에서 말한 수치는 상용자표와 상용어휘표를 연구하고 제정하는 데 참고 가치가 아주 크다.

언어 요소에 대해 양의 측정을 진행할 때, 어휘 자료의 수량이 최적의 수치最优値를 넘어선다면 불필요한 작업을 유발할 수 있다. 바꾸어 말하면, 사용하는 어휘 자료가 적당해야만 믿을만한 결과를 얻을 수 있다. 예를 들어 현대한어의 평균 정보량entropy을 측정할 때 冯志伟(풍지위)는 점차 한자의 용량을 늘리는 방법을 채택하였다. 한어의 문어 문장 중에서 한자의 용량이 12,370개의 한자로 확대될 때, 하나의 한자에 포함된 평균 정보량은 9.65비트이다. 만약 한자의 용량을 계속 늘린다고 해도 얻어낸 정보량의 수치는 더 이상 증가하지 않을 것이다. 정보량과 글자 사용 빈도는 당연히 서로 다르다. 추가로 설명하자면, 측량에 필요한 어휘 자료로 마땅히 최적량이 적용되어야 한다.

글자 사용 빈도를 측정하는 데 필요한 어휘 자료의 최고치에 대해, 현재까지는 의견이 분분하다. 실재하는 몇 개의 언어공정을 놓고 본다면 견본의 수량은 원문에서 제출한 최고치보다 훨씬 많다. 영어에서 글자 사용 빈도를 측정하는 것과 비교해보자. 최근 영어 어휘 사용 빈도 측정(1971)에서는 5,088,721개 글자의 어휘 자료를 사용하였으며, 86,741개의 어휘(즉 낱글자)가 나타났다. 중국의 70년대 중기 '748공정'에서 수작업으로 현

12 『현대한어빈율사전』(1986), 북경어언학원어언교학연구소 편.

대중국어의 글자 사용에 대해 측정을 진행할 때 21,629,372개의 字符를 사용하였는데, 서로 다른 글자의 수(위의 예에 대응하는 어휘)는 6,374개뿐이다. 또 다른 언어공정에서는 계산기를 이용하여 현대중국어의 글자 사용 빈도를 측정했는데, 절반에 달하는 어휘 자료, 즉 11,873,029개의 자부만 사용했으며, 중복되지 않는 자형 7,745개를 측정해 내었다.

6.『现代汉语频率词典(현대한어빈율사전)』

『현대한어빈율사전』이라는 언어공정에서는 선택한 '최적' 어휘 자료의 수량 범위 내에서 총 4,574개의 字种(서로 다른 글자의 수)을 측정해내었다. 최적량의 말뭉치(앞에서 언급한 것과 같이 대략 200만 자부)에서 245회 이상 나타난 천 개의 고빈도 한자는 점유율(즉 모든 말뭉치 자부에서 차지하는 비율)이 91.3%에 달한다. 만약 30회 이상 나타난 2,418개의 고빈도 및 차빈도 한자를 계산한다면 99%에 달하는 강한 점유율을 보인다. 전체 말뭉치에서 출현한 4,574개의 서로 다른 글자의 수 가운데서 고빈도 한자와 그 다음으로 빈도가 높은 한자(즉 4,574-2,418)를 제하면 2,156개의 서로 다른 글자의 수를 얻을 수 있다. 이 2천여 개의 저빈도 한자는 전체 말뭉치의 1%만 차지한다. 이로써 알 수 있듯이 저빈도 한자가 출현할 평균 기회는 천만분의 5(5/10,000,000)이다.

이 1,000개의 고빈도 한자에 대해 음성 분석과 의미 분석을 진행하는 것은 굉장히 흥미롭다. 그 결과는 응용언어학, 언어교육학, 사회언어학, 심리언어학, 언어정보학 및 기타 학과에도 영감을 줄 수 있다.

어음 분석의 결과에 따라 Z와 S의 자음으로 시작하는 한자(여기에서는 한어병음방안을 사용하였다)가 절대적인 우세를 차지한다는 사실을 알 수 있다. 'shi'라는 음절만 해도 1,000개의 고빈도 한자에서 24개(2.4%)를 차지한다. 유명한 언어학자 赵元任(조원임)은 『施氏食狮史(Shī shì shí shī shǐ: 시씨식사사)』라는 잰말놀이를 만들어냈는데, 바로 이러한 사실에서 출발한 것이다. 『시씨식사사』는 현대 한어 구어에서 다음절어复音词가 비교적 많이 나타나지만, 동음 어휘를 사용함으로 인해 의미분별이 안되는 상황은 자주 발생하지 않음을 방증한다. 그러나 만약 고문(문언문)을 지금의 말로 읽는다면(주의: 현대의 음으로 고문을 읽는 것을 말한다), 단음으로 이루어진 어휘가 많기에 의미를 분별하는 데 어려움이 있다. 이러한 극단적인 예는 조원임의 언어 문제에 대한 강연록에 보인다. 만약 한어 병음을 사용하여 전사한다면 문장부호를 추가한다고 해도 읽을 때 이해하기가 쉽지 않다. 이 잰말놀이의 원문은 다음과 같다.

> 石室诗士施氏, 嗜狮, 誓食十狮。施氏时时适市视狮。十时, 适十狮适市。是时, 适施氏适市。施氏视是十狮, 恃矢势, 使是十狮逝世。氏拾是十狮尸, 适石室。石室湿, 氏使侍拭石室。石室拭, 施氏始试食是十狮尸。食时, 始识是十狮尸, 实十石狮尸。试释是事。[13]
>
> (석굴에 시인 시施씨가 살고 있었다. 그는 사자 먹는 것을 좋아했는데 열 마리 사자를 먹기로 맹세하였다. 시씨는 시간이 날 때마다 시장에 나가 사자를 보았다. 10시가 되자 마침 시장에 열 마리 사자가 도착했다. 그리고 마침 시씨도 시장에 도착했다. 시씨는 사자가 열 마리인 것을 보자, 활을 쏴서 그 열 마리 사자를 죽였다. 시씨는 그 열 마리 사자를 가져다가 석굴로 옮겼다. 석굴이 매우 습했기 때문에 시씨는 시종에게 석굴을 닦아내게

13 역주: 이 문장은 shī, shí, shǐ, shì라는 네 개의 음으로만 이루어졌는데, 다음과 같다. shí shì shī shì shī shì, shì shī, shì shí shí shī. shī shì shí shí shì shì shì shī. shí shí, shì shí shī shì shì. shì shí, shì shī shì shì shì. shī shì shì shì shí shī, shì shǐ shì, shǐ shì shí shī shì shì. shì shí shì shí shī shī, shì shí shì. shí shì shī, shì shǐ shì shì shí shì. shí shì shì, shī shì shǐ shì shí shì shí shī shī. shí shí, shǐ shí shì shí shī shī, shí shí shí shī shī. shì shì shì shì.

하였다. 석굴을 닦자 시씨는 비로소 열 마리 사자를 맛보기 시작했다. 먹을 때에야 그 사자의 시체가 돌로 만든 사자라는 것을 알았다. 이 사건을 해석해보라.)

1,000개의 고빈도 한자에 대해 의미 분석을 진행할 때, 한자의 구사 능력(외국의 어떤 학자들은 '구사 능력' word power라고 한다)을 알 수 있다. 현대 한자가 교제의 도구로 사용될 때 가장 본질적인 속성이 구사 능력이다. 그러나 과거에는 구사 능력에 대해 정량분석을 거의 하지 않았다. 하지만 바로 이 의미있는 언어공정이 이러한 정량분석의 공백을 보완하였다. 측정 결과는 다음과 같다. 구사 능력이 100개 이상이고 1,000회 이상 출현한 한자가 총 70개이다. 언어공정에서 70개의 한자로 구성된 어휘가 11,133개 이상이며, 35.7%를 차지하였다. 이 70개 가운데 상위 10위 안에 드는 한자는 子, 不, 大, 心, 人, 一, 斗, 气, 无, 水 등이다.

하나의 한자 혹은 어휘가 상용자인지 혹은 상용어휘인지를 확정하기 위해서는 단순히 빈도만 보고 판단해서는 안 된다는 사실을 쉽게 알 수 있다. 언어의 정량분석을 진행할 때 특히 상용자 혹은 상용어휘를 측정할 때, 글자나 어휘의 분포 상황을 고려해야 한다. 그리하여 '사용도usage'라는 개념을 도입했는데, 언어공정에서는 이 개념으로 현대 한어 어휘의 사용도 공식을 유도해냈다. (후에 현대한어상용자표라는 언어공정에서도 이 공식을 적용하도록 시도해 보았다) 현대한어의 정량분석에서 이것은 중요한 의미가 있는 실험이다.

7. 두 차례의 현대중국어 글자 빈도수 측정

또 다른 언어공정은 1985년에 마무리된 현대중국어 글자 빈도수 측정이다.[14] 이 공정은 '748공정'의 연속선으로 볼 수 있는데, 여기에서 수집된 표본 수는 11,873,0292자로 '748공정'에 비해 절반 정도로 나타났다. 글자 수집에 이용한 자료는 1977~1982년까지의 사회과학과 자연과학 문헌에 출현한 1억 3,800만 자 중에서 표본을 추출하였다. 아쉬운 점은 추출한 표본을 공개하지 않음으로써, 이것에 대해 자세한 분석을 할 수 없다는 점이다. 표본은 간행물, 교재, 전문 서적, 통속물 등 단지 네 가지 종류로 분류되었고, 각 종류는 다시 몇 가지 하위 유형으로 나누어졌다. 하지만 사람들이 상세한 내용을 정확하게 이해하기에는 충분하지 않다. 물론 대략 1억 개가 넘는 기호와 5천만 개 전후의 단어라는 거대한 자료의 수집은 당연히 임의로 선택한 것이 아니다. 이 언어공정 또한 다른 언어공정과 마찬가지로, 시행 초기에는 전문가 집단이 일정한 원칙에 따라 표본을 추출했을 것이다. 나는 매번 시행한 언어공정의 모든 자료를 공개하자고 할 때는 먼저 모든 전문가 집단의 표본추출 원칙과 더불어 실제로 어떻게 표본을 추출했는지에 대한 체계적인 의견과 반대 의견을 발표한 뒤, 부록으로 나열해야 한다고 생각한다. 표본은 정량분석을 하는 것에 중요한 의미를 지니며, 아마도 결정적인 역할을 했을 것이다. 내가 보기에, 추출한 천여만 개의 한자 표본은 '748'공정에서 2천 여만 자를 모두 컴퓨터에 수록하여 통계를 내었던 것처럼 유사하게 했을 것이다. 이 또한 당연히 하나의 분석 방법이다. 사실 표본의 수량이 감소한다면, 각 표본에 대한 등거리 추출 방식을 택할 것이다. 예를 들어, 미국의 전통 중급 언어의 상용도 통계[15] 또한 이러한 방식을 택하는데, 추출된 각 표본에 대

14 유감스럽게도, 이 언어공정의 정확한 측정값은 인쇄물로 발표되지 않았다. 다만, 1989년에 발행된 『汉字属性字典(한자속성자전)』(1989)에서 참고한 글자 빈도수는 이 공정의 성과를 참고하고 있다.

15 *The American Heritage-Word Frequency Book*(아메리칸 헤리티지 단어 빈도 자료)(1971) 및 미국전통출판공사 사전부 주임 편집 Barry Richman(리차먼)이 쓴 *The*

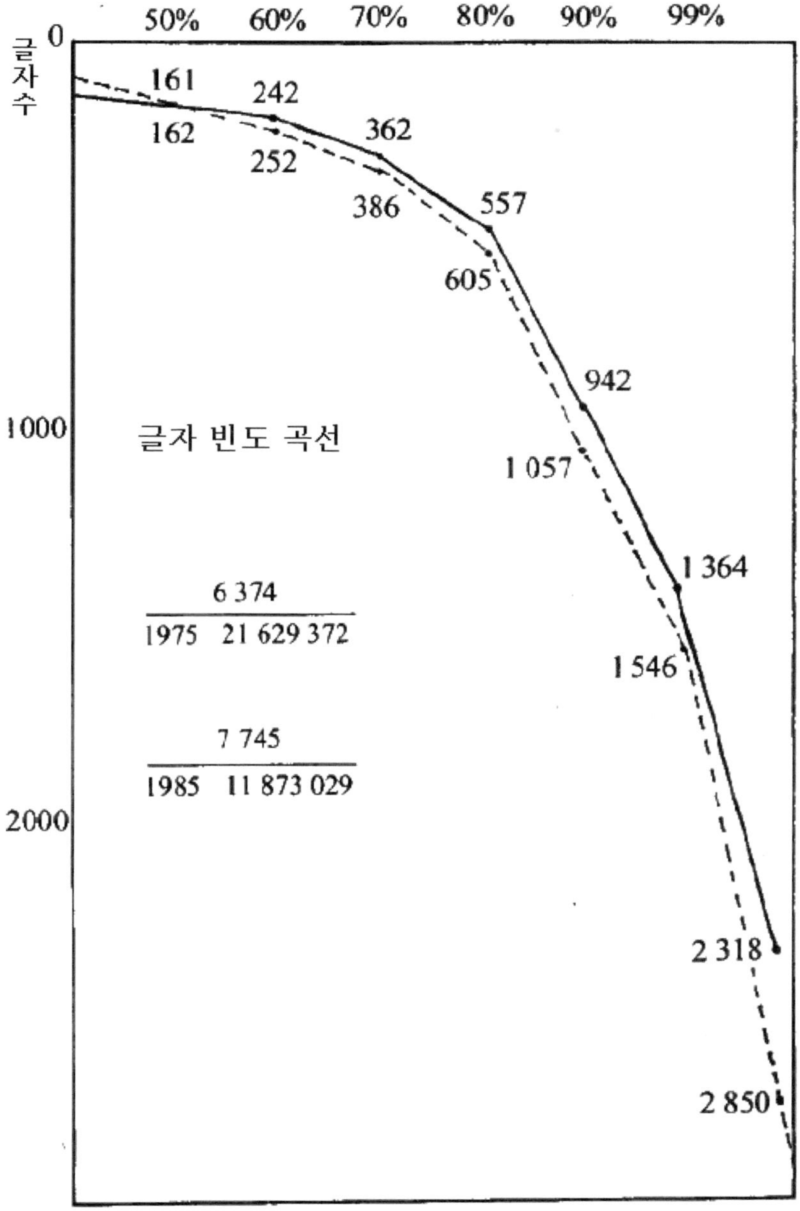
50%
60%
70%
80%
90%
99%
글자수
0
1000
2000
161
162
242
252
362
386
557
605
942
1 057
1 364
1 546
2 318
2 850
글자 빈도 곡선
6 374
1975 21 629 372
7 745
1985 11 873 029

해 처음에는 500자를 컴퓨터에 입력한다. 이러한 작업은 각각의 표본을 처음 500자를 최고치로 확정하기 전에, 100,000개의 기호 표본을 실험적으로 선택하여 각각의 표본에 500개의 글자를 한 조로 맞추게 된다. 다시 그중에서 최초 2,000자를 또 다른 조로 삼으면, 결과적으로는 각 표본에서 최초로 추출한 500자는 이미 '적당한 탄성adequate flexibility'을 지니게 될 것이다. 이러한 공정은 각각의 언어자료가 얼마나 많은 표본을 추출해야 하며, 다시 각각의 표본이 얼마나 많은 원문을 채택할 것인지에 대한 공식을 추론했다. 현대중국어의 측정 또한 이러한 통계를 근거로 우리만의 공식을 끄집어낼 수 있게 된다.

현대중국어 글자빈도수의 두 차례 측정에 대한 비교분석은 상당히 유의미한 일이다. 첫 번째 공정은 일반적으로 '748공정'이라고 부르며, 특수한 환경(즉 문화대혁명 후반기)에서 인위적인 방법을 통해 측정되었다.

그러나 일반적인 언어환경(1977~1982)에서 사용된 컴퓨터 측정을 통해 얻은 결과값은 서로 유사했으며, 이러한 결과는 두 공정의 글자 빈도 그래프를 통해서 명확하게 드러났다. 두 곡선에서 사용된 기본 자수는 다음과 같다.

	사용 언어자료	결과값 글자 수
748공정	21,629,372	6,374
85년 빈도수 측정	11,873,029	7,745

이 두 공정의 글자 빈도수 측정량 대비 연구를 통해 얻은 결론은 두 측

Development of the Corpus(말뭉치의 발전)의 제2절에서 채록했음(page xv-xviii).

정값의 함수 곡선이 대체로 유사하다는 것이며, 단지 '748공정'의 곡선이 3,000자 이전에서 다른 공정의 측정값 함수 곡선보다 좀 높다는 것이다. 두 함수 곡선은 3,000번째 글자에서 서로 교차하며, 그 이후의 점선은 거의 유사하게 나타난다.

두 공정의 빈도수 통계를 통해 알 수 있는 것은 글자 서열이 161/162번으로 내려갔을 때, 두 공정에서 사용한 언어자료에 차이는 있지만, 서로 겹쳐 나타나는 전체 글자 수는 '748공정' 162번(49.97%)과 두 번째 공정의 161번(49.93%)에서 거의 50%에 육박하였다. 이것은 현대중국어에서 사용 빈도수가 가장 높은 글자 수가 161~162개에 해당한다고 할 수 있으며, 실제 응용에서도 서로 겹치는 문헌의 절반 정도에 이르렀다. 하지만 이것은 161~162개의 한자를 모두 익힌다고 해서 문헌 내용의 절반을 이해한다고 할 수는 없다. 왜냐하면 내용을 이해한다는 것은 글자에서부터 단어, 구절, 상하 문맥 등 비교적 복잡한 양상을 띠고 있으며, 이해도에서 서로 다른 정도의 영향을 미치기 때문이다.

다만 측정 결과는 이러한 사실을 제시하고 있다. 즉 번호 1의 한자 '的'의 출현 빈도는 표본 용량의 증대에 따라 계속해서 증가하고 있기 때문이다. 이 외에, 표본 용량의 증대가 결코 상용한자의 출현 횟수의 증가에 비례한다고 볼 수 없기 때문이다. 어떤 한자가 일천만 자의 표본에 한 번 출현했다고 해서, 2천만 자의 표본에 반드시 2번 출현한다고 볼 수 없기 때문이다. 이번 연구에서 또 유의해야 할 점은 분포율인데, 분포 공식을 유추해 볼 수 있다는 점이다. 내가 볼 때, 이 공식은 미래에도 무수한 실천과 실험, 그리고 수정을 통해야 가능할 것이다. 당시 이 공정에 참여했던 분도 "만약 이후의 한자 빈도 측정의 통계를 한자의 분포 편수라는 이 통계자료에 놓고, 한자의 빈도, 분포유형, 분포편수 등 세 가지 요소를 종합적으로 고려한다면, 한자에 대해 더 정확한 묘사를 할 수 있을 것이다."라고 지적하였다.

8. 현대중국어 단어 빈도수의 측정

위에서 제시한 두 언어공정과 거의 동시에 진행된 제3차 언어공정은 현대중국어의 단어 빈도수의 측정으로, 1986년 초보적인 성과[16]를 얻었다.

앞에서 제시했던 현대중국어 단어 빈도수 측정은 글자 빈도수 측정보다 더 복잡한데, 주요 원인은 현대중국어 단어와 단어 사이에 서양의 발음기호에서 볼 수 있는 간격space이 없기 때문이다. 사실 단어에 대해서 아직 통일된 정의(혹은 단어란 무엇인가)를 내린 것이 없기에, 사람들이 어떻게 수용할지도 문제이며, 실험 과정에서도 여전히 판단하기 어려운 요소가 많다. 그래서 단어 빈도수 측정값을 찾기 위해서는 고려해야 할 점이 여전히 너무 많다. 그러나 전반적으로 볼 때, 일종의 실험성 작업이라고 할 수 있다. 공포된 통계를 보면, 이 공정은 다음과 같은 논쟁거리가 존재한다.

먼저 단어의 수집은 엄격한 언어학적 잣대를 통한다기보다는, 단지 존재한다는 것, 할 수 있다는 점에서 출발한다. 즉 통계의 각도에서 셀 수 있으면 그것은 하나의 단어로 나눌 수 있다. 다시 말해, 언어학 중의 형태소, 단어, 구절, 단문 등이 될 수 있다. 이러한 각도에서 출발하여, 단어 빈도수 측정의 통계는 많은 부분에서 언어학이나 대중에게 공인된 단어가 아닐 수 있다. 따라서 이 공정은 이렇게 나눈 단어가 특히 정보처리에서 더 확실하고 더 실용적인가에 초점을 두어야 한다.

둘째, 단일 한자를 수집하지 않는다. 왜냐하면 이 단어의 빈도수 통계는 단지 2개 혹은 2개 이상의 한자로 구성된 단어 혹은 구절의 통계이기

16 이 언어공정의 통계 수치는 공개적으로 인쇄되지 않았으며, 이 공정 과정에서 편찬된 『现代汉语字表(현대한어자표)』(刘源(류원) 주편, 1984)을 참조하였다.

때문에, 일반적으로 대중이 인지하는 단어와 합치되지 않는다. 예를 들면, '人' 자는 비록 단어로 사용되고 있지만, 글자 빈도수에 포함될 뿐, 단어의 빈도수 측정 범위에 포함되지 않는다.

셋째, 통계에 의하면, 단일 한자형 단어는 대략 8,000개의 상용단어(두 개 이상의 음절)의 점유율 90%에 해당하며, 9,500개의 단어에서는 그 점유율이 92%에 달한다. 만약 계속 1,000개의 단어를 증가하더라도, 그 점유율은 0.8% 증가에 불과하다. 그래서 '통용 단어(실제적으로는 사용 단어로 이해할 수 있다)'는 7,000개(여기에서 둘 이상의 한자가 조합된 단어만을 의미한다) 정도가 가장 적합하다.

넷째, 만약 60,000개의 단어를 수집하면, 그 점유율은 99.8188%가 된다. 그래서 육만 개의 단어 목록을 일반 컴퓨터의 보편적인 예비 목록에 넣으면 사용하기에는 충분하다.

이상의 몇 가지 논쟁에서 중요한 논점은 바로 단음절 단어(한 개의 한자)를 단어 빈도수 측정에서 제외하느냐 하는 것이다. 만약 컴퓨터 응용의 측면에서 6,763개의 글자 수(한자)를 수록한다면, 더 이상 이러한 한자를 단어로 이해할 필요가 없기 때문이다. 물론 그것이 단어이든 단어가 아니든 간에, 현대중국어 단어 빈도수 측정에서는 더 이상 논쟁의 대상이 되지는 않을 것이다.

상술했던 언어공정인 『현대한어빈율사전』에서는 이와는 완전히 다른 견해를 유지하고 있다. 이곳의 단어 빈도수 측정은 단음절의 단어(한자)를 포함하고 있기 때문이다. 이 공정의 설계자는 무작위 추출 방식을 통해서 50,000자의 자료를 선별하고, 1번에서 5,000번까지 고빈도의 단어로부터 통계를 측정했기 때문에, 그 점유율은 88.5%에 달한다. 만약 5,000개에서 8,000개까지 확대했더라면, 점유율은 95%에 달했을 것이다. 이러한 통계에서 드러났던 논쟁은 바로 단어 빈도수 측정의 차이가 바로 단음절 단어의 존재 여부에 달려 있었다고 할 수 있다.

만약 컴퓨터 내에 존재하는 6,763개의 단일 한자 외에, 60,000개의 단어(단음절 단어 제외)가 너무 많다고 생각하지 않는다면, 중문 컴퓨터 타자기에 존재하는 글자/단어의 규모 또한 가장 최적량이 되지 않을까 한다.

중문 컴퓨터 타자기(일제 Casio든 Sharp이든, 아니면 국산 四通이든)에는 예외 없이 6,763자가 저장되어 있다. 미래에 현대중국어 통용자표를 7,000자로 대체한다면, 이것은 토론할 필요가 없는 것이다. 내장된 단어 목록은 카시오의 경우 6,000개(단음절 한자 제외)가 내장되어 있으며, 사프에는 60,000개가 있다고 주장한다. 또 '四通'에는 몇만 개가 내장되어 있다고 주장하고 있다. 나의 전자타자기(Casio CW-700)를 가지고 실험한 결과, 6,000개의 단어표만으로는 일상적인 응용과정에서 만족하긴 어려울 것으로 보인다. 6,000개의 단어 중에는 2음절어 4,466개, 3음절어가 361개, 4음절어 606개, 그 외의 다음절어 141개가 존재하는데, 여기에서 가장 고려해야 할 사항은 얼마나 많은가 보다는 어떤 단어를 선택하느냐가 더 중요하다고 판단된다. 만약 선택한 단어가 최고의 상용단어라면 무작위로 선택한 것이 아니라, 아마도 실제로 응용과정에서 얼마나 유효한가에 달려 있다고 할 수 있을 것이다. 3음절 혹은 4음절 단어의 경우, 부분적으로는 전통의 언어 심리에서 공인된 어휘, 즉 이 공정에서 주장하는 실용적인 '어휘'(혹은 구절)가 아니며 사람에 따라 달라질 수 있다는 것이다. 혹여 대뇌의 기억 체계를 운용하여 강제로 기억하게 해야만 비로소 자유자재로 사용할 수 있을지도 모른다. 이것은 언어 심리와 이상적인 기제 사이의 부조화에서 일어난 것으로, 이 모순을 해결하기 위해서는 역시 빈도와 용도로부터 착수해야 할 것이다.

9. 뉴스 매체의 한자 빈도수 측정

제4차 언어공정은 뉴스 전파 중에 사용하는 한자의 빈도수를 측정한 것으로, 공개된 성과의 명칭은 「新闻信息汉字流通频度统计(신문 정보에 나타난 한자 사용 빈도 통계)」[17]이다. 여기에서 말하는 '汉字流通频度'란 뉴스 전달 중에 출현하는 한자의 빈도를 말한다. 이 공정에서 사용된 언어재료는 신화사新华社에서 국내에 통용된 원고의 1년 치(1986-01-01부터 1986-12-31까지)의 분량으로, 총 90,627편의 원고에 사용된 총 40,632,472자이다. 통계를 통해 알 수 있는 것은 1986년 한해 뉴스 매체에서 사용된 한자의 개수는 6,001자이며, 통계 결과 내림차순으로 843개 한자의 점유율은 90%에 달했으며, 2,127개의 점유율은 99%, 3,606개 한자의 점유율은 99.9%에 달했다. 바꾸어 말하면, 뉴스 원고에 가장 빈번하게 사용된 한자는 2,000개 전후가 된다고 볼 수 있다. 이것은 뉴스 정보에 사용되는 한자표(뉴스 규범자표) 제정을 위한 중요한 통계자료라고 할 수 있으며, 교육용 상용자표(규범자표라고 함)를 제정하는데도 중요한 참고 수치가 될 수 있다.

10. 현대중국어 '상용자표'와 '통용자표'의 측정

현대중국어 상용자의 측정은 陈鹤琴(진학금)의 『语体文应用字汇(어체문 응용자휘)』(1928)에서부터 国家语言文字工作委员会(국가어언문자공작위원회)와 国家教育委员会(국가교육위원회)에서 함께 공포한 『현대한어상용자표』(1988)에 이르기까지 대략 60년이란 시간이 흘러갔다. 진학금과 보조연구

---

17 『1986年度新闻信息汉字流通频度(1986년도 신문 정보에 나타난 한자 사용 빈도)』(1987), 新华通迅社技术研究所 编(신화통신사 기술연구소 편).

원 9명이 2~3년 동안 수작업을 진행하면서 6종의 언어자료 554,498개의 한자로부터 4,261개의 유형을 분류했는데, 그중에서 300번 이상 출현한 한자는 569개, 100차례 이상 출현한 한자는 1,193개였다. 이러한 진학금의 통계 수치는 현재까지도 대비해서 참고할 만한 중요한 가치를 지니고 있다.

현대중국어 상용자표[18]의 연구 및 제작은 근년에 5차례 실시된 대규모의 언어공정이었다. 이 공정은 수집이 가능한 20여 종의 자료를 토대로 제작되었으며, 그중에는 6종의 통계수치가 포함되어 있다.

(1) 『语体文应用字汇(어체문응용자휘)』(1928): 언어자료 554,498자, 4,261개 유형

(2) 『常用字选(상용자선)』(1952): 진학금의 상술 통계와 杜佐周(두좌주), 蒋成堃(장성곤)의 통계자료. 언어자료는 모두 775,832자와 2,000개 유형

(3) 『汉字频度表(한자빈도표)』(1976): 본 논문에서 언급한 '748공정'에서 정리한 것으로, 언어자료 총 21,629,372자와 6,374개 유형

(4) 『现代汉语字频统计(현대한어자빈통계)』(1985): 사용 언어자료 총 11,873,029자와 7,745개 유형

(5) 『现代汉语频率词典字频统计(현대한어빈율사전자빈통계)』(1985): 사용 언어자료 총 1,807,398자와 4,574개 유형

(6)『新闻信息汉字流通频度(신문신식한자유통빈도)』(1986): 사용 언어자료 총 40,632,472자와 6,001개 유형

이 여섯 종의 통계수치는 사전, 자표字表 등 정태적 자료의 수치이며, 총 8,938개의 한자를 제시하고 있다. 그 이후, 이러한 한자가 얼마

---

18 『현대한어상용자표』(1988), 国家语委汉字处(국가어언문자공작위원회한자처) 편, 제5차 언어공정의 성과로, 国家语委와 国家教委에서 공동 발표하였다. 이외에도, 내부 참고 자료로는 『常用字通用字统计数据表(상용자통용자통계수거표)』(1988)에 전체 글자의 빈도 측정 통계 수치가 기록되어 있다.

나 많은 자료에 출현하는지 계산했으며, 그중에서 빈도수가 높거나 사용 빈도가 높은 단일 한자 2,500자를 상용자로 규정하였다. 2,501~3,500에 이르는 일천 자를 '차상용자'로 정하여, 『현대한어상용자표』는 3,500(2,500+1,000=3,500)개의 한자로 구성되어 있다. 측정의 검증과 계산 결과를 도출하기 위하여, 연속 1개월 분량의 『人民日报(인민일보)』, 연속 1개월 분량의 『北京科技报(북경과기보)』, 그리고 문학 간행물 『当代(당대)』 1권 전체 문장을 컴퓨터에 입력하였다. 컴퓨터에 수록된 총 자수 이백 여만 자(2,011,076자) 중에서 5,141개의 한자를 추출하였으며, 『현대한어상용문자표』의 3,500자 중에서 3,464자가 중복되었다. 그중 상용자는 2,500자 가운데 2,499자가 중복되었고, 차상용자 1,000자 중에서는 965자가 중복되었다. 측정 결과를 통해 알 수 있는 것은 상용자표의 3,500자 중 중복된 한자의 점유율은 99.48%를 차지했으며, 그 나머지(5,141~3,464) 1,677자의 점유율은 단지 전체 자료의 0.52%라는 미세한 차이만 났을 뿐이다. 이것은 귀납된 상용자(차상용자 포함)가 비교적 합리적으로 선택되었음을 의미하며, 다른 각도에서는 원래 예정되었던 글자 선택의 4가지 원칙이 적용될 수 있음을 증명한 것이었다. 글자 선택의 4가지 원칙은 다음과 같다.

첫째, 고빈도의 한자를 선택한다.

둘째, 빈도가 같은 경우에는 분포도가 높고 사용 빈도가 높은 글자를 선택한다.

셋째, 가능하면 단어구성 능력이 높은 한자를 선택한다.

넷째, 취사선택할 때는 실제 응용(의미)의 가능성에 주의한다.

상용자표의 제정과 공포는 매우 중요한 의미를 지닌다. 이 자표는 이전 연구를 기반으로 과학적인 분석을 통해 제정된 것으로, 이론적으로도 어휘 규율에 부합하며, 실천적인 면에서도 교육의 수요에 부응한다. 특히 중국어 교육의 수요(상용자 2,500자는 초등교육에서 학습하며, 차상용자 1,000자는 중등교육에서 학습하도록 한다)에도 부합한다. 동시에 기본적인 수치를 제공하며, 대중의 전파 매체(방송, TV, 신문, 출판)의 기본적인 수요에도 부합한다. 이것은 당연히 최근 몇 년간 한자의 체계적인 정리를 위한 중요한 이정표가 된다.

상용자표와 글자 사용 빈도의 통계를 기초로 하여, 인쇄용 통용자형표를 제정했던 『现代汉语通用字表(현대한어통용자표)』[19]를 참조한 결과, 모두 상용자의 두 배인 7,000자가 수록되었는데, 상용자 3,500개를 포함하여 정보 교환을 위한 국가 표준자 6,763자를 포함하고 있다.

11. 한자 부건部件의 측정을 위한 언어공정

근년 국내외에서 대외용 중국어에 대해서도 기타 여러 종류의 측량[20] 작업이 진행되었다. 이 몇몇 공정은 대규모의 작업이 아닌 이론적 혹은 실천적 가치를 지닌 작업으로, 그중에는 한자를 구성하는 '부건部件'과 인명 성씨에 관한 측정이 있었다.

한자의 부건 측정을 위한 이 언어공정[21]은 16,296자(대부분 국가에서 공포한 정보 교환용 한자의 기본 목록의 6,763자를 참조함)를 컴퓨터에 입력하고, 매

---

19 『현대한어통용자표』(1988)는 국가어위와 신문출판서가 공동 발표하였다. 中国人民大学语言文字研究所(중국인민대학 언어문자연구소)가 편찬한 『현대한어통용자전』(1987)은 비록 '통용'이라고 칭했지만, 이번에 발표한 성과는 아니다.

20 예를 들면, 싱가포르에서도 한자 및 단어의 빈도수를 측정했다. 『싱가포르'小学华文教材'字词频率事典('소학화문교재'자사빈율사전)』(卢绍昌(노소창) 등 편, 싱가포르 국립대학 화어연구중심, 1989) 싱가포르 『联合早报(연합조보)』의 한자 및 단어 조사공작위원회의 中小学华文课本(중소학화문과본)의 「用字用词报告(용자용사보고)」(1989) 등이 있다. 이외에도, 『汉语拼音词汇(한어병음사휘)』(1989, 重编本)을 참고할 수 있다.

21 『현대한어정량분석』(상해출판사, 1989)에 수록된, 傅永和(부영화)의 『汉字结构及构成成分的统计及分析(한자구조 및 구성성분의 통계와 분석)』을 참고.

글자의 필획 수를 측정하고, 첫 획에 대한 분류를 진행했으며, 한자를 구성하는 부건에 대해 등급을 나누었다. 그리하여 한자의 구조방식에 관한 다음과 같은 빈도수를 측정해 냈다.

10획 한자의 사용 빈도 8.391%

11획 한자의 사용 빈도 8.893%

12획 한자의 사용 빈도 9.505%

13획 한자의 사용 빈도 8.354%

10획에서 13획 한자의 전체 빈도는 35.143%로, 측정 한자 중 5,742자가 포함된다.

1획에서 9획까지의 한자 누계는 측정 한자의 25.528%를 차지한다. 이 결과를 통해 볼 때, 1획에서 9획까지의 한자가 점유하는 비율은 전체 한자의 1/4에 해당하며, 오히려 필획이 비교적 복잡한(10획부터 13획까지) 한자의 점유율은 1/3을 차지한다. 이번 언어공정에서 얻은 통계는 한자 간화에 있어서, 매우 중요한 참고 가치를 지닌다.

12. 성씨姓氏, 성명姓名용 한자의 측정을 위한 언어공정

중국과학원 유전연구소와 중국사회과학원 어언문화응용연구소语言文化应用研究所에서 각기 진행한 성씨姓氏, 성명姓名에 관한 측정은 최근의 연구 중에서 규모는 크지 않았지만, 중요한 의미를 지닌 창조성 언어공정이었다.

이 두 개의 언어공정은 1982년 제3차 전국인구조사의 기초 통계를 언어자료로 삼았다. '유전연구소'에서 사용한 전체 인구 0.5‰(1,000분의 0.5)는 세 단계(省, 县, 乡) 지역의 537,429명의 표본 자료를 추출했으며, '어언응용연구소'에서 사용한 자료는 6개의 비교적 큰 성 단위 및 시 단위(북경,

상해, 요녕, 섬서, 사천, 광동 및 복건 등)의 175,000명을 분류하여 자료로 추출하였다.

두 개의 공정에서 사용한 표본 추출법과 자료의 수량이 달랐고, 연구의 출발점도 달랐다. 다만 각자 연구분석에 필요한 통계 수치를 얻어냈지만, 측정한 결과에 약간의 차이가 있다는 것을 알 수 있다. 북경(북경지구)과 광동을 기반으로 빈도수가 가장 높은 5개 성姓의 결과치는 약간의 차이가 있었다.

유전연구소	북방지역	광동성
측정 통계 수치	王, 李, 张, 刘, 陈	陈, 李, 黄, 张, 林
언어연구소	북경	광동성
측정 통계 수치	王, 张, 刘, 李, 杨	李, 陈, 佘, 梁, 吴

비록 약간의 차이는 있지만, 전체 공정에서 얻은 수치는 여전히 쓰임새가 있었다.

제11장

언어 과학과 정보 혁명[1]

(1) 마르크스는 이미 1840년대에 현재 분화된 자연과학이 이후 하나의 통일된 과학으로 융합될 것을 예언했다. 즉 기술 혁명의 관점에서, 과학기술 발전 추세는 사회과학과 자연과학, 그리고 공학이 상호 연계되고 교차하며 발전할 것이라는 사실을 보여준다.

소위 통섭[2] 연구란, 불가분의 전체 속에서 연구한 부분을 명확히 보는

---

1 이는 언어 문자 응용 연구소 설립 후 첫 번째 학술 보고회에서 발표된 보고서 요약으로, 그 시기는 1985년 1월 17일이다.

2 역주: 원문에서 필자는 '종합(综合)'이라고 표현했으나, 현대적 시각에서 오히려 '통섭'에 가깝다고 여겨 이상과 같이 번역하였다. 통섭(统摄, Consilience)은 '지식의 통합'이라고 부르기도 하며 자연과학과 인문학을 연결하고자 하는 통합 학문 이론이다. 이러한 생각은 우주의 본질적 질서를 논리적 성찰을 통해 이해하고자 하는 고대 그리스의 사상에 뿌리를 두고 있다. …… 통섭이란 말은 20세기 말까지 널리 알려지지 않았으나 최근 E. O. Wilson(에드워드 오스본 윌슨)의 1998년 저서 *Consilience: The Unity of Knowledge*(통섭, 지식의 대통합)을 통해 다시 알려지기 시작했다. 그는 『*Sociobiology: The New Synthesis*(사회생물학)』(1975년)을 저술한 인본주의적 생물학자로 인문학과 자연과학 사이의 간격을 메우고자 노력하고 있다. 이는 또한 C. P.

것을 의미한다. 통섭 연구로부터 출발해야만 응용 연구가 가능하며, 응용은 이론과 실제가 밀접하게 통합되어 나타난 결과이다.

(2) 1980년대는 전 세계를 휩쓴 세계적인 새로운 기술 혁명이 매우 분명하게 나타난 시기였다. 이 새로운 기술 혁명은 여러 다른 각도에서 다양한 방식으로 표현될 수 있다. 그중 가장 쉽게 이해되고 받아들여지는 표현 방식은, 이 새로운 기술 혁명을 정보혁명이라고 부르거나, 이 기술 혁명이 인류사회를 새로운 시대, 즉 정보 시대로 이끌었다고 말하는 것이다.

정보는 오늘날 사회에서 무궁무진한 자원이다. 정보 혁명은 새로운 사회 방식과 새로운 가치관을 가져온다. 정보 중심의 큰 변화가 인간 사회에서 진행되고 있다. 이는 정보의 수집, 저장, 전송, 정리, 가공, 표시 등을 통해 의사 결정을 내리고 지휘를 하는 운동이다.

서구의 이론계에는 다음과 같은 말이 있어 참고할 만하다. 그들은 인류사회 발전 과정에서 농업 시대의 개발은 자연 자원에 노동력과 자본을 더한 것을 특징으로 하고, 산업 시대는 자연 자원에 노동력과 자본, 그 위에 무력(예: 식민지 정복)을 더한 것이 특징이라고 여긴다. 정보화시대에 국가의 부는 정보, 지식, 지능을 통해 축적된다. 이러한 설명은 1차(농업), 2차(산업), 3차(정보) '물결' 또는 '혁명' 등을 불러왔다.

세 권의 책을 참고할 수 있다.

① Alvin Toffler, *The Third Wave*, 1980(중문판 『第三次浪潮(제3의 물결)』,

Snow(C.P 스노우)의 1959년 작 *The Two Cultures*(두 문화와 과학 혁명)에서도 다루어진 바가 있다. 윌슨은 과학, 인문학과 예술이 사실은 하나의 공통된 목적을 가지고 있다고 말한다. 그것은 분리된 각 학문의 세세한 부분을 체계화시키는 데에만 목적을 두지 않는다. 모든 탐구자에게 그저 보이는 상태뿐만이 아닌 깊이 숨겨진 세상의 질서를 발견하고 그것을 간단한 자연의 법칙들로 설명하고자 하는 시도이다. 위키백과 참고.

1983)

② J-J. Servan-Schreiber, *Le Défi mondial*, 1980(중문판『世界面临挑战(세계적 도전)』, 1982)

③ G. A. Feigenbaum and P. McCorduck, *The Fifth Generation*, 1983(중문판『第五代(5세대)』, 1985)

(3) 정보의 정의

가장 간단한 말로는 Knowledge that was unknown to the receiver prior to its receipt (수신자가 수신하기 전에는 알지 못했던 지식).

정보량(평균 정보량)의 일반적인 공식:

The information I(x) · for event X · of probability P(x) is given by I(x) =logP(x). (확률이 P(x)인 사건 x의 정보량 I(x)는 I(x) = logP(x)로 표현할 수 있다.)

Dennis Longley and Michael Shain, *Dictionary of Information Technology* 참조.

사회언어학은 언어 교제에서 정보의 역할과 지위에 관심을 가질 수밖에 없다. Neustupny(네우스투프니)는 정보와 모델을 논하지 않으면 완전한 사회언어학이 아니라고 했다.

Neustupny, G. V, *Post-structural Approaches to Language*, 1978, 도쿄 참조. 같은 저자의『阶层言という语壁(계층 언어라는 벽)』(『言语(언어)』, 1982년 제10기 참조). 또한 같은 저자의『外国人与通信(외국인과 통신)』, 1982, 도쿄.

(4) 정보의 공유성

사회 정보 교환 구조가 피라미드형(수직적) 구조에서 수평적(횡적) 구조로 변화한다.

Douglas R. Hofstadtler, *Goder, Escher, Bach An Eternal Golden Braid*, 1979, 뉴욕 참조. 중국어 축약본『一条永恒的金带(GEB—영원한 황금 노끈)』, 1984, 成都(성도). 중국어 번역본, 1990, 상무인서관.

(5) 정보화 사회를 일컫는 일반적인 표현은 '3A化'이다.

FA Factory Automation 공장 자동화

OA Office Automation 사무실 자동화

HA Home Automation 가정 자동화

정보화 사회의 주요 도구는 컴퓨터이다.

(6) 언어

정보의 전달 매체는 도선, 케이블, 전자파 등이 있다. 그러나 인류 사회의 교류에서 가장 중요하고 가장 효과적인 정보 매체는 언어이다. 여기서 언어는 구어와 문어(서면어), 자연어와 인공어, 기호와 신호 등을 포함하는 광의의 개념이다. 언어 자체는 일정한 규칙에 따라 의식적으로 배열된 정보 서열이다. 사회언어학자는 언어가 사회성, 집단 감정을 지니고 있으며, 이는 특정 사회의 역사, 문화의 종합 산물이라고 여긴다. 사고는 언어와 분리될 수 없으며, 정보 활동도 언어 없이는 불가능하다. 언어가 없으면 사고가 어떻게 이루어질지 상상할 수 없다.

노버트 위너는 그의 첫 번째 저서 『제어론—동물과 기계의 제어와 커뮤니케이션』(1948)의 마지막 장(제8장)에서 '정보, 언어 및 사회'를 논하였다. 두 번째 저서 *The Human Use of Human Beings: Cybernetics and Society*(인간의 인간적 활용) (1954)에서는 제4장 '언어의 메커니즘과 역사'와 제11장 '언어, 혼동, 방해' 두 장에 걸쳐 언어를 논의하였다. 위너는 언어의 정보량 문제를 제기함으로 그것의 사회적 의미를 설명하였다. 또한, 위너는 '내적 항상성'homeostasis 이론을 제시하며, 사회의 내적 항상성 요소가 정보의 제어/전달/교환에서 가장 효과적이고 중요한 요소라고 보았다.

(7) 컴퓨터의 소형화는 1980년대 신기술 혁명의 중요한 특징 중 하나이다. 진공관에서 트랜지스터로의 전환은 컴퓨터의 크기를 대폭 줄이고 성능은 높였다. 이어서 집적 회로IC, 대규모 집적 회로LSI, 초대규모 집적

회로VLSI가 발명되면서 이른바 '마이크로 혁명'이 일어났다. 마이크로컴퓨터는 성능이 뛰어나고 가격이 낮으며, 반드시 전문가가 아니더라도 사용자가 직접 조작할 수 있어 인간과 기계의 공생Symbiosis 개념을 낳았다. 즉, 인간 자체도 통신 도구의 일부가 되어 지식과 행동에 대한 새로운 개념을 불러일으켰다. 마이크로컴퓨터는 크기가 작고 에너지 소모가 적으며 속도가 빠르고 저장 용량이 크기 때문에 매우 많은 것을 기억할 수 있다. 이론적으로는 메모리의 무한성을 갖고 있으며, 마이크로컴퓨터를 통해 인공지능을 개발할 수도 있다.

(8) 현재 컴퓨터의 응용 중 80%는 계산이 아닌 정보처리를 위한 것이며, 계산에 사용되는 비율은 20%에 불과하다. 컴퓨터는 비계산적인 길, 지능 개발의 길, 추론의 길로 나아가고 있다.

KIPS(지식 정보 처리 시스템)는 지식을 모든 사용자에게 제공하여 그들이 원하는 작업을 수행할 수 있도록 하며, 이 지식은 방대하고 모든 사용자의 필요에 맞게 조정된다.

KIPS는 이전에 개발된 전문가 시스템보다 더 광범위한 잠재력을 가지고 있다. 지능화된 정보 처리는 자연어와 인공어에 대해 엄격한 요구를 제기하는데, 정보학자와 언어학자가 협력해야만 이 중대한 과제를 해결할 수 있다.

컴퓨터에 있어 대학 미적분 문제를 푸는 것은 손바닥 뒤집듯 쉬운 일이나, 블록을 쌓는 것은 매우 어려운 일이다. 이러한 점에서 컴퓨터가 조종하는 로봇은 어린아이만 못하다. 컴퓨터에 지능을 부여하는 것은 노력 중에 있으며, 이미 어느 정도 성과를 이룬 활동이다.

(9) 시스템

Ludwig von Bertalanffy(루드비히 폰 버틀란피)는 '시스템'을 이렇게 고전적으로 정의했다. 시스템이란 일정한 상호 관계에 있으며 환경과 관련된 각 구성 요소elements의 종합체이다.

신호의 질서 있는 배열은 언어 정보 시스템을 형성한다.

시스템에는 물질 시스템material system과 관념 시스템idea system 두 가지 유형이 있다. 관념 시스템의 구성 요소는 추상적인 개념 대상으로, 예컨대 일정한 상호 관계에 있는 개념들이다. 관념 시스템은 특정한 정보 시스템으로 볼 수 있으며, 일부 학자들은 이를 의미 정보semantic information 시스템이라고 부른다. 의미 정보 시스템은 어떤 물질에 의해 기록되며, 의미 정보를 기록한 물질 구성은 그것의 매개체가 된다. 언어는 하나의 시스템으로, 일정한 상호 관계에 있는 구성 요소들로 이루어져 있다. 예를 들어, 언어는 여러 상호 연관된 문장으로 구성된다. 문장은 하나의 하위 시스템으로, 일정한 상호 관계에 있는 구성 요소들로 이루어져 있다. 이러한 구성 요소들은 단어이며, 단어는 다시 하나의 하위 시스템으로, 일정한 상호 관계에 있는 음소와 형태소로 이루어져 있다. 하위 시스템의 구성 요소들은 상호 연관된 상태에 있으며, 서로 관련이 없다면 시스템을 이룰 수 없다. 언어는 하나의 의미 정보 시스템으로서 중대한 이론적 의미와 실천적 가치를 가진다.

언어 시스템 이론(또는 시스템 이론 언어학)

언어 정보학(또는 정보 이론 언어학)

언어 제어론(또는 제어론 언어학)

B.M.Солнцев(B.M. 솔른체프)의 *Язык как системно-структурное образование*(시스템과 구조로서의 언어) (1978) 참조.

Frank(프랭크)의 *Lingvo-kibernetiko·Sprachkybernetik*(언어 제어론) (1982) 참조.

(10) 변이

언어는 폐쇄된 시스템이 아니다. 언어 시스템은 무한 집합이라는 말이 있다. 언어의 구성 요소들은 상호 관계에 있으며, 동시에 외부 환경(언어 환경)과 긴밀한 상호 관계를 맺고 있다. 그러나 이러한 상호 관계에 있는 구성 요소들은 항상 질서 있는 조합 상태에 있는 것이 아니며, 무질서에서 질서로, 다시 질서에서 무질서로 변한다. 따라서 언어의 변이는 끊임없이 발생한다. 변이란 비규범화이며, 사회의 필요에 따라 비규범화는 반드시 규범화로 전환된다. 규범화된 언어의 구성 요소는 변이이다. 내적 항상성의 형성은 변이에서 규범으로의 운동 과정이다.

사회언어학은 주로 사회적 교류에서의 언어변이에 관해 연구하는 학문이라고 할 수 있다.

(11) 정량

정보 혁명은 언어 연구가 정량분석의 길로 나아가도록 했다. 과거에도 정량적 연구가 있었지만, 오늘날만큼 절박하지는 않았다. 언어 정보 시스템의 전체 또는 상호 관련된 각 구성 요소에 대한 정량적 측정은 언어의 응용과 의사 결정을 보다 효과적이고 정확하게 수행할 수 있기에, 언어가 생산력 발전에 직접 기여될 수 있다. 비규범적 요소를 최소화하고 규범적 요소를 늘리는 등 자연언어에 적당히 개입하기 위해서는, 먼저 자연언어(전체, 부분)에 대한 정량분석이 선행되어야 한다. 정량분석은 언어 정책(국가 개입)의 과학적 기반이다. 따라서 현대 중국어의 각 구성 요소에 대한 정량분석은 시급한 과제이다.

제12장

신기술 혁명과 언어학의 새 관념[1]

1.

신기술 혁명의 물결이 전 세계로 번지고 있다. 당신이 원하든, 원하지 않든 그것을 '제3의 물결'이나 '제2차(제4차) 공업혁명', 혹은 '정보 혁명' 등으로 부르고 있다. 한 마디로, 우리는 현재 정보화의 시대에 놓여있으며, 이러한 신기술 혁명의 도전에 직면해 있다.[2] 이 혁명은 사회생활에 충격을 주었을 뿐만 아니라, 사회구조에 종적 혹은 횡적으로 변화를 유도하고 있으며, 동시에 모종의 학문에 새로운 관념을 주입하고 있다. 동시에

---

1 이 절은 여러 차례 진행했던 강연 내용을 고치고 정리한 것으로, 『中南民族学院学报(중남민족학원학보)』(1958년 제2기)에 발표되었다.

2 Alvin Toffler, The Third Wave, 1980(『제3의 물결』, 1983). Jean-Jacques Servan-Schreiber, Le défi mondial, 1980(『세계의 도전』, 1982). Jürgen Kuczynski, Vier Revolutionen der Produktivkräfte: Theo- rie und Vergleiche, 1975(『4차 산업혁명: 이론과 대비』. 1984).

모종의 학문에 혁신을 유도하고 있으며, 학제 간 교차 혹은 융합학과의 발전을 도모하고 있다. 언어학 또한 예외는 아니며, 이 과학기술의 발전은 언어학에도 적잖은 새로운 관념을 부여함과 동시에, 언어제어론, 사회언어학, 심리언어학, 신경언어학, 인지언어학 등 학제 간 융합연구로 발전하고 있다.

1.1 '정보'란?

'정보information'는 본래는 전문 용어지만, 최근 현대중국어의 통용 어휘군(심지어 남용되고 있다)에 진입하였다. 우리는 이러한 '정보'라는 용어를 쉽게 이해하고 있지만, 과학에 부합하는 정의를 내릴 필요가 있다. 물론 그렇다고 해서 전문적인 특정 학과에서 출발하여 전문가만이 알 수 있는 정의를 내릴 필요는 없다. 비록 전반적인 것을 고려해야 하지만, 그렇다고 해서 너무 전문화된 정의를 내려서는 안 된다. D. Longleys & M. Shain(데니스 롱리와 마이클 스테인)이 편찬한 *Dictionary of Information Technology*(정보공학사전) (1982)에서 내렸던 정의에 근거하여, 다음 세 단계로 접근해 볼 수 있다.

1. 정보는 수신자가 접수 전에 모르는 지식
2. 정보의 정의(데이터의 내포의미)는 발신자와 수신자 쌍방이 사전에 약속한 것
3. 사건 X의 정보(량) Ix : 이 사건이 출현할 확률을 Px로 삼으면, 정보(량) Ix는 다음과 같이 표시할 수 있다.

$$Ix = logPx$$

즉 사건 X의 정보(량)은 출현 확률의 대수[3]가 된다.

1.2 정보 시대의 표지

사회언어학자들이 보는 정보 시대의 주요 표지는 '정보 폭증', '정보 갱신', '정보 공유'의 세 가지로 규정할 수 있다. 먼저 '정보 폭증'은 정보량의 신속한 증가를 의미하며, '정보 갱신'은 기존 지식의 노화 속도를 의미한다. 그리고 '정보 공유'는 질적 변화를 의미한다.

1.2.1 정보 폭증

'폭증'에는 비교적 복잡한 의미가 있는데, 정보의 수량이 시기에 맞게 증가하거나 혹은 급속히 증가하는 것을 의미한다. 제2차 세계대전 후반기 혹은 전쟁 이후까지 축적되었던 정보량이 60년대의 정보기술의 획기적 발전을 거치면서, 70년대 말에서 80년대 초에 이르러 크나큰 발전을 하게 된다. 특히 정보의 수집과 전파의 수단은 신문, 잡지, 서적, 논문, 방송, 녹음, TV, 비디오, 위성전송 등 다양한 매체가 인류 역사상 어느 시기보다 광범하고 효율적인 발전을 하게 된다. 이러한 매체는 인류사회에 다량의 정보를 제공하게 되었다. 이러한 정보의 폭증은 개인의 정보 확인 이외에, 심지어 인력을 동원하여 없애기는 이미 불가능한 일이 되었다. 즉 현대사회는 이러한 현대화된 정보공학을 빌리지 않을 수 없으며, 간단히 말해 컴퓨터를 사용하지 않을 수 없게 된 것이다. 이렇게 용어의 데이터베이스가 구축되면서, 이제는 정보를 검색하거나, 온라인 검색 등에서

---

3 역주: 지수에 대비된다는 의미에서 '대수(对数)' 혹은 '로가리듬'(logarithm)이라고도 한다.

새로운 문제가 발생하고 있다.

1.2.2 정보 갱신

지식의 정보Knowledge information는 급속한 증가(양의 증가) 속도와 더불어 노화의 속도 또한 빠르게 진행되고 있다. 다시 말해 지식정보의 갱신 주기가 그 어느 시기보다 더 짧아지고 있다는 것을 의미한다.

"선비는 사흘만 헤어져도 눈을 비비고 다시 봐야 한다."라는 옛사람들의 말이 비록 조금 과장되었다고 하지만, 오히려 지금은 정말로 그렇게 되었다. 공업혁명(제1차산업혁명) 이전에 지식의 갱신 주기가 백 년에서 적게는 50년이었다면, 두 차례의 대전 사이(1914~1945)에 지식의 갱신 주기는 20년에서 30년으로 짧아졌다. 60년대 이후인 오늘날에는 지식의 정보가 3년에서 5년에 한 번씩 갱신된다. 매 순간 새로운 정보를 찾아야 하며 그렇지 않으면 낙오된다.

1.2.3 정보 공유

재료(물질), 에너지(동력) 그리고 정보는 과학 기술의 3대 주요 요소이다. 재료와 에너지는 상호 간에 안배 혹은 할당이 필요하며, 정보의 특징은 공유성을 지닌다는 것이다. 우선 재료를 예로 들면, 갑은 2톤의 석탄을 가지고 있고, 을은 1톤의 석탄을 가지고 있다고 하자. 만약 갑이 을에게 1톤의 석탄을 주었다면, 갑에게는 1톤의 석탄이 있고 을에게는 2톤의 석탄이 있게 된다. 그러나 정보는 완전히 다르다. 갑이 다른 사람이 모르는 네 가지 정보를 알고 있고, 을이 두 가지 정보를 알고 있다면, 갑이 알고 있는 정보는 을의 두 배이다. 만약 갑이 그가 채집한 네 개 정보 중의 두 개를 을에게 알려주면, 을은 네 개의 정보를 알게 된다. 하지만, 갑은 여전히 네 개의 정보를 갖고 있으며, 을에게 두 개의 정보를 주었다고 해서 두 개만 남지는 않는다. 즉 새로운 정보 시대에서 정보라는 것은 공유할 수 있는 자원(비록 물질 자원은 아니지만)이며, 고갈되지 않는 자원이다. 동시에 생산력으로 변할 수도 있고, 사회생활의 발전을 이끌어가기도 한다. 이러한 사실은 1960년대 이전에는 전혀 예상하지 못했던 것이었다.

이러한 새로운 조건에서 사람들은 농업사회에서 부富의 획득은 자연자원과 노동력에 의존해야 한다는 것에서부터, 사회 경제가 비교적 발전한 공업사회가 되어서는 자연 자원과 노동력, 그리고 자본의 결합을 통해서 부를 축적할 수 있다는 사실을 알았다. 또 공업화 사회(일반적으로 자본주의 조건과 제국주의 단계 사이를 가리킴)에서 수많은 '선진' 국가에서 부의 축적은 상술한 세 가지(자연 자원 +노동력 +자본) 외에도 무력武力을 통해서 획득할 수 있다는 것도 알았다. 『자본론』 제1권 제24장 「이른바 본원적 축적」은 실제로 '피와 불의 문자로 인류 편년사에 기록된'(마르크스) 것으로, 이것이 바로 무력적 요소이다. 그러나 현대사회에서 부의 축적이나 비약적인 발전은 많은 부분에서 정보 – 지식 – 지능의 복합적 힘에 의존해야 한다는 것이다. 소위 신기술 혁명은 정보의 수집, 저장, 검색, 전파, 처리, 디스플레이, 복제……등을 중심으로 이루어진다고 해도 과언이 아니며, 또한 이에 근거하여 생산을 지휘하거나 정책을 결정하는 것은 또 하나의 변혁이라 할 수 있다.

부연 설명을 하자면, 정보과학과 정보공정의 발전은, 그것의 주요 수단인 컴퓨터가 과학과 사회 여러 부문에 응용되면서 뇌의 평가절하를 가져왔다. 즉 대뇌의 본래 기능이나 비교적 간단한 결정은 컴퓨터가 부담하고, 대뇌는 더욱 복잡한 사고를 담당하게 되었다.[4] 이러한 정보가 가져온 변혁은 예전에 있었던 몇 차례 기술 혁명(증기 기관, 전기화……)이 인간의 두 손을 평가절하한 것보다 훨씬 의미가 크다고 할 수 있다.

---

4 Dennis Longley and Michael Stain(데니스 롱리와 마이클 스테인), *Dictionary of information Technology*(정보기술 용어사전), 1982.

2.

여기에서는 '실천 환경', '이론 배경', '발전 방향'이라는 세 가지 측면의 문제를 통해, 정보화시대에 대해서 좀 더 세부적인 설명을 덧붙여 보고자 한다.

2.1 실천 환경

정보화의 실천 환경은 간단히 공장 자동화(factory automation, FA), 사무 자동화(office automation, OA), 가정 자동화(home automation, HA)라는 세 가지 자동화 과정으로 구성되는데,[5] 이 세 가지 자동화를 '3A'라고 줄여서 말한다. 즉 사회생활의 세 가지 측면(공장-사무실-가정)의 자동화는 컴퓨터를 이용한 정보처리를 통해 실현된다. 특히 3A의 출현은 사회생활의 구조적 변화(순행구조 혹은 역행구조)와 동시에 사회생활의 방식 개조(예컨대 컴퓨터 단말기술의 응용은 근무 시간과 장소의 변화를 이끈다)를 이끌었다.

2.2 이론 배경

정보화시대는 하루아침에 저 하늘에서 뚝 떨어지듯이 생긴 것이 아니라, 당연히 이론적 배경을 바탕으로 한 정보과학의 창립과 더불어 발전하였다. 그 이론적 배경에는 N. Wiener(위너)가 전시에 발전시킨 제어론

---

5 Norbert Wiener(노버트 위너), *The Human Use of Human Beings*(인간의 인간적 활용), 1954. 참고.

(1948~1949), C. E. Shannon(사논)과 W. Weaver(위버)의 정보론(1949), John von Neumann(존 폰 노이만)의 디지털컴퓨터 시스템과 게임이론(1946), Arturo Rosenblueth(로젠블루스)와 위너가 함께 연구한 신경 생리학과 그들의 선구자 Walter Bradford Cannan(월터 캐넌)의 *The Wisdom of the Body*(신체의 지혜) (1932), L. V. Bertalanffy(베르타란피)의 시스템 이론[6] 등이 있다.

앞에서 언급한 이러한 학과는 모두 예외 없이, 정보의 각종 규칙을 연구 대상으로 한다. 넓은 의미에서는 각종 정보를 처리하여 생활과 생산을 조직화함으로써, 사회 생산성을 제고하는 것을 목적으로 삼고 있다. 따라서 이것을 '정보과학'이라고 칭하며, 그 응용과정을 통칭하여 '정보공정'이라고 한다.

2.3 발전 방향

넓은 의미에서 정보처리의 발전 추세는 정보처리에 가장 중요한 도구인 컴퓨터의 발전 방향을 포함한다. 즉 발전 방향은 초소형, 고효율, 네트워크, 원거리, 인공지능AI 등 다섯 가지 측면으로 개괄하거나 상상할 수 있다.[7]

---

6 *Science News*(과학뉴스). Vol. 126. No. 8, Aug. 25, 1984, Bruce Bower(브루스 바우어) 참고.

7 위너, 사논, 노이만, 캐넌 등의 저작은 일부 중역본이 있으나, 여기에서는 나열하지 않는다.

2.4 초소형, 고효율, 네트워크, 원거리

진공관이 트랜지스터에 자리를 내준 후, 정보공정의 기술은 크기는 작아졌지만, 오히려 효능은 대폭 증가시킨 새로운 시도가 진행되었다. 1943년에 제작한 인류 역사상 첫 번째 컴퓨터ENIAC는 18,000여 개의 진공관을 사용했으며, 무게가 130톤, 170제곱미터의 면적을 차지했다. 1시간 작업에 140도의 전력을 소모했으며, 여기에 다시 무게 30톤의 냉각 장비를 설치해야 했다. 그러나 더하기 계산은 1초당 5,000차례밖에 할 수 없었다. 그 이후, 노이만(1946)은 더 발전된 에드백EDVAC[8]을 개발하였는데, 이것이 현대 컴퓨터의 원형이다. 그러나 진공관을 활용한 것은 여전히 부피가 크고, 속도가 느리며, 효율에 비해 가격이 너무 비쌌다. 게다가 5분에 한 번씩 고장이 날 정도로 그 빈도가 높았다. 이것이 1세대 컴퓨터이고, 그 후 2세대(1956/62)는 '트랜지스터'를 기반으로 제작되었으며, 3세대(1962/70)는 '집적 회로'(많은 논리회로를 몇 제곱 밀리미터의 실리콘 하나에 집중하였다)에서부터, 4세대(1970년부터 지금까지)까지는 대규모 '집적 회로'(LSI, 1제곱인치의 칩에 10,000개의 논리회로가 있다)와 더 큰 대규모의 '집적 회로'(VLSI, 즉 매 제곱인치의 칩에 10,000개 이상의 논리회로가 있다)를 채택하게 되면서, 컴퓨터는 점점 소형화되는 특징을 지닌다. 80년대에 이르러 초소형 컴퓨터microcomputer와 마이크로프로세서microprocessor의 신속한 발전으로 소형, 고효율, 저가, 사용하기 쉬운 시대를 열었으며, '인간과 기계의 공생man-machine symbiosis'의 시기가 나타났다.[9] 그리하여 지식정보와 행동action에 대한 시각도 달라졌으며, 심지어 사람의 몸과 도구를 거의 하나로 혼용하기에 이르렀다. 새로운 조건에서 혹은 새로운 관념하에서 René

---

8 역주: 'EDVAC'은 Electronic Discrete Variable Automatic Computer의 약자이며, 원문의 'EDVACO'은 잘못된 표기이다.

9 주석 1에서 언급한 저서 참고.

Descartes(르네 데카르트)가 개괄했던 “bete machine”(동물은 곧 기계다)라는 개괄과 La Mettrie(라 메트리)의 “L’ Homme Machine”(인간은 곧 기계다)라는 인간기계론의 개괄에까지 이르렀다.[10] 이러한 컴퓨터의 소형화는 3A의 보급에 유리하며, 특히 개인, 가정 혹은 점포, 기관 전자 도구의 보급에 유리하게 작용하였다.

이러한 미세 축소 기술의 발전은 정보의 전파와 사용에도 큰 역할을 하였는데, 10×15cm의 작은 마이크로필름(130mm×184mm 한 장)에 185mm×260mm[11] 크기로 3,200장(즉 전자의 원래 크기로는 6~7000페이지)의 내용을 담을 수 있다. 일본의 ‘소니Sony’에서 개발한 CD-ROM의 데이터 저장 시스템data storage system은 대략 직경 3인치의 원판에 550메가megabytes를 저장할 수 있는데, 이것은 천 개의 일반 플로피 디스크floppy disc의 용량과 맞먹는다. 이렇게 작은 원반이 270,000페이지(매 페이지마다 2,000개 자모)의 내용을 수록할 수 있는데, 모든 웹스터사전merriam webster’s collegiate dictionary을 전부 입력한다고 해도 이 디스크 용량의 12분의 1 정도만 차지할 뿐이다.[12] 과거에 $5\frac{1}{2}$의 자기 디스크가 10메가바이트를 저장할 수 있는 것과 비교해 보면, 그 효능이 얼마나 뛰어난지를 알 수 있다. 따라서 곧 출시될 이 신기술 제품의 효능이 얼마나 더 커질 수 있을지 기대된다.

일반적으로 최근 20~30년간, 매 2년을 한 주기로 할 때, 컴퓨터의 가격

---

10 John Hayman(존 헤이먼), “*Cybernetics in Information Systems. Theory and Practice: Technological Issues*(정보 시스템에서의 제어론 — 이론과 실제: 기술적 쟁점)”, Cybermetica(사이버네티카), Vol. XXVI, No.3, 1983

11 역주: 이상은 중국 국내의 넓이와 길이의 단위임.

12 盛田昭夫(모리타 아키오), “*The Technological World of Tomorrows*(미래의 기술 세계)”, 1984년에 게재된 Proceedings:22 Congres de l’union internationale des editeurs(제22회 국제출판인연맹 총회 회의록)(Mexico, 84), p.61 이하. byte는 ‘바이트’이다. 컴퓨터가 하나의 단위로 처리하는 연수인 2진수의 단위. kilobyte=1,024바이트. megabyte=1,048,576 바이트이다.

은 주기마다 절반으로 떨어지면서도, 그 효율은 배가 되고 있다. 과거에는 메모리가 32K인 마이크로컴퓨터가 효능이 아주 크다고 하였으나, 최근에는 단지 500달러 전후의 가격으로 어디에서나 메모리 256K인 마이크로컴퓨터를 쉽게 살 수 있다.[13] 또 컴퓨터 성능이 높아지면서 사용이 편리하고 언어 또한 간편해서 일반인들이 전문적인 기술훈련을 거치지 않고도 기계를 조작할 수 있는데, 이러한 점은 컴퓨터의 보급과 응용에 특히 중요한 역할을 한다. 이뿐만 아니라, 통신위성을 통한 원거리 전송과 온라인 인터넷 검색 기술의 성공은 정보의 전송 속도를 대폭 끌어올렸는데, 광섬유 케이블이 동선 케이블을 대체하여 정보를 전송한 결과, 빠르면서도 신뢰할 수 있는 특성이 있을 뿐만 아니라 용량 또한 백배 이상으로 끌어올릴 수 있었다.

2.5 인공지능

'인공지능'(artificial intelligence, 약칭 AI)이라는 용어는 1956년에 비로소 사용되기 시작했는데, 5세대 컴퓨터의 목표는 어떤 의미에서 인공지능 문제의 해결을 추구하거나 도모하고자 한 것이다. '인공지능'이라는 문제와 해결 방안은 "과연 기계가 사유할 수 있을까?" 하는 오래된 문제를 어떠한 범위에서 대답할 수 있을까에 있다. 특히 '로보틱스robotics'는 최근에 커다란 발전을 이루었는데, 그 목적도 일종의 전자장치를 만들어 신호를 받아들이고, 외부 조건을 느낄 수 있고, 수치를 처리하여 기계를 움직이는 것이다. 이로써 외부의 조건에 부합하거나 신호의 입력에 필요한 규정된 동작을 완성하는 것이다.

13 주석 7의 논문 참고. 1983년의 시장 상황.

5세대 컴퓨터는 최근에 과학계와 기술계에서 연구 제작에 목표를 두고 노력하고 있다. 그것의 진정한 힘은 더 이상 계산에 있지 않고, 추리하는 능력인 '인공지능'을 갖게 하는 것이다. 여기에서 추구하는 상상 속의 신세대 전자장치를 '지식정보처리시스템'(Knowledge Information Processing Systems, 약칭 Kips)[14]이라고 부른다. 만약 이러한 전자장치가 정보를 수집하고 정리함으로써, 정보를 알아내고 이해한다면, 지식정보처리시스템은 보편적인 자연언어로 인간과 기계의 대화(심지어 인간과 기계의 공생 현상을 형성)를 통해 대량의 전공지식(전문가시스템)을 축적할 수 있을 것이다. 동시에 이러한 지식을 사용자의 수요에 따라 편집할 수 있다면, 완성하고자 하는 모든 것은 기계의 추리(지능!)를 통해 완성할 수 있는 경지에 이를 것이다. 이러한 경지가 바로 금세기 신기술 혁명이 추구하는 목표이다. 어떤 전문가는 이에 대해 여전히 믿음이 부족하지만, 어떤 전문가는 충만한 믿음을 보여주고 있다. 그러나 아직도 많은 노동과 상당히 긴 시간이 필요하다고 생각한다.[15] 아무튼 인공지능의 처리 장치가 두뇌의 추리 수준에 이르거나 심지어 추월하기 위해서는 비교적 긴 시간의 노력이 필요하며, 심지어 그저 '이상'에 머무를 수 있을지도 모른다. 그러나 부분적으로 인간 두뇌의 추리 성과를 추월하는 것은 금세기 내에 이룰 수 있는 전망일 수도 있다.

---

14 E.A,Feigenbaum(파이겐바움) and P. McCorduck(매코덕), "*The Fifth Generation*(제5세대)" 1983.

15 Marvin Mínsky(마빈 민스키), 「人能思考, 电脑为什么不能?(사람은 사유할 수 있는데 컴퓨터는 왜 안 되는가?)」, 중역본 『国外社会科学(국외사회과학)』, 1978(12)에 수록.

3. 정보 시대에 언어는 어떤 역할을 하고 있는가?

먼저 다양한 정보의 매개체 중에서 언어는 어느 것보다 중요하며, 가장 자주 사용되는 '정보매개체'이다. 아마도 정보의 매개체로서 언어는 일반적인 매개체와 달리 어떤 요소를 더 포함한 것으로 보인다. 이뿐만 아니라, 언어는 그 자체가 하나의 정보 체계라고 할 수 있다. 언어는 정보 체계로써도 일반적인 정보 체계와는 다른 점이 하나 더 있는데, 이것은 언어가 단순한 물질적 체계가 아닌 개념적 체계라는 것이다.[16] 언어학자의 관점에서 볼 때, 언어가 전달하는 모든 정보의 전송, 저장, 처리, 검색 등의 과정은 모두 의미를 중심으로 이루어진다. 하지만 새로운 기술 혁명의 도전에 직면한 언어학 연구는 또다시 새로운 영역을 개척할 것을 요구받고 있으며, 이러한 기술 혁명은 언어학에 많은 새로운 관념을 가져오게 되었다. 그중 일부는 아직 체계화되지 않았으나 이러한 관념들을 무시해서는 안 되며, 그렇지 않으면 언어연구 분야에서 현실의 요구에 뒤처지게 될 것이다.

4. 신기술 혁명이 언어학에 어떤 새로운 인식을 가져왔는가?

나는 대체로 신기술 혁명이 언어학에 미친 영향은 다음과 같은 여러 관점에서 인식의 새로운 전환이 있었다고 판단한다.

1) 양量의 관점;

---

16 В.М.Солнцев(솔른체프), *Язык как системно-структурное образование*(시스템과 구조로서의 언어), 1983 참고.

2) 규범의 관점;

3) 체계의 관점;

4) 기호의 관점;

5) 집합과 영역场의 관점;

6) 변이의 관점;

7) 블랙박스의 관점;

8) 모델의 관점.

4.1 양量

전통 언어학은 언어의 미시적인 측면과 언어 요소 간의 관계 등을 분석하는 데 중점을 두었으며, 양의 측정은 거의 하지 않거나 그다지 중시하지 않았다. 응용언어학으로 발전하면서, 비로소 여러 방면에서 양의 측정에 주목하게 되었다. 예를 들면, 일상적인 의사소통 상황에서 단어가 나타나는 횟수를 측정하여 단어 빈도(단어 출현 빈도)를 도출하고, 1급 상용자(가장 자주 사용되는 글자)와 2급 상용자를 구분하며, 그리고 각각의 과정별 학교 졸업 시 습득해야 할 최소한의 한자표(단어표)를 정하는 것 등이다.

정보 이론의 체계가 확립되면서, '비트bit'를 측정 단위로 삼아 정보량을 측정할 수 있게 되었다. 그리하여 평균 정보량인 엔트로피, 최대 정보량, 상대 정보량[17], 잉여율(여분도) 및 기타 여러 가지 측정에 관련된 용어가 생겨났다. 언어는 정보 체계이기에, 양의 측정이 완전히 가능하고 또한 그렇게 진행해야 한다. 언어의 여러 요소에 대한 양의 측정은 현대 언

17 W. Weaver(위버), *Recent Contribution to the Mathematical Theory of Communication*(통신의 수학적 이론에 관한 최근의 공헌), 1949 참고.

어학 연구의 새로운 영역을 열었고, 수리數理 언어학, 계량 언어학, 언어 제어론, 제어론 언어교육학 등 여러 학과 간의 교차 학과를 파생시켰다. 사회언어학, 언어교육학, 언어 계획 및 의사 결정 등 모든 분야에서 사실상 언어의 정량적 분석이 필요하다. 언어의 정량적 분석은 본질적으로 수학적 개념을 사용하여 언어 구조를 설명하는 것이기 때문에, 정량적 분석은 종종 목적이 아니며, 양적 측정은 특정 언어 구조에 대한 깊은 이해와 정보 교류에서 그 언어의 실제 응용을 유도한다.

현대중국어 구성 요소의 양적 측정에서 가장 먼저, 그리고 많은 연구가 진행된 것은 한자(네모난 한자)가 일상 문어체에서 나타나는 횟수(한자 빈도)이다. 한자 빈도 측정의 목표는 주로 교육학적 측면에서 상용자를 확정하여 중국어 기초 교육을 진행하는 데에 있다. 진학금(1928), 庄泽宜(장택의, 1930)부터 台湾编译馆(대만편역관, 1967)에 이르기까지, 표본의 총 한자 수는 106을 넘지 않았다. 북경(北京, 1972)에서는 인위적으로 통계한 글자 빈도로 107보다 큰 표본 한자 수를 사용했지만, 이는 특별한 사회적 언어 환경('문화대혁명, 文化大革命')에서 진행되어 큰 특수성을 지니고 있다.[18] 그러나 어떤 경우든, 현대중국어 일상 문어체의 한자 빈도 곡선(글자 수를 X축으로, 빈도를 Y축으로 할 때)은 1,000자의 대역이 90.92%에 이르면서 X축으로 급격히 이동하기 시작하여, 대략 2,400~3,800자에 달할 때는 X축의 점근선에 가까워진다. 이것은 1,000자를 알면 일상 문헌의 90%를 읽을 수 있고, 2,000자를 알면 거의 95% 이상을 읽을 수 있다는 것을 의미한다. 여기서 '읽을 수 있다'라는 것은 문맥 의미를 이해하는 것과 완전히 같지 않다는 점에 유의해야 한다. 왜냐하면 여기서는 분리적 원소离散源素로써의 한자만을 연구하고 있기 때문이다. 중국어의 어휘는 종종 두 개의 한자로

---

18 周有光(주유광),「现代汉语用字的定量问题(현대 중국어의 한자 사용에 대한 정량 분석 문제)」,『辞书研究(사서연구)』,1984(4), 또한 卢绍昌(노소창),『华语论集(화어논집)』, 싱가포르, 1984, 참고.

구성되기 때문에, 즉 하나의 한자는 형태소에 불과하며, 두 개의 한자를 읽을 수 있다고 해서 이 두 한자가 합쳐진 단어의 의미를 이해할 수 있는 것은 아니다. 예를 들면 '雷(우레 뢰)'와 '达(통달할 달)'를 읽을 수 있다고 해서 '雷达(레이더)(radar)'의 의미를 이해할 수 있는 것은 아니며, '矛(창 모)'와 '盾(방패 순)' 두 글자를 읽을 수 있다고 해서 '矛盾(모순)'이라는 단어의 의미를 명확히 설명하기 쉽지 않다. 개별 작품의 글자 수의 사용 통계도 한자의 일상 사용량이 일반적인 추론보다 크지 않다는 것을 간접적으로 증명하고 있다[19]. 한자의 사용 빈도와 사용량의 측정, 그리고 어휘 빈도词频의 측정은 일련의 정책 결정을 도출할 수 있다. 여기에는 초중등학교에서 최소한의 글자 표, 사용 자판, 상업 관리용 타자기/컴퓨터 글꼴, 인명 및 지명 글자 규범화 제안 등이 포함되며, 이는 모두 국가 경제 및 국민의 생활과 직접적인 관련이 있다.

현대 중국어의 다른 요소의 측정에 대해서도 최근 몇 년 동안 여러 연구가 이미 진행되고 있는데, 예를 들면, 한자 '熵(엔트로피)'의 측정, 한어병음 음절의 양적 측정, 음소 정보량의 측정, 형태소의 양적 측정, 한자의 중복도 측정, 분포율과 이용 효율[20]의 종합 측정, 일상 중국어 언어 소통에서 최대 정보량과 최적의 사회 효율성 계산 등이다. 이러한 연구들은 정보화시대의 언어연구에서 중요한 데이터로 작용할 수 있으며, 언어 계획 및 의사 결정에도 큰 영향을 미칠 것이다.

---

19 『毛泽东选集(모택동선집)』1~4권의 글자 수에 대해서는 두 가지 다른 데이터 2,975자와 3,002자가 있다. 이는 두 개의 출처에서 수동적으로 통계한 결과이다. 또한, 老舍(노사)의 소설 『낙타상자』는 컴퓨터를 사용하여 2,413자의 글자 수를 계산했으며, 전체 글자수는 107,360자이다.

20 분포율(分布率)-빈도가 높은 한자가 반드시 상용자는 아니며, 글자의 빈도는 언어환경에 따라 달라지고, 문어체와 같은 문체의 영향을 받는다. 효용률(效用率)-사용 빈도가 낮은 글자도 있지만, 필요할 때 떠올릴 수 있는 글자를 의미한다.

4.2 규범

정보 시대의 모든 의사소통은 규범화를 요구한다. 규범이 없으면 자동화도 존재할 수 없다. 제어론cybernetics은 이러한 피드백을 통해 실제 성과를 수정함으로써, 예상 성과에 도달한다고 말한다. 이 예상 성과는 어떤 의미에서는 하나의 '규범规范' 상태라고 할 수 있으며, 또 규범은 정보공학에 있어서 생명과도 같다. 정보화시대에 과학기술은 표현의 기본 구성 요소인 용어의 규범화를 우선으로 요구한다. 따라서 1930년대에 싹트기 시작한 용어학[21]은 1960년대 정보 기술의 발전과 함께 점점 더 중요한 경계 과학으로 자리를 잡았다.[22] 즉 용어학은 현대 언어학과 밀접한 관련이 있는 학문이라고 할 수 있다.

정보 시대의 사회 실천에서는 다양한 국제 표준과 국가 표준을 제정할 것을 요구한다. 따라서 언어학은 언어 의사소통(언어 문자)과 비언어 의사소통(각종 기호)에 관한 국제 표준 및 국가 표준의 제정에 있어 책임을 다해야 한다. 예를 들면, 보통화는 현대중국어의 규범화된 구어체로, 모든 민족이 사용하는 공통 의사소통 도구이다. 보통화를 보급하는 것은 국가 현대화에 필수적이며, 동시에 그것은 현대화 과정을 촉진하기도 한다.

---

21 Eugen Wüster(뷔스터), *Internationale Sprachnormung in der Technik, besonders in der Elektrotechnik, Die nationale Sprachnormungund ihre Verallgemeinerung*(기술 분야에서의 국제 언어표준화 — 특히 전기기술 분야를 중심으로: 국가적 언어표준화와 그 일반화), 1931, 참고.

22 Guy Rondeau(기 론도), *Introduction à la terminologie*(용어학 입문), deuxieme edition(제2판),1983. 퀘백, 참고.

4.3 체계

정보 시대에 체계 관념systemic approach과 체계 이론theory of systems은 널리 전파되어 응용되고 있다. 체계 이론은 1920년대 베르타란피Bertalanffy가 생물학에서 시작한 탐구로 거슬러 올라갈 수 있으며, 현재 체계 이론은 과학을 통합하는 과학이 되었고 다양한 분야에 응용되고 있다.[23] 베르타란피는 체계라는 것은 "특정한 상호 관계 속에 있으며 환경과 관계를 맺고 있는 각 구성 요소의 종합체이다."라고 주장하여, 비교적 이해하기 쉽게 설명하고 있다.

스위스 언어학자 Saussure(소쉬르)는 이미 언어를 하나의 체계와 구조로 간주했다.[24] 하지만 정보 시대에 들어서 언어를 효과적인 정보 체계로 이해하면서 비로소 언어에 대한 거시적 연구가 시작되었다. 이 연구는 언어의 단위를 단순히 기호, 문자, 단어, 구절, 문장에만 국한하지 않고, '서로 연결되고 의존하는 여러 구성 요소나 요소의 종합체[25]'라는 관점으로 바라보게 되었다. "이 종합체는 특별한 상호 관계의 양식(패턴)을 가지며, 이 양식(패턴)을 언어 구조라고 부른다." 언어 공학은 이러한 언어 정보 체계를 컴퓨터에 입력하여 인간과 기계 간의 대화 또는 기계 간의 대화를 통해 직접적인 생산력으로 전환하게 된다. 언어제어론은 이러한 체계 이론을 현대 언어학에 실제로 응용한 것이다.[26]

---

23 P. K. M. Pherson(퍼슨), *System and Science Systems*(시스템과 과학 시스템),1983, 참고. Newsletter(뉴스레터) 2/1983, Cybernetics Academy(사이버네틱스 아카데미), Odobleja, Italy(오도블레자, 이탈리아) 등재.

24 F. de Saussure(소쉬르), "*Cours de linguistique generale*(보통언어학강의)", 1916/1949 (중국어 번역본, 1980), 참고.

25 Г. Л. Мельников(멜니코프), *Системная лингвистика и её отношение к структурным*(체계 언어학과 구조주의 언어학과의 관계), 1967, 참고.

26 G. Frank(프랭크) 등 편집, *Sprachkybernetik*(언어제어론), 1982; 또한 钱学森(전학

4.4 기호

인간은 도형, 소리, 색상, 동작 등과 같은 다양한 요소를 표지(기호 표현)로 사용하여 정보를 전달하는데, 이러한 요소 표지를 기호라고 한다. 물론, 문자도 하나의 기호이지만, 여기서 논의하는 것은 비언어적 의사소통의 다양한 기호이다. 원거리와 고속의 정보 활동이 증가함에 따라 비언어적 의사소통은 정보 시대의 여러 상황에서 중요한 위치를 차지하게 되었다. 따라서 '인간의 비언어적 의사소통 이론human no-nverbal communication theory[27]'과 '비언어적 정보 처리nonverbal information processing'라는 과학 분야가 특히 발전하게 되었다.

위에서 언급한 비언어적 성격의 기호와 관련이 있지만 본질적으로는 동일하지 않은 '기호론semiotics'은 지난 30년 동안 현저히 발전하였다. 일반적으로 '기호론'은 '구문론syntactics', '의미론semantics', 그리고 '화용론pragmatics'으로 구성되어 있으며, 코드codes 이론과 기호sign 성장 이론을 연구한다.[28] 이 중에서 구문론은 기호와 기호 간의 관계를 다루고, 의미론은 기호와 그 기호가 나타내는 의미 간의 관계를 다루며, 화용론은 기호와 사용자 간의 관계를 다룬다.

4.5 집합과 영역场

현대언어학에서는 '집합集合'과 '영역场'이라는 수학 용어를 빌려와서,

삼) 등, 『论系统工程(체계공학론)』, 1982.

27 Mark L. Knapp(마크 L. 냅), *Nonverbal Communication in Human Interaction*(인간 상호작용에서의 비언어적 의사소통), 1978/82, 참고.

28 Umberto Eco(움베르토 에코), *A Theory of Semiotics*(기호학 이론), 1979, 참고.

일정한 언어의 다양한 현상을 표현하고 있다. '집합'은 공통 특성을 가진 여러 구성 부분(요소)의 총합을 의미하고, '영역'은 구조적 관계를 지닌 여러 구성 부분(요소)의 총합을 의미하고 있다. 현대 언어학에서는 언어를 무한 집합으로 간주하게 되면서, 언어를 연구하고 처리하는 과정에서 종종 집합의 개념과 특성을 도입하게 되었다. 'Zadeh(자데)'의 '퍼지 집합 이론'이 발표된 이후(1975)[29], 자데를 포함한 몇몇 과학자들은 '퍼지 언어 집합' 또는 '퍼지 언어학'을 발전시켰다. 현대 물리장 이론物理学场论이 등장한 이후, 일부 의미학자들도 의미장 이론语义场论을 발전시켰다.[30]

4.6 변이

정보 시대에는 과거 어느 시대보다도 정보 간 소통이 빈번하게 일어나고, 진행 속도가 빠르며, 도달하는 거리도 멀고, 정보의 전파 권역도 매우 넓다. 언어 소통(통신) 도구(매체)의 거대 기능은 이전 시대에서는 상상할 수 없는 수준에 이르렀다. 사회에서 언어의 역할과 지위, 그리고 언어의 다양한 접촉 또한 전례 없는 수준에 도달했다. 따라서 현대 언어학은 변이 문제를 연구하지 않을 수 없으며, 때로는 언어를 개방형 정보 체계로 간주하여 그 변이를 탐구하기도 한다. 전통 언어학에서도 변이를 연구했다고 할 수 있지만, 이는 종종 폐쇄형 환경에서 발생하는 변이(예: 지역 방

---

29 L. A. Zadeh(자데), 「Fuzzy Sets(퍼지 집합)」, *Information and Control*(정보 및 제어) 1965와 「The Concept of a Linguistic Variable and Its Application to Approximate Reasoning(언어 변수 개념과 근사 추론에의 응용)」, 1975. (중국어번역본, 1982), 참고.

30 Lyon(라이언), *Semantics* vol. I 『의미론』 제1권 (1978) 제8장 semantic fields(의미장) 참고.

언, 즉 우리가 일상적으로 지칭하는 '방언')와 통시적(비공시적) 언어 변이에 국한되어 있었다고 할 수 있다. 반면 현대 사회언어학은 언어와 사회라는 두 체계의 '공변共变' 과정을 중점적으로 연구한다.[31]

언어의 변이는 통시적, 공간적, 언어 집단의 변이와 언어 간 접촉으로 발생하는 변이로 요약된다. 통시적 및 공간적 변이 외에도 언어 집단에서 발생하는 변이는 계급, 계층, 특정 사회 집단, 업종, 성별, 일탈적, 심지어 개인적인 변이가 포함된다. 그리하여 직업 용어, 은어, 암호, 청각 및 언어 장애인을 위한 언어 등이 생겨난다. 언어 접촉의 변이는 언어와 언어 간의 접촉, 언어와 새로 등장한 개념 및 사물 간의 접촉, 그리고 다양한 언어환경에서 발생하는 제반 언어 요소의 변이를 포함한다. 그리하여 사회언어학 외에도 심리언어학, 행동언어학, 그리고 언어소통언어학, 암호학密码学 및 해독학破译学 등이 생겨났다.

4.7 블랙박스

대개 컴퓨터에서는 입력 데이터와 출력 데이터는 알지만, 입력 후 출력 이전의 데이터 처리 과정은 알지 못한다. 이 과정이 발생하는 장소를 블랙박스라고 하며, 인간의 뇌 또한 여기에 해당한다. 언어 발생의 메커니즘, 언어 정보의 처리 및 저장, 언어 체계의 형성, 그리고 언어 정보를 활용한 의사 결정 및 지시는 모두 뇌와 관련이 있다. 잘 알려져 있듯이, 제어론은 Wiener(위너) 교수와 신경생리학자 A. Rosenblueth(로젠블루스)의 공동 연구 결과이다. 그러나 뇌의 10^{10}~10^{11}개의 신경세포의 활동과 언어 정보가 이러한 신경망을 통해 어떻게 의사소통 활동을 하는지는 아직 알

31 陈原(진원), 『社会语言学(사회언어학)』, 1983, 참고.

려진 바가 많지 않다. 이 부분에 대해 더 많이 알게 된다면 인공지능 개발과 언어 습득에 큰 도움이 될 것이다.

이로써 신경언어학, 심리언어학, 인공지능학, 언어습득학 및 인지언어학 등 다양한 학문 분야가 나타났다.[32]

4.8 모형

과학 연구, 특히 응용 분야에서 모형은 사유의 도구로 사용되고 있으며, 이는 객관 범주를 분석하고 추론함과 동시에, 경험적 실험을 통해 얻은 통계에 따라 수립된 것이다. 어떤 사람들은 Chomsky(촘스키)의 변형 문법이 일종의 언어 모형이라고 생각하는데, Hymes(하임스)가 1960년대에 발전시킨 정보 소통 모형도 언어 소통 모형의 일종이다.[33] 모형은 일반적으로 수학 공식이나 도식diagram으로 구축된다. 현대 언어학은 언어 행위를 연구할 때 종종 모형을 구축하는 방법을 사용하여 특정 문제를 해결하려고 한다.

위에서 언급한 여러 새로운 관념들은 이미 현대 언어학에 스며들어 있으며, 여기서 찾아볼 수 있는 것은 언어학이 다른 인문 과학뿐만 아니라 자연과학과도 교차하며 점차 새로운 연구 분야를 개척하고 있다는 것이다. 어쨌든, 나는 오늘날 언어 연구자들이 자신의 시야를 넓히고, 자신의 학문이 시대의 흐름에 뒤처지지 않도록 노력함으로써, 실제 사회생활에 이바지하는 것이라고 여긴다.

1985-01-25 작성

---

32 赵世开(조세개), 『现代语言学(현대언어학)』, 1983, 참고.

33 南不二男(미나미 후미오), 『言语と行动(언어와 행동)』, 1979, 참고.

사회언어학의 몇 가지 범주에 대한 재인식[1]
(회고와 성찰)

1. 서론

내가 변증법적 유물론의 관점에서 사회 언어 현상을 연구하고자 시도한 첫 번째 저작인 『语言与社会生活--社会语言学札记(언어와 사회생활-사회언어학 서설)』[2]이 출간된 지 어느덧 10년이 흘렀다. 이 책은 체계적인 저술이라기보다는 특정 문제에 대한 비판적 시각으로 쓴 것이다. 소책자의 서문에서 밝힌 것처럼, 내가 언어학 연구에 힘을 쏟게 된 계기는 1974년 '4인방四人帮'의 일원이었던 姚文元(요문원)이 『现代汉语词典(현대한어사전)』을

1 이 글은 严学窘(엄학군) 교수의 요청으로『语言研究(언어연구)』 창간 10주년 기념호(1991년 제1호)를 위해 집필된 것이다. 글이 발표된 지 얼마 지나지 않아 엄 교수는 세상을 떠났다.

2 『语言与社会生活(언어와 사회생활)』, 부제: 『社会语言学札记(사회언어학 서설)』, 홍콩 삼련서점에서 1979년 초판이 나왔으며, 북경 삼련서점에서 1980년 대륙판이 나왔다. 일본어판은 1984년, 1989년 도쿄 카이후샤(凯风社)에서 출판되었다.

비판한다는 명목으로 문화 말살 운동을 일으킨 데서 촉발된 것이었다. 나는 이 사전의 편찬 작업에 직접 참여한 것은 아니었지만, 상반기에 당시 지도부의 자문에 응하면서 언어학자들이 10년에 걸쳐 편찬한 이 사전('문화대혁명' 이전에는 심사용 견본만 인쇄되었다)에 대해 긍정적으로 평가했었다. 그러나 출판사 지도부가 이 사전을 내부 배포 형식으로 인쇄하기로 한 사실이 '반동혁명파革命造反派'의 강한 비판을 받았고, 그리하여 나도 그들의 비판 대상이 되었다. 이후 3년간, 나는 충분한 시간을 가지고 언어 현상과 언어 과학, 그리고 '경전' 저작(마르크스-레닌주의 경전 저작)에 대해 깊이 있는 연구를 할 수 있었다. 그 결과물이 바로 이 소책자이며, 남은 네 권의 노트를 제외하면 이것이 전부이다. 이 소책자에서 다루고 있는 사회언어학의 범주는 모두 특수한 목적하에 이루어지고 있으며, 시대적 배경과 이념의 색채를 강하게 띠고 있다. 그중 몇 개의 범주는 기존 학자들이 거의 다루지 않았거나 깊이 연구하지 않았던 것들이다. 예를 들면, 언어 숭배, 언어 오염, 언어 금기('터부') 등이 있다. 제1장 '언어와 사회'에서는 언어의 계급성 문제를 규명해 보고자 하였다. 이것은 사회의 다양성과 복잡성, 심지어 계층성을 반영하는 어휘 체계를 '봉건 자본 수정주의 잡탕'封资修大杂烩이라고 매도한 것에 대한 비판적 내용을 담고 있다. 나는 이러한 발상은 언어가 무엇인지를 잘 모르는 사람들이 문화 말살을 꾀할 목적으로 선동한 비열한 음모라고 지적하였다. 제2장에서 제시하고 분석한 언어의 영물 숭배는 '문화대혁명' 시기에 추진된 개인숭배를 겨냥한 것이다. 제3장에서 말하는 언어 오염은 '4인방四人帮'이 공허한 말, 과장된 말, 틀에 박힌 말, 쓸모없는 말로 영혼을 오염시키려는 파괴적 문화 정책에 대한 비판이다. 제5장에서는 특히 정치적 완곡어법을 중심으로 언어의 금기 현상에 대해 논의했는데, 이러한 내용은 모두 당시 정치 상황에 대한 개인적인 비판을 담고 있다. 당시 이 책이 국내외에서 큰 반향을 일으킬 수 있었던 것은 아마도 바로 위와 같은 시대적 배경 때문이지 않았나 한다. 그렇지 않았다면, 이처럼 통속적인 사회언어학 저작이 나 자신도 예상하지 못했던 사회적 반향을 불러일으키지는 못했을 것이다. 특히 이 책의 제4장에서 다룬 용어학과 제6장에서 논의한 어휘 변증법에 관한 내용은, 내가 수년간 마르크스주의 언어학의 바다에서 헤엄치며 얻은 얕은 견해에 불과하다. 그 후 10년간 지속적인 연구를 통해서 비로소 나름의 더 나은 전문지식을 얻을 수 있었다.

2. 변증법

이 소책자를 집필하면서, 나는 1940년에 썼던 한 편의 산문에서 "어떤 중대한 변화가 일어나더라도 어휘는 하루아침에 소멸하지 않는다."고 언급했었던 말이 떠올랐다. 하지만 이미 40년이 지난 일이었고, 广东(광동성) 지하당이 주관하여 발행하는 문화 잡지인 『新华南(신화남)』(내가 편집위원으로 참여했던)에 실려 있었기 때문에 이 글을 찾을 수 없었다. 이 소책자가 출판되고 몇 년이 지나고 나서, 어떤 관심 어린 친구가 그 내용을 찾아 복사해 보내주었다. 그 글은 바로 내가 잡문집 『书林漫步(서림만보)[속편]』[3]에 수록했던 『垂死时代的语言渣滓(죽어가는 시대의 언어 찌꺼기)』(1940) 내용의 일부였다. 나는 줄곧 이 글을 유물변증법적 이론을 바탕으로 언어 현상을 분석한 나의 첫 논문이라고 생각하고 있었으며, 그 이전에 내가 이 방면에 관해서 이러한 연구를 했는지에 대한 기억도 전혀 없었다. 그런데 올해 한 친구가 1936년 1월 10일자 『广州日报(광주일보)』 부간副刊에 실렸던 내용의 복사본을 보내왔는데,[4] 내가 이전에 필명을 사용해 『言语和社

3 『书林漫步(서림만보)[속편]』, 초판 1984년, 북경 삼련서점.

4 광주시 문사관의 李益三(이익삼) 동지는 일본 친구로부터 『광주일보』 부간인「世界语周刊(세계어 주간)」제219호를 받았다. 이 주간지는 1935년 9월부터 내가 편집을 맡

会(언어와 사회)』라는 표제를 붙이고, 「语言离不掉(离不开)社会生活(언어는 사회생활과 떨어질 수 없다)」라는 제목의 평론을 썼다는 사실을 알게 되었다. 지금 다시 내용을 살펴보니, 겨우 1천 자 남짓의 분량으로 쓴 이 평론은 정말 유치하고 천박하여, 심지어 읽을 가치도 없어 보였다. 하지만 그것은 내가 마르크스주의를 처음 공부하던 시절, 당시 매우 흥미를 느꼈던 언어 문제에 관해 나름의 탐구를 하면서 남긴 습작이었다. 이 습작에서는 사회언어학의 몇 가지 기본적이고 중요한 범주를 밝히고 있는데, 그것은 바로 우리는 언어 없이 살아갈 수 없는 존재라는 것이다. 언어는 인간의 사회생활에 필요한 역량을 만들어낸다. 마치 사회의 '근원적 실체本体知识'를 연구함으로써 '인간이 인간을 착취하는 제도'의 사회를 뒤엎을 수 있는 것처럼, 언어 또한 '근원적 실체'를 연구해야만 '언어가 사회생활에서 담당해야 하는 가장 중요한 임무'가 무엇인지를 제대로 이해할 수 있다는 것이었다. 이 짧은 글의 발견이 개인적으로는 나름의 의미가 있는 일이기도 하지만, 그렇게 중요하다고 느낄 정도는 아니다. 사실 중요하게 여기는 것은 연구자가 일단 유물론적 관점과 변증법을 제대로 인식한다면, 비록 미숙하더라도 과학적 진리에 한 걸음 다가간 것이라고 나는 지금도 굳게 믿고 있다는 것이다. 지난 11년 동안 나는 『语言与社会生活(언어와 사회생활)』(1979), 『社会语言学(사회언어학)』(1983)[5], 『辞书和信息(사전과 정보)』(1985)[6], 『社会语言学专题四讲(사회언어학전제4강)』(1988)[7], 『言語の社会的機

았다.

5 『社会语言学(사회언어학)』, 1983년 초판, 상해, 학림출판사.

6 『辞书和信息(사전과 정보)』 1985년, 상해사전출판사.

7 『社会语言学专题四讲(사회언어학전제4강)』, 1988년, 북경어문출판사.

能(언어의 사회기능)』(일어판, 1989)[8], 『社会语言学论丛(사회언어학 논총)』(1991)[9], 그리고 『在语词的密林里(어휘의 밀림 속에서)』(1991)[10] 등의 여러 사회언어학 저작을 발표해 왔다. 나는 지금까지 내가 논의했던 사회언어학에 대해서도 재인식할 필요가 있다고 생각하는데, '경전' 저작에서 다시 출발하여 내가 다뤘던 문제들과 견지했던 학문적 태도가 과연 일관성을 지녔었는지, 유물론적 관점과 변증법에 부합했는지 점검할 필요가 있다고 생각한다. 왜냐하면, 나는 오직 여기에 부합되는 방법론을 토대로 연구했다고 확신했을 때, 비로소 우리의 연구가 더욱 실천에 부합하고, 실천의 요구를 더욱 충족시킬 수 있다고 생각하기 때문이다.

만약 언어를 하나의 사회 현상으로 간주한다면, 당연히 자연 현상을 연구하는 방법이 아닌 사회 현상을 연구하는 방법을 써야만 한다. 즉 언어 연구는 반드시 유물론적 관점과 변증법적 방법을 채택해 탐구해야 한다는 것이다. 이를 위해서는, 마르크스주의 주요 작가들의 입장, 관점, 방법 등을 제대로 배워야 하며, 그들의 말을 단편적으로 인용해 장식처럼 써서는 안 된다. 이것이 내가 지난 시간을 되돌아보며 '경전'으로 다시 출발하자고 제안한 이유이다.

---

8 『ことばの社会机能(언어의 사회기능)』,1989년, 일본어판, 도쿄 카이후샤. 이 책에는 나의 다섯 편의 논문 「释'一'('一' 해석)」, 「释'大'('大' 해석)」, 「释'鬼'('鬼' 해석)」, 「释'典'('典' 해석)」, 「释'九'('九' 해석)」이 수록되어 있다.

9 『社会语言学论丛(사회언어학 논총)』, 1991년, 长沙(장사), 호남출판사. 이 책에는 내가 지난 10년 동안 발표한 언어학 강연, 학술 보고 및 일부 메모가 수록되어 있다.

10 『在语词的密林里(어휘의 밀림 속에서)』, 1991년, 북경 삼련서점. 이 책에는 내가 최근 몇 년 동안 쓴 201편의 언어에 관한 단상들이 수록되어 있다.

3. 마르크스주의와 언어학

최근 많은 사람의 비판을 받은 스탈린을 제외하면, 주요 마르크스주의자 중에서 언어학을 전문적으로 연구한 저작은 거의 없다고 할 수 있다. 하지만 여러 논의에서 마르크스와 엥겔스는 언어를 의식(사회의식)과 함께 자주 언급하곤 했다. 아마도 이것이 훗날 마르크스주의를 신봉한 언어학자들이 언어를 인간의 본질적 의식과 동일한 것으로 보고, 언어가 상부구조에 속한다고 여기는 견해를 갖게 했을 것이다. 그러나 마르크스와 엥겔스는 결코 언어를 사회의식과 동일시한 적이 없다. 마르크스와 엥겔스가 공동 집필한 *Die deutsche Ideologie*(독일 이데올로기)는 언어 현상을 연구하는 학자들에게 자주 인용되는데, 마르크스와 엥겔스는 언어 문제를 전문적으로 논의한 것이 아닌 이데올로기를 다루는 과정에서 언어 문제를 언급했을 뿐이었다. 그로 인해 종종 언어 현상을 철학적 차원으로 끌어올려 분석했고, 이에 언어와 의식이 거의 하나로 붙어 있는 현상이 나타났다. 주목할 만한 점은 엥겔스의 『자연변증법』 원고 중 「Anteil der Arbeit an der Menschwerdung des Affen(유인원에서 인간으로 진화하는 과정에서 노동의 역할)」이라는 글이 언어학자들과 인문과학 연구자들에게 특히 높이 평가되고 있는데, 이는 당연한 일이다. 이 논문은 19세기 말까지의 자연과학 연구 성과를 바탕으로 노동, 사고, 언어가 인류 사회 발전에서 수행한 역할을 과학적으로 분석하고 있다. 사실 엥겔스는 언어학 전문 저술로 불릴 만한 논문 한 편을 쓴 적이 있는데, 그것이 바로 *Fränkische Dialekte*(프랑크 방언)이다. 이 저작은 1881년에서 1882년에 걸쳐 쓰였으며, 앞서 언급한 『유인원에서 인간으로』보다도 더 이른 시기에 작성되었다. 엥겔스는 이 연구 저작을 '주석注释'이라 불렀고, 프랑크 시대에 관한 연구 논문 뒤에 덧붙였다. 그러나 *Die Frankenzeit*(프랑크 시대)는 미완성된 저작으로, 엥겔스 생전에는 발표되지 않았으며(1935년에야 처음 발표됨),

그 때문에 엥겔스의 이 방언에 관한 논문은 크게 주목을 받지 못했다.

엥겔스의 『프랑크 방언』은 약 2만 자 정도의 짧은 글에 불과하지만, 소련 학계에서는 이를 '역사적 유물론을 언어학에 적용한 모범'이라고 평가하고 있다. 어떻게 평가하든, 이 전문적인 저작은 우리와 같은 언어학 연구자들에게 적어도 방법론의 측면에서 그 의미를 부여할 수 있다. 레닌의 언어에 대한 논점들은 그의 여러 저작, 특히 민족 문제에 관한 글과 철학 노트 속에 흩어져 있다. 언어학계에 잘 알려진 유명한 명제인 "언어는 인류에게 가장 중요한 교제 수단이다."라는 말은 바로 그의 글 「О праве наций на самоопределение(민족 자결권에 대하여)」에서 나온 말이다. 나는 『사회언어학』 제2장 주석①에서 이 문장이 나오는 원문 전체를 인용하였는데, 이는 레닌이 이러한 주장을 내놓은 맥락을 이해하는 데에 매우 중요하다.

1917년 10월 혁명 후 2년이 지난 시점에 레닌은 「О чистоте русского языка(순수 러시아어에 대하여)」라는 제목의 짧은 글을 쓴 적이 있는데, 부제는 더욱 흥미롭다. 「Замечания на досуге по поводу некоторых речей на съезде(여가에 몇몇 회의 발언을 듣고 떠오른 단상)」이라는 것이다. 이 글이 당시 왜 발표되지 않았는지는 알 수 없지만, 이 짧은 글은 언어의 순수성을 지킨다는 명목으로 외래어를 남용하는 것을 반대하는 내용을 담고 있다. 나는 이 글 전문을 『语言与社会生活(언어와 사회생활)』에 실었으며, 이를 통해 언어 오염 문제를 논증하였다(물론 여기서 말하는 '언어 오염'은 단지 외래어 남용 문제만을 뜻하는 것은 아니다).

마르크스-레닌주의 경전 작가 가운데, 오직 Иосиф Виссарионович Сталин(스탈린)만이 만년에 언어학 전문 저작인 *Марксизм и вопросы языкознания*(마르크스주의와 언어학 문제)를 출판했다. 이 저작은 개인숭배의 영향으로 당시에 모든 과학 발전의 원동력이 된다는 과도한 칭송을 받았다. 그렇지만, 이 저작은 마르Marr 학파의 '학벌주의'를 타파하는 과정에서 언어는 경제적 토대도 아니고 상부구조도 아니므로 계급성을 가지지 않는다는 사실을 논증한 점에서 후대 연구자들에게 많은 시사점을 주었다. 다만, 일부 언어학 범주에 대한 논증이 과연 변증법과 역사 유물론에 완전히 부합하는지는 1950년대 초 서유럽의 진보 언어학자들 사이에서도 이견이 있었으며, 이는 충분히 이해할 수 있는 일이다. 여기서 반드시 언급해야 할 현상은 이 저작이 발표된 이후, 마치 마르 학파의 모든 연구 성과가 반反과학적인 것으로 여겨졌다는 점이다. 이는 결코 바람직한 과학적인 연구 태도라고 볼 수 없다. (하지만 이 문제는 본문에서 논하고자 하는 범위를 넘어서므로, 여기서는 간단히 언급만 하고자 한다)

4.『자본론』의 통찰

나는 최근 병상에서 '노동자 계급의 성서'[11]라고 불렸던 대작『자본론』을 다시 정독하면서 다시금 많은 영감을 얻게 되었다.『자본론』이 출간된 이후, 마르크스가 '속류 경제학의 능청스럽고 말 많은 공론가'라고 불렀던 독일의 일부 인사들은 이 책의 문체와 서술 방식을 비판한 바 있다. 이에 대해 마르크스는『자본론』제1권 제2판의 발문에 붙인 주석[12]에서, 영국의 평론과 러시아의 평론을 각각 인용하여 이러한 비판에 답했다. 이 두 평론의 견해는 기존의 마르크스와 완전히 반대되거나, 마르크스 자신이 말했듯 '적대적'이었다. 전자는『자본론』은 가장 지루하고 따분한 경제 문제들조차도 독특한 매력을 갖게 한다."라고 평했다. 후자는 "일부 아주

---

11 엥겔스는 "『자본론』은 대륙에서 흔히 '노동자 계급의 성서'라고 불린다."라고 말한 바 있다. 이는『자본론』제1권 영어판 서문,『全集(전집)』중국어판 제23권 36쪽에 수록되어 있다.

12 위에서 언급한 책, pp.22~23.

전문적인 부분을 제외하면, 이 책의 서술은 이해하기 쉽고, 명확하며, 연구 대상의 과학적 수준이 매우 높음에도 불구하고 대단히 생동감 있게 전달된다. 이러한 점에서 저자(마르크스를 가리킴)는 대부분의 독일 학자들과 매우 다르다. 독일 학자들은 모호하고 지루한 언어로 책을 쓰기 때문에, 보통 사람들이 읽으면 머리가 다 깨질 것 같다."라고 했다. 이러한 주석은 나에게 다시 한번 힘을 주었다. '깊이 들어가 깊이 나오는 것'은 당연히 '얕게 들어가 깊이 나오는 것'보다 훨씬 낫지만, 난해한 언어로 책을 쓰거나, 모호하고 지루한 언어로 책을 쓰면, 결국 독자들이 책을 던져버리고 읽지 않게 된다. 누가 '보다가 머리가 깨질 것 같은' 책을 읽고 싶어 하겠는가? 안타깝게도 요즘 서구의 몇몇 학술 저작들, 특히 현대주의 경향이 짙은 책들, 그리고 사회언어학 책들까지도 매우 지루하고 무미건조한 언어를 쓰고, 진짜인지 가짜인지, 옳은 건지 그른지도 모를 용어들을 쌓아놓고, 지나치게 심오하고 난해한 글로 쓰여 있다. 더 안타까운 건 요즘 몇 년 사이 중국 일부 학자들의 저작들도 그런 식의 글쓰기 방식을 모방하고 있다는 점이다. 이러한 표현 방식은 단지 독자가 이해하기 어렵다는 작은 문제를 넘어서, 사실상 그 학문의 발전을 저해한다는 것이 더 큰 문제이다. 지난 10년 동안 내가 쓴 사회언어학 저작들을 돌아보면, 나름 그런 식의 글쓰기를 피하려고 애썼지만, 일부의 장에서는 여전히 만족스럽지 못하다. 예를 들어 『사회언어학』 제5장에서 다룬 원시 사고와 원시 언어 부분은 '쉽고 명확하게' 쓰지 못했다. 이는 아마도 내가 그 범주에 대해 충분한 이해를 가지고 서술한 것이 아니기 때문일 것이다.

5. *Linguistica ed economia*(언어학과 경제)

위에서 언급한 발문에서, 마르크스는 한 평론가의 『자본론』에 대한 평가를 인용하면서, 그 사람의 묘사가 매우 '적합하다'라고 보았고, 그것이 바로 마르크스의 '변증법적 방법'이라고 여겼다. 마르크스가 인용한 그 글의 마지막 부분은 다음과 같다.

"생산력의 발전 수준이 다르면, 생산 관계와 그 생산 관계를 지배하는 법칙도 달라진다. 마르크스가 자신에게 부여한 목표는 바로 이러한 관점에서 출발하여 자본주의 경제 제도를 연구하고 설명하는 것이었으며, 이렇게 함으로써 그는 경제생활을 정확하게 연구하려는 모든 시도가 반드시 가져야 할 목적을 극히 과학적으로 서술한 것이다. 이러한 연구의 과학적 가치는 일정한 사회 체제가 어떻게 발생하고, 존속하며, 발전하고, 소멸하며, 또 어떻게 더 높은 다른 체제로 대체되는지를 지배하는 특수한 법칙들을 밝혀낸 데 있다. 마르크스의 이 책은 분명히 이러한 가치를 지니고 있다."

이 대목을 인용한 뒤, 마르크스 본인은 자신의 연구 방법의 특징을 이렇게 설명했다.

"연구는 반드시 자료를 충분히 확보하고, 그것의 다양한 발전 형태를 분석하며, 이러한 형태들의 내적 연관성을 탐구해야 한다. 이 작업이 끝난 후에야 비로소 현실의 움직임을 적절히 서술할 수 있다. 이 점이 일단 이루어지고, 자료의 생명이 관념적으로 반영되어 나타나면, 우리 앞에 펼쳐지는 것은 마치 선험적인 구조처럼 보이게 된다."

자료를 확보하고 → 발전 형태를 분석하고 → 내적 연관성을 탐색하는 것, 이것이야말로 연구 과정의 핵심이다. 나는 『사회언학전제4강』에서 변이에 대해 논할 때, 간판 글자 사용의 비표준 사례를 조사한 자료를 인용했는데, 기본적으로는 앞의 두 단계까지만 수행했고, 왜 그런 현상이 일어나는가 하는 내적 연관성을 깊이 파고들지는 못했다. 말로는 쉽지만 실제로 실천하기는 매우 어렵다는 것을 있는 것이다.

마르크스의 『자본론』에서의 인용 방식에 대해, 엥겔스가 마르크스 사후 『자본론』의 영어판 서문에서 날카롭게 논평한 대목이 있다.[13]

> "대부분의 경우, ……인용문은 본문의 논점을 입증하는 확실한 증거로 사용된다. 그러나 많은 경우 경제학 저술가의 문장을 인용하는 것은 특정 관점이 언제, 누가 처음으로 명확하게 제시했는지를 증명하려는 목적이 있다. 마르크스는 단지 인용된 논점이 중요한 의미를 지니고 있고, 당시 지배적이었던 사회적 생산과 교환 조건을 어느 정도 적절히 반영하기만 하면, 이를 인용하고자 했다. 다만 마르크스가 그러한 논점을 인정하는지, 혹은 그 논점이 보편적인 의미를 지니는지는 전혀 중요하지 않았다. 따라서 이러한 인용들은 과학사에서 발췌된 것으로, 본문을 보충하는 주석처럼 쓰인 것이다."

엥겔스의 이 말은 다른 곳에서도 반복된 바 있다. 그가 말한 이 두 가지 인용 방식은 과학적 저작을 쓸 때 매우 중요하며, 보편적인 의미를 지닌다. 나는 지난 10년간의 저작에서 이 점을 자유자재로 실현하지 못했으며, 특히 후자의 측면에서 그러했다.

특히 흥미로운 점은, 세 권으로 구성된 『자본론』(마르크스 생전에 그가 직접 집필한 제1권과, 사후에 엥겔스가 편집한 제2권과 제3권 포함) 수백만 자의 분량 가운데 단 한 구절(유일한 한 구절)만이 언어는 '인간의 사회적 산물'이라고 직접 언급했다는 것이다. 이 구절은 『자본론』 제1권 제1장 상품 제4절

13 위에서 언급한 책, p.35.

「상품의 배물교적 성격과 그 비밀」에 나온다. 그 내용은 다음과 같다.[14]

"가치는 그것이 무엇인지 이마에 적혀 있지 않다. 그뿐 아니라, 가치는 모든 노동 생산물을 사회적인 상형문자로 바꾸어 놓는다. 이후 사람들은 이 상형문자의 의미를 해독하려 애쓰고, 자신들이 만든 사회적 생산물의 비밀을 이해하고자 한다. 왜냐하면, 물품을 가치로 취급하는 것은, 언어와 마찬가지로 인간의 사회적 산물이기 때문이다. 이후 과학은 노동 생산물이 가치로 존재한다는 것은 단지 그것들의 생산 과정에서 소모된 인간 노동의 물질적 표현에 불과하다는 사실을 밝혀냈으며, 이는 인류 발전에 있어 하나의 획기적인 발견이었다. 하지만 결코 노동의 사회적 성격이 드러내는 물적 외관을 없애준 것은 아니었다. ……"

마르크스는 자본주의 생산 관계를 연구할 때 상품의 비밀을 해부하는 것에서부터 출발했으며, 상품의 비밀을 분석하기 위해 우선 가치 분석부터 시작했다. 가치는 추상적인 관념인데, 이는 언어가 하나의 추상적인 형태인 것과 같다. 언어야말로 '인간의 사회적 산물'인 것처럼, 가치('물건을 가치로 취급하는 것') 또한 '인간의 사회적 산물'인 것이다. 가치는 자신의 베일을 벗기 전까지는 다소 신비롭게 보이기 때문에, "가치는 각각의 노동 생산물을 사회적 상형문자로 바꾸어 놓는다."라고 표현한다. 다른 말로, '가치'는 사회적 산물이며 정신적 산물로서, 그것은 '노동 생산품'을 일종의 '코드code'로 변환한다고도 볼 수 있다. 마르크스가 여기서 사용한 '상형문자'란, '해독'이나 '해석' 없이는 의미를 이해할 수 없는 사회적 '코드'를 가리킨다.

내가 보기에 가장 흥미로운 점은, 이탈리아의 현대 좌파 언어학자인 F.

---

14 위에서 언급한 책, p.91.

Rossi-Landi(로씨-란디)가 『자본론』의 구조를 바탕으로 매우 독특한 저서 *Linguistica ed economia*(언어학과 경제학, 1975)[15]를 썼다는 사실이다. 놀랍게도 이 책은 위에서 언급한 마르크스의 문장을 인용하지 않았고, 대신 제4장 「Dal linguaggio all'economia(언어에서 경제로)」에서 『자본론』의 같은 절 맨 끝부분에 있는 마르크스의 문장을 인용하여 이 장의 격언箴言[16]으로 삼았다. 그 문장은 다음과 같다.[17]

> "만약 상품이 말을 할 수 있다면, 이렇게 말할 것이다. 우리의 사용 가치는 어쩌면 사람들에게 흥미를 줄 수 있다. 사물로서 우리는 사용 가치를 지니지 않는다. 사물로서 우리가 지닌 것은 우리의 가치이다. 우리가 상품으로서 거래된다는 사실이 이를 증명한다. 우리는 서로 오직 교환가치로서만 관계를 맺을 뿐이다."

이어서 마르크스는 이렇게 단언한다. "사물의 사용 가치는 인간에게 있어 교환 없이도 실현될 수 있다. 즉, 사물과 인간의 직접적인 관계 속에서 실현될 수 있다. 반대로, 사물의 가치는 오직 교환 속에서만 실현될 수 있는데, 다시 말해 일종의 사회적 과정에서만 실현될 수 있다." 특히 흥미로운 점은, 마르크스가 이 장의 끝에 셰익스피어의 시 한 구절을 인용했다는 것이다. 그 시는 이렇게 말한다. "사람이 잘생긴 것은 환경이 만든 것이고, 글을 읽고 쓰는 건 타고난 재능이다."[18]

안타깝게도 나는 지난 10년간 연구하고 집필하는 동안 로씨-란디의 그

---

15 Ferruccio Rossi-Landi(로씨-란디), *Linguistics and Economics*(언어학과 경제), 1975, Mouton(무톤), The Hague(헤이그), Paris(파리).

16 위에서 언급한 책, p.121, 해당 단락의 첫 문장만 인용했다.

17 주석 10에서 인용한 책, p.100.

18 위에서 언급한 책, p.101.

독특한 책을 접하지 못했다. 그의 영향을 받지도, 당연히 영감도 얻지도 못했다. 이는 매우 아쉬운 일이다.

6. 언어와 계급

'경전'에서 재출발하여 내가 이해하고 설명하였던 사회언어학의 일부 범주에 대해 간략하게 다시 알아보고자 한다.

언어는 사회의 산물이며 특정한 계급에 속하지 않는다. 그러나 언어는 사회의 여러 계급이 사용하고 있고, 언어를 사용하는 모든 계급 또한 자신들의 이익, 입장, 관습, 문화 전통이 있다. 따라서 언어에 계급의 낙인이 찍히는 경우가 많다. 스탈린의 저서에서는 이러한 범주를 논술할 때 충분한 전개가 이루어지지 않았다. 나도 『언어와 사회생활』(§1)에서보다는 『사회언어학』(§1.9)에서 이 범주에 관해 더 분명하게 설명하기는 했으나, 여전히 깊이는 많이 부족했다. 나는 스탈린이 거론했던 Paul Lafargue(폴 라파르그)[19]의 언어학 저서(『혁명 전후의 프랑스 언어』)[20]에 대해 논술하면서, 伍铁平(오철평)[21]의 정확한 논단을 채택하여 스탈린이 러시아어 번역본에

---

19 역주: Paul Lafargue(폴 라파르그)는 프랑스의 사회주의 사상가이자 저술가이다. 카를 마르크스의 사위이며 *Le Droit à la Paresse*(게으를 권리)라는 책을 저술했다.

20 스탈린이 *Марксизм и вопросы языкознания*(마르크스주의와 언어학 문제)에서 인용한 라파르그의 저서는 *La langue et la révolution*(언어와 혁명)이다. 라파르그의 논문 제목은 「Le langue français avant et après la révolution(혁명 전후의 프랑스 언어)」이고, 부제는 études sur les origines de la bourgeoisie moderne(근대 부르주아지의 기원에 관한 연구)이다. 사회언어학의 명저로 볼 수 있다. 罗大冈(나대강)의 역본이 있다.

21 역주: 伍铁平(오철평)(1928~2013), 중국 현대 유명한 언어학자이다. 대표적인 저서로는 『模糊语言学(퍼지언어학)』, 『语言学是一门领先的科学(언어학은 선도적인 과학이다)』 등이 있다.

서 '국민 언어'라는 용어를 강압적으로 라파르그에게 덮어씌운 것이 과학적이지 않다고 생각했다. 왜냐하면, 라파르그가 사용한 '통속언어'(La vulgaire, 러시아 번역본에서는 'общенародный'라는 용어를 사용했다)는 당시 '자산가와 수공업자, 도시와 농촌'에서 보편적으로 사용하는 언어를 가리키기 때문이다. 내 생각에는, "라파르그가 이 구절('통속' 혹은 '세속')을 사용한 이유는 당시에 세속적인 언어와 대립하는 라틴어가 있었기 때문이다."(『사회언어학』, §1.9) 만약 사람들이 문예 부흥 시기의 거장 단테가 쓴 *De Vulgari Eloquentia*(속어론)[22]을 기억한다면, 속어가 바로 라틴어와 대립하는 세속의 언어(일반 백성들이 사용하는 언어)를 가리키는 것이다. 그렇다면 '국민 언어'라는 용어는 더욱 적절하지 않다고 느껴진다. 스탈린의 저서가 소련과 중국에서 널리 알려졌기 때문에 '먼저 들어온 자가 주인이 되는 것'처럼 '국민 언어'라는 단어는 이미 보편적으로 응용되고 있다. 게다가 그 옆에는 '全民所有制(전민소유제)'와 같이 이미 보편적으로 사용하고 있는 어휘가 있기에 그것은 결국 생존할 수밖에 없었던 것으로 보인다.

『사회언어학』이라는 책에서 한 장 정도의 편폭으로 "언어는 사상의 직접적인 실현이다."(3장)라는 내용을 논술한 적이 있다. 그러나 "사상 세계에서 현실 세계로 내려오는 것은 가장 어려운 임무 중 하나이다."라는 명제를 구체화하지는 않았다. '사상 세계에서 현실 세계로 내려가는 문제'는 무엇을 의미하는가? 그것은 '언어에서 생활 속으로 내려가는 문제로 변한 것'을 의미한다. 또 사상이나 언어가 "모두 독자적으로 특수한 왕국을 이룰 수 없으며, 이것들은 다만 현실 생활의 표현이다."라는 토론을 전개한 적도 없다. 사실상 계급이라는 것은 사회에서 통치 지위를 차지하는 물질적인 힘이며, 동시에 사회에서 통치 지위를 차지하는 정신적인 힘

22 단테의 저서 『속어론』에서 말하는 '속어'는 세속에서 사용하는 언어이며, 라틴어가 아니라 후에는 이탈리아어를 가리킨다.

이다. 물질 생산 요소의 계급을 지배할 뿐만 아니라 정신 생산 요소도 지배한다. 따라서 정신적 생산 요소가 없는 사람의 사상은 일반적으로 통치 계급의 지배를 받는다. 이것이 바로 우리가 통상적으로 숙지하고 있는 명언이다. 즉 통치 계급의 사상이 바로 사회의 통치 사상이라는 것인데 이 말은 평소에 불완전하게 표현되기에 마르크스처럼 적절하게 말하지 못했다. 마르크스가 말하기를[23]

"통치 계급의 사상은 시대마다 모두 통치적인 지위를 차지하는 사상이다."

그렇다면 통치 계급의 사상을 표현하는 언어가 세속에서 사용하는 '全民(전민)' 언어란 말인가? 통치 계급의 언어가 어떻게 계급의 낙인이 찍히게 되었으며, 계급의 낙인이 찍힌 언어는 통용 언어에서 분화되어 나온 것인가? 혹은 분화 없이 변이를 유발하였으며, 심지어 어떤 정도까지의 '異化(이화)'에 이를 것인가? (앞에서 언급한 로시-란디는 언어의 '이화' 문제에 대해 전문적으로 연구하였다) 나 또한 이러한 문제에 대해서는 예전의 저서에서 전반적으로 연구가 충분하지 못했다.

민족의 언어 혹은 민족의 통용어 문제 또한 언어와 계급이라는 이 범주에서 아주 중요한 과제이다. 현시기 중국의 사회생활에서 또한 아주 현실적이며 아주 중요한 주제이기도 하다. 유감스러운 것은 나의 몇 권의 저서에서 이 문제에 대해 잘 설명하지 못했다는 것이다. 카를 마르크스와 프리드리히 엥겔스는 유명한 *Die Deutsche Ideologie*(독일 이데올로기)에서 민족 언어의 형성에 대해 예리하게 논술한 적이 있다.[24]

"사실상, 비교적 성숙한 언어에 속하는 현대언어 중에서는 그것이 어떤 종류의 언어든 간에, 자연적으로 나타난 언어가 민족 언어로 승화된

---

23 『독일 이데올로기』, 『전집』 중문판 제3권, 52쪽에 보인다.

24 위의 책, p.500.

경우가 있다. 그중에서, 일부는 현존하는 재료로 이루어진 언어의 역사적인 발전을 거친 것으로, 대표적인 언어로 라틴어와 게르만어가 있다. 또 일부는 민족의 융합과 혼합으로 인한 것인데, 대표적인 언어가 영어이다. 이 외에, 일부는 방언이 경제의 집중과 정치의 집중으로 인해 하나의 통일된 민족 언어로 통합된 것이다."

마르크스와 엥겔스의 분석에 따르면 민족 언어의 형성은 세 가지 경로를 거친다.

(1) 언어 역사적 발전의 결과

(2) 다민족의 융합과 혼합으로 인한 결과

(3) 하나의 민족 안에서 생산의 발전으로 인해 방언의 집중을 촉진한 결과

첫 번째 경우만이 언어 자체의 발전으로 인해 형성된 민족 언어이고, 뒤의 두 가지는 사회 발전의 원인(민족의 융합과 혼합, 경제발전의 집중)으로 인해, 여러 언어 혹은 방언이 일종의 민족 언어를 융합되도록 촉진한 것이다. 현실 세계에서는 아마도 이 세 가지 조건이 동시에 병존(혹은 그중의 두 가지 조건이 동시에 병존)하거나 서로 작용하면서 마지막에는 전국적인 민족 언어를 형성하게 된다.

중국은 56개의 민족으로 이루어진 다민족 국가이며, 대개 각 민족 고유의 구어체가 있다.(물론 그 중에는 고유의 문자기호가 없는 민족이 있다) 하지만 인구가 제일 많은 민족인 한족 내부에서는 장기간 자연경제가 발전한 결과, 수많은 방언이 생기게 되었다. 중화인민공화국 성립 후 중국에서 보급한 보통화는 상술한 첫 번째와 세 번째 조건으로 인해 형성된 한족의 공용어이다. 이는 공통된 어음표준과 공통된 문어체(백화문) 표준을 가지고 있으며, 이러한 보통화는 지금의 현실에서 중국 내부의 56개 민족 간에 교류를 진행하는 효과적인 수단이 되었다. 그렇다면 중화민족의 민족 언어가 이미 형성된 것이 아닌가? 아니면 시간의 검증을 더 거치거

나 여러 민족 사이의 경제 관계를 포함한 상호관계의 진일보한 발전을 통해서야만 비로소 현재의 보통화를 기초로 한 진정한 민족 언어를 형성할 수 있는가? 이는 '언어정책'이라는 문제, 혹은 서양 사회언어학에서 말하는 '언어계획'의 문제와도 관련이 있다. 하지만 아쉽게도 과거 10년간 내가 출판한 저서에서는 미처 이 문제에 관한 연구를 하지 못했다. 내가 국가의 언어 문자 행정 기관을 주관할 때도 이처럼 정책성과 학술성이 아주 강한 문제에 대해서는 미처 깊은 연구를 하지 못했다. 이 문제는 마르크스주의 사회언어학에서 연구 가치가 있는 범주의 중요 내용임은 분명하다.

7. 언어 배물교拜物教

내가 『언어와 사회생활』이라는 책에서 쓴 언어 영물 숭배는 배물교 이론에서 출발한 것이 아니라, 내가 '문화대혁명' 때 직접 체험한 것에서 출발하였다. 그때 나는 매일 비판을 받았다. 한 번은 '반동파造反派'가 한 대학 캠퍼스에서 나를 비판하면서, 캠퍼스의 두 장(1丈, 대략 3.03m) 남짓한 길바닥에 "진원을 타도하자(打倒 陳原)."는 4개의 큰 글자를 써 놓았다. 글자의 크기는 모두 한 장丈 정도였는데, 나의 이름을 거꾸로 쓴 것은 내가 이미 타도되었다는 것을 상징하였다. 또 이름에는 붉은색으로 '×' 표기를 했는데, 그것은 내가 이미 처결되었음을 의미하고 있었다. 동시에 '포고문', '기치', '붉은 바다' 등 수많은 표어를 보게 되었는데, 마음속으로 자연스럽게 이것은 영물 숭배라는 생각이 들었다. 소년 때에 읽었던 Sir James George Frazer(제임스 조지 프레이저)의 *The Golden Bough*(황금가지)와 Lucien Lévy-Bruhl(루시안 레비 브륄)의 *La mentalité primitive*(원시 사유)(1922)에서 묘사한 원시사회 속의 주술(영물 숭배)이 한꺼번에 머릿속에 떠올랐다. 하지만 몇 년 이후, 이러한 문장(제2장, 특히 §2.12)을 쓸 기회가 있을 줄은 생각지 못했다. 내가 이 단락을 쓸 때 『자본론』 제1장 제4절을 다시 보았는데, 제목이 「제4절 상품의 배물교적 성격과 그 비밀」이다. 이 절의 시작은 통속적이고 알기 쉬우며 흡인력이 있어, 그야말로 신들린 필치이다. 살펴보자면 다음과 같다.[25]

"처음 봤을 때, 상품은 마치 아주 단순하고 평범한 물건 같다. 상품에 대한 분석이 보여주다시피 그것은 일종의 아주 괴상한 물건이어서 형이상학적인 미묘함과 신학적인 기괴함이 가득하다. 상품의 사용 가치로 놓고 말할 때 그것이 자신의 속성으로 사람의 수요를 만족시킨다는 출발점에서 고찰하거나 혹은 그것이 인류 노동의 생산품이기에 비로소 이러한 속성을 가진다는 관점에서 고찰하거나를 막론하고 신비한 점은 없다. 분명한 것은 사람이 자신의 활동을 통해 자신에게 필요한 방식에 따라 자연물질의 형태를 변화시킨다는 것이다."

다음에 이어지는 문장도 아주 훌륭하다. 이 거작을 읽어본 사람이라면 모두 깊은 인상을 받았을 것이다.[26]

"예를 들어, 나무로 책상을 만들면 나무의 모양이 변한다. 하지만 책상은 여전히 나무이며, 여전히 평범하면서도 감각적인 물건이다. 하지만 책상이 상품으로 나타나면, 그것은 곧 감각적이면서도 초감각적인 물건으로 변한다. 탁자는 자기 다리로 바닥에 서 있을 뿐만 아니라, 다른 모든 상품과의 관계 속에서도 머리를 거꾸로 박고 선다. 그리고 그것의 나무로 된

25 『전집』 제23권, 87쪽 이하에 보인다.

26 위의 책, 87쪽에 보인다.

머리에서는 저절로 춤추는 것보다 훨씬 더 기괴한 망상을 한다."

마르크스는 여기에 주석[27]을 달았다. 이 주석에서 사용한 '중국'이라는 단어가 중국 본토를 포함한 수많은 작가와 독자들의 의문을 가져왔다. 왜냐하면 유럽의 수많은 문자에서는 '중국'이라는 단어를 '도자기'로 해석할 수 있기 때문이다. 주석은 본문의 요지와는 크게 관련이 없으나, 그 자체로 매우 매력 있고 해학적이다.

"우리는 생각났다. 세계의 기타 모든 지역이 마치 조용해진 것 같을 때, 중국과 책상은 춤추기 시작했다. 다른 사람을 격려하기 위해서."

"책상이 춤춘다"라는 것은 1843년 유럽 혁명의 실패 후, 암흑 정치의 반동 시기에 많은 귀족이 강신술, 특히 책상 움직이기 술법에 열중한 것을 가리킨다. 하지만 '중국'이 춤춘다는 것을 소련 학술계의 해석에 근거하여 태평천국 혁명운동을 가리킨다고 하는 것에는 의문을 남긴다.

마르크스의 분석에 따르면, 상품의 형식과 그것이 빌려서 표현하는 노동 상품과의 가치 관계는 노동 상품의 물리적 성질 및 이로 인해서 나타나는 물질과의 관계와 완전히 무관한 것이다. 사람들은 물질과 물질 사이의 관계에 일종의 허황된 형식이 존재하기에, "종교 세계의 환상적인 경지로 도망가야 한다. 그곳에서 두뇌의 산물은 생명을 지닌, 서로 관계를 발생하는 동시에 사람과도 관계를 발생하는 독립된 존재로 표현된다. 상품의 세계에서 사람의 손으로 만든 물건 또한 이러하다. 나는 그것을 물신 숭배[28]라고 한다."라는 사실을 발견하였다.

---

27 위의 책, 88쪽에 보인다.

28 위의 책, 89쪽에 보인다.

언어 또한 주술과 공생하고 있다는 사실에 대해, 어떤 사람은 이 설을 반박하고 어떤 사람은 찬성하는데, 나는 뒤의 설을 따른다. 지금 찾아낸 갑골문 원본은 대부분 점복 즉 주술과 관련된다. 나는 이것이 문제를 잘 설명하고 있다고 생각한다. 제어론의 창시자Norber Wiener가 그의 두 번째 저서(『인간의 인간적 활용 - 제어론과 사회』, 1954)에서 중국에서 보았던 '敬惜字紙(경석자지)'[29]에 대해 다룬 것도 이상할 것이 없다. 그는 다음과 같이 몇 줄 적었다.[30]

> "많은 원시 민족 중에서 서사와 주술은 큰 구별이 없다. 중국의 일부 지역에서 사람들은 글로 쓰인 것('字紙' 즉 '글자가 적힌 종이'이다)에 대해 이렇게까지 존경하여 낡은 신문과 아무런 쓸모없는 온전치 못한 책까지도 버리려 하지 않는다."

내가 첫 번째 책을 저술할 때가 1978년 말이었는데, 그때까지는 위너가 그 이전, 즉 24년 전에 출판한 책을 보지 못했으며, 노이만과 위너 두 사람의 합작도 본 적이 없다. 만약 보았다면 언어의 영물 숭배에 대해 더 자세하게 썼을 것이다. 이후에도 나는 『사회언어학』에서 더 이상 이 범주에 관해서 관심을 가지고 연구한 적이 없었다. 다만 『'釋'鬼'(귀의 해석)』이라는 문장에서 약간 언급했을 뿐이다.

니콜라이 야코블레비치 마르(Николай Яковлевич Марр, Nikolai Yakovlevich Marr, 1864 - 1934)는 러시아/소련 과학원 원사로, 야페틱 이론Яфетическая теория을 창시했다. 그는 50년대 초(1950)에 비판을 받았는데, 비판의 요점은, 마

---

29 역주: '敬惜字紙'는 글자가 적힌 종이를 존경하고 아끼라는 뜻이다. 문자에 대한 숭배로 볼 수 있는데, 과거를 통한 공명 심리가 반영되었다고 할 수 있다.

30 노버트 위너, *The human use of human beings*, 1954, (Rev.ed) 『人有人的用途(인간의 인간적 활용)』, 陈步(진보) 역, p.66.

르가 제기한 모든 언어가 계급성을 띤 언어라는 논점을 부정했으며, 언어는 전민적 교제 도구라는 점을 명시했다.

마르는 1930년에 Lucien Lévy-Bruhl(루시안 레비 브륄)의 *La mentalité primitive*(원시 사유) 러시아 번역본에 서문을 쓰면서,[31] 다음과 같이 말하였다.

> 레비 브륄이 지은 러시아 번역본은 사실상 *Les fonctions mentales dans les sociétés inférieures*(하등 사회에서의 정신 기능)과 *L'âme primitive*(원시인의 영혼)이라는 두 권의 책에서 가장 중요한 부분을 포함한다.

주의할 점은 지금에 이르러서야 러시아 학술 사상은 비로소 관심의 방향을 바꾸었다는 것이다. 더 정확하게 말하면, 레비 브륄의 일련의 저서 중에서 가장 유익한 이 두 권의 저서로 방향을 전환했다는 것이다(원저는, 앞의 저서는 1923년에 이미 5판까지 간행했고, 뒤의 저서는 1925년에 4판까지 간행했다).

『원시 사유』의 주제를 놓고 볼 때, 이 책의 사회적 의미는 가늠할 수 없을 정도로 중요하다. 비록 이 책이 러시아 번역본 중에서 유일무이하게 추상적인 책 이름을 사용했고, 또 이 책의 이름이 중국의 현대 생활의 긴박한 사회건설 문제와 아무런 관련이 없는 것처럼 느껴질지라도 말이다. 특히 이 책에서 연구한 재료는 그 본래의 출처가 우리와 아주 멀리 떨어져 있고, 중국에서는 매우 낯설게 느껴진다.

지금은 사실상 레비 브륄의 이 유익한 저서에 대해 비판할 필요가 없고, 다음의 내용에 대해 더 깊이 파고들 필요도 없다. 즉 레비 브륄은 사고의 가장 오랜 상태를 '주술적' 용어가 아닌, 문제가 될 수도 있는 '신비

31 이 서문은 1930년 1월에 썼다. 중역본 『원시 사유』(1981)에 보인다.

적'이라고 하는 시대착오적인 용어로 설명했다는 것이다. 특히 그가 토론했던 원시성의 정도에 대해서는 명확하게 규정할 필요가 없다(이 책에서는 원시적인 정도를 명확한 규명 없이 정태적 연구 방법을 사용했기에, 진정한 원시 사유라고 말하기 힘들다).

저자 자신은 '원시적'이라는 이 어휘의 일반적인 함의에 대해 비교적 상세히 설명하고 있으나, 여전히 '원시'의 정도를 어떻게 명확하게 규정할 것인가에 대한 문제는 존재하고 있다. 단지 일반적인 비교법만을 사용할 뿐, 고생물학과는 떨어져 있다. 따라서 변증법적 방법을 벗어난다면, 어느 정도의 원시 수준에 도달했다고 할 수 있겠는가? 아마도 프랑스 과학원 원사와 소르본대학 교수가 제시한 이 연구 방법이 소비에트 국가의 유효이론이 지닌 과학적 탐구와 동등하거나 혹은 동등할 가능성에 대해서는 아무도 인정하려고 하지 않을 것이다. 그러나 책에서 제기한 원리는 실제적인 대중성을 공정하게 고려했기에, 절박하게 수용하게 하거나 혹은 전통적이고 진부한 세계관을 탈피하려 하였기에, 사람들이 객관적이고도 예리하게 느끼게 하였다. 그리하여 우리는 오히려 더 적극적인 반응을 할 수 있었고, 진부한 잔재 관점을 타파하는 아주 강력한 한 방이 되었다.

다만 이러한 사실은 사유의 철학에 관한 문제가 소위 '원시적'이거나 혹은 '야만적'인 민족의 기반 위에 세워졌다는 것이다. 작가의 말을 빌리자면, '저급사회'의 살아있는 재료 위에 세워졌기에, 시대의 표상으로 삼을만한 가치가 있다는 것이다. 이러한 측면에서 볼 때, 러시아어로 편역한 레비 브륄의 『원시 사유』라는 책은 그의 저서의 구성 부분인 책 제목 자체만으로도 아주 특별한 흥미를 불러일으킨다. 이 책은 이름 그 자체로 이 프랑스 인종학자가 쓴 저서의 사회적 의미를 설명하고 있다. 이것이 바로 *Les fonctions mentales dans les sociétés inférieures*(저급사회에서의 지적 능력)이다.

이 저서에서는 전반적으로 사유의 가변성이 놀랍고도 선명하게 드러나고 있다. 저자는 러시아판 서문에서 "이 점에 대해 논쟁한다면, 좋은 점이 없지 않을 것이다."라고 하는데, 이는 옳은 말이다.

동시에 이 또한 이전의 언어 학설에 치명적인 거대한 돌을 던진 격이 된다. 왜냐하면 사유와 언어는 형제자매이고, 같은 어머니에게서 났으며, 생산과 사회구조의 산물이기 때문이다. 거대한 돌을 던졌다는 것은 곧 새로운 언어 학설을 결정(어떤 사람이 아직 결정하지 못했다면)하는 것이 야페틱 언어이론[32] 방면의 우세한 저울에 저울추를 하나 더 하는 것이다. 왜냐하면 언어 진화의 변이뿐만 아니라, 그것의 혁명적 변이 모두 사고의 변이와 밀접하게 연결되어 있기 때문이다.

8. 언어오염

'언어오염'이라는 용어는 내가 『언어와 사회생활』에서 처음으로 사용했으며, 서양 사회언어학의 어떤 저작에서도 이 범주에 대해 논술한 적이 없다. 다만 '혼합어creole'와 '징방어泾浜語' 혹은 '피진어pidgin'를 토론하는 논문에서 언어의 오염 문제에 접근했을 뿐이다. 오히려 '순결', '건강', '정화' 등등 긍정적인 어휘를 사용할지언정 언어학에서 아무도 '오염'이라는 어휘를 사용한 적이 없다. 나 또한 뒤에 출판한 『사회언어학』이라는 저서에서도 이 범주에 대해 더 깊이 연구하지 않았다.

위에서 언급한 바와 같이, 내가 '언어오염'을 연구하게 된 것은 실제 생

32 역주: 야페틱 언어이론(Yaphetic language theory)은 19세기 후반에서 20세기 초에 제기된 고대 언어 및 민족 기원에 관한 이론이다. 'Yaphetic(야페틱)'이라는 용어는 성경에 나오는 노아의 아들 Japhet(야벳)에서 유래했으며, 유럽과 아시아 일부 고대 언어들의 조상 언어를 지칭하는 데 사용되었다.

활에서 출발하게 된 것이지, 이론을 통해 접근한 것은 아니다. 나는 10년의 문화대혁명 기간에 과장된 말, 공허한 말, 틀에 박힌 말, 쓸모없는 말로 인해 많은 고통을 받았다. 특히 사전 편찬에 있어서 더욱 피부에 와닿는 아픔이 있었다. '4인방四人帮'이 실각한 후 필자의 「关于词典工作中的若干是非界限(사전 사업에서 약간의 옳고 그름의 경계에 관해)」(『中国语文(중국어문)』의 복간 간행물에 발표)라는 논문에서 10년 동안 중국어를 오염시켰던 저질 언어에 대해 극도로 증오하고 미워한 나머지 그 책에서 언어오염 문제를 제기하게 되었다. 이 문제는 당시 일정한 조건 아래에서는 국내외 독자들의 깊은 관심과 찬사를 받았다. 그러나 양징방 영어(반봉건 반식민지였던 중국에서 외래 세력이 사용하던 언어와 폐쇄된 '왕조'가 사용하던 언어 사이에서 접촉이 생기면서 나타난 일종의 영어 변종)로 거슬러 올라가 보면, 이 또한 언어오염의 한 예라고 말하였는데, 일부 다른 의견도 있었다. 어떤 사람은 양징방어와 혼합어는 '오염'이 아니며, 두 언어의 접촉으로 인한 필연적인 결과일 뿐이라고 말한다. 하지만 나는 지금까지도 그렇게 생각하지 않으며, 특히 '양징방'이 중국에서 사용될 때는 더욱 그러하다. 일본 군국주의가 동북 3성을 점령한 후 추진한(처음에는 무의식적으로, 후에는 의식적으로) '协和语(협화어)'[33]는 더더욱 이것이 바로 언어오염이라는 것을 증명하고 있으며, 즉 두 종류의 언어가 서로 접촉하고 영향을 주면서 자연스럽게 만들어진 언어 변이는 아니라는 것이다. 나는 몇 차례의 강연에서 계속해서 언어오염 문제를 지적했으며, 이러한 내용은 필자의 『社会语言学论丛(사회언어학논총)』에 수록되어 있다. 후에 『在语词的密林中(어휘의 밀림 속에서)』라는 책에서도 최근 몇 년간 새로운 형식의 언어오염 현상에 대해 몇 문장 묘사한 적이 있다.

---

33 역주: '협화어'는 만주국 건국 초기에 사용되던 간이 일본어이다. 일본어를 모르는 한족이나 만주족이 사용했으며, 일본어의 피진어라고 할 수 있다.

마르크스 경전 저작에서는 레닌이 단편에서 이 범주를 언급한 것 외에 기타 전문적인 논술은 없는 듯하다. 다만 레닌의 비판은 외래어 남용을 지적한 것에 불과하지만, 내가 가리키는 언어오염은 외래어 남용뿐만 아니라 더욱 넓은 의미의 사회 언어 현상을 포함한다. 사실 마르크스, 엥겔스의 통치 계급사상이 각각의 시대마다 각기 통치 지위의 사상을 지배한다는 견해를 다시 떠올리면서, 나는 사회언어학에서 언어오염의 사회적 의미에 대해 더욱 깊이 분석하고 해부할 필요가 있다고 생각하게 되었다. 이는 내가 과거의 저서에서는 미처 제기하지 못했던 것들이었다.

어떤 사람은 언어는 애초에 정화할 수 있는 것이 아니며, 언어의 발전 과정에서는 끊임없이 본래의 구성 요소와 서로 조화롭거나 서로 대항하는 '물질'을 많이 흡수하고 있기에 언어를 정화하는 노력은 헛된 것이라고 단언한다. 하지만 마르크스 경전 저작 중에서 의식과 의식 형태에 관한 논술에서 얻은 깨달음은 언어의 정화를 아주 이상적인 수준까지 끌어올린다는 것은 기대할 수도 없으며, 이것은 확실히 불가능한 것이라는 점이다. 다만 언어 교제가 가장 좋은 효과를 거두기 위해 언어의 규범화는 꼭 필요한 것이며, 또 불가능한 것은 아니다. 아쉽게도 나는 과거 10년의 연구 저서에서 언어의 규범화-표준화라는 범주에 대해 집중적으로 탐구하지 못했는데, 이 문제는 언어정책 혹은 언어 기획과 관련된 중요한 내용을 담고 있기 때문이다. 나는『社会语言学专题四讲(사회언어학전제4강)』에서 언어의 변이에 대해 새로운 관점을 제기했다. 즉 변이가 부정적인 면도 있지만 긍정적인 면도 있다는 것이다. 심지어 나는 "어떤 의미에서 사회언어학 연구의 중심 문제는 바로 변이라고 할 수 있다."라고 주장했다. 왜냐하면 "변이는 보편적으로 존재하는 사회 언어 현상이기 때문이다. '변이와 규범화'라는 이 한 쌍의 대립 통일되는 현상을 처리할 때 변증법적 방법을 적용하지 않을 수 없다." 나는 앞에서 언급한『4강』에서 이러한 문제를 제기하였는데, 지금 다시 마르크스 경전 저작에서 출발하여, 이 문제를 잘 해결해 나가도록 해야 할 것으로 보인다.

9. 과학 용어

비록 용어학이 20세기 20~30년대 과학기술의 발전과 함께 점차 독립된 학문으로 형성되었지만, 여전히 외국의 사회언어학 분야에서만큼은 그에 걸맞은 지위를 차지하지 못하는 경우가 많다. 나는 이것이 불공평하다고 생각한다. 30년대 중반, 나는 소련 용어학계의 창립자 중 한 명과 접촉한 적이 있었다. 그때 나는 공학을 공부하고 있었는데, 우연히 E.Drezen(드레젠)의 *Pri Problemo de lnternaciigo de Science-teknika Terminaro*(과학기술 용어의 국제화에 관한 문제)라는 책을 접할 수 있었다.[34] 그때 그와 편지를 주고받으며 연락하기도 하였으나, 그는 1937~1938년 대숙청(Great Terror - 옛 소련의 1930년대 Stalin의 대숙청) 시기에 실종되었다. 이러한 연유로 나는 용어학과 용어의 국제화 문제에 대해 깊은 인상을 받았으며, 첫 번째 소책자에서는 별도의 절(제4장 §4.18)을 할애하여 '용어학'이라는 주제를 전문적으로 논의하게 되었다. 그리고 5년 후에 출간한 두 번째 책인 『사회언어학』에서는 전체 한 장(제14장)을 할애하여 이 문제를 다루었는데, 총 네 개의 절로 구성되어 있다. 그리고 제1절에서 용어의 국제화, 표준화, 규범화에 관한 이론을 다루고 있는데, 내가 '국제화'를 첫 번째 항목으로 다룬 것은 분명히 드레젠과 현대 용어학의 창시자인 오스트리아의 뷔스터의 영향을 받은 결과라고 할 수 있다. 어쩌면 '표준화'를 앞에 두고 '국제화'를 그다음에 두며, '규범화'는 넣지 않는 것이 오히려

34 E.Drezen(드레젠), *Pri Problemo de lnternaciigo de Science-teknika Terminaro*(과학기술 용어의 국제화 문제에 관하여), 모스크바, 1934.

더 적절할 수도 있었다. 1984년, 나는 캐나다 정부의 초청으로 세계적으로 유명한 캐나다 데이터베이스CDB와 퀘벡 데이터베이스QDB를 방문하여 오타와 학파의 G. Rondeau(론도) 교수를 만났다. 귀국 후, 나는 용어학의 현재 상황과 전망에 관한 학술 보고서를 여러 차례 발표하였는데(필자의 『사회언어학논총』에 수록되어 있다), 이를 통해 앞에서 언급한 두 권의 책에서 다소 피상적(거의 개념적)이었던 용어학 분야에 대한 이론적 분석을 보완하려고 노력하였다.

드레젠은, 마르크스와 엥겔스의 포이어 바흐 테제와 독일 이데올로기에서 제시한 사회적 의식이 어떻게 형성되는지에 관한 논점과 레닌이 민족 자결권을 논한 몇몇 글에서 제시한 언어와 관련된 논점을 그의 유일한 용어학 저작에서 인용했다. 그는 용어도 언어와 같이 '상부구조'에 속하기에(아마도 일시적으로 유행했던 니콜라이 야코블레비치 마르[35]의 언어 이론의 영향을 받은 것일 수도 있다), '제어控制'하고 '조절调节'할 수 있을 것이라고 추론하였다. 후자의 주장은 틀리지 않으며, 용어학의 근본 목적은 인공적 역량으로 창조 중에 있거나 이미 형성된 과학기술 용어를 표준화 수준에 도달하게 하는 것이다. 비록 이 말은 순수하게 언어 사용의 기술적 관점에서 본 주장이지만, 용어의 단일 의미성을 달성하는 것으로 이해할 수 있다.

마르크스 경전 작가들의 많은 저작을 돌아보면, 자신이 사용하는 용어가 중의적으로 해석되는 것을 염려하여 여러 곳에서 해당 용어에 대한 명확한 설명을 덧붙인 것을 쉽게 발견할 수 있다. 예를 들면, 마르크스 사망 후 엥겔스가 『자본론』 제1권의 영어판 서문에서 다음과 같이 말했다.

"하지만, 우리가 독자에게 해결해 줄 수 없는 어려움이 하나 있는데, 그것

35 역주: Николай Яковлевич Марр(니콜라이 야코블레비치 마르, 1864~1934)는 러시아·소련의 언어학자이자 역사학자이다. '마르 이론(Marrism)'이라는 독특한 언어 발전 이론을 제안했으며, 소련 언어학에 큰 영향을 끼쳤다.

은 바로 일부 용어의 사용이 일상생활에서의 의미와 다를 뿐만 아니라, 일반 정치경제학에서의 의미와도 다르다는 점이다. 그러나 한 학문이 제시하는 새로운 견해마다 그 학문의 용어에 대한 혁명이 포함되어 있기에, 피하려고 해도 피할 수 있는 것이 아니다. 특히 화학이 가장 좋은 예시인데, 사실 화학 용어는 대략 20년마다 철저히 바뀌며, 거의 모든 유기화합물이 일련의 다른 새로운 이름을 갖지 않는 경우를 찾아보기 힘들다. 하지만 정치경제학에서는 보통 상공업 생활에서 사용하는 용어를 그대로 빌려 쓰는데, 이러한 방식이 자신을 그 용어들이 표현하는 관념의 좁은 범위에 제한시킨다는 것을 전혀 인식하지 못한다. ……"[36]

엥겔스는 위와 같은 예시를 든 후 또 다음과 같이 말했다.

"……모든 산업, 농업과 수공업을 제외한 것들은 일반적으로 제조업 manufacture이라는 용어에 포함된다. 이렇게 하면, 경제사에서 두 가지 중요한 본질적으로 서로 다른 시기, 즉 수공 분업을 기초로 하는 진정한 공장 수공업 시기와 기계 사용을 기반으로 한 현대 산업 시기의 구별이 사라지게 된다. 말할 것도 없이, 현대 자본주의 생산을 단지 인류 경제사에서 일시적인 단계로만 보는 이론에서 사용하는 용어와 이러한 생산 형태를 영원한 최종 단계로 간주하는 작가가 사용하는 용어는 분명히 다를 수밖에 없다."[37]

여기에서 사회언어학이라는 이 분야의 연구에 대해 매우 중요한 일련의 논점을 제시했는데, 그것은 다음과 같다.

---

36 『전집』, p.23, P.34 참고.

37 『전집』, p.35 참고.

- 과학이 제기한 새로운 견해는 그 학문의 용어 혁명(갱신)을 유도한다.
- 일상용어를 빌려 과학 용어로 사용할 때는 종종 서로 다른 의미를 함유하게 된다.
- 같은 학문 분야 내에서도 학파마다 사용하는 용어가 다른 의미를 함유할 수 있다.
- 학문의 연구 대상에 대한 이해가 다르면 동일 형식(혹은 같은 문자 기호)을 갖추었더라도 서로 다른 정의를 내릴 수 있다.

또 다른 측면에서, 엥겔스는 은어를 용어로 사용할 수 없음을 밝혔는데, 그는『자본론』제1권 제3판 서문에서 "나 자신 또한 독일 경제학자들이 흔히 사용하는 일부 은어를 『자본론』에 넣을 생각은 없었다."라고 말했다.[38]

그는『자본론』제2권 서문에서도[39] 마르크스의 원고를 인용하며 같은 의미의 말을 하고 있는데, 만약 이렇게 되면 '경제학의 이해하기 어려운 은어에 다시 빠지게 될 것'(마르크스의 말)이라고 했다. 엥겔스는, 원고에 사용된 'slang'이라는 단어는 사실 '은어'라고 명시했다.

그는 다음과 같이 예를 들면서, 이처럼 정말 이해하기 어려운 은어도 있다고 들었다. 즉 현금을 지불하고 다른 사람이 자신의 일을 대신하게 시키는 사람을 '노동 제공자劳动给予者'라고 부르고, 임금을 받기 위해 자신의 노동을 다른 사람이 가져가도록 하는 사람을 '노동 수취자劳动受取者'라고 부른다는 것이다. '노동 제공자'와 '노동 수취자'라는 용어는 정말 '이해하기 어렵고', 심지어 말도 안 되는 용어라고 할 수 있다. 그는 프랑스어 'travail(노동)'이 일상생활에서도 '직업'이라는 의미를 갖는다고 말했

38『전집』, p.31 참고.

39『전집』, 제24권, p.28 참고.

다. 그러나, '만약 어떤 경제학자가' 독일 경제학자들이 습관적으로 사용하는 은어를 빌려와서 '자본가'를 'donneur de travail(노동 제공자)'라고 부르고, '노동자'를 'receveur de travail(노동 수취자)'라고 부른다면, "프랑스인들은 분명히 그를 미친 사람으로 볼 것이다."

마르크스와 엥겔스의 초기 저작에서 사용한 용어가 지금까지도 정형화되지 않은 것은 그들이 모두 새로운 학문의 탐색 단계에 있었기 때문이다. 이후 엥겔스는 한 학문이 새로운 발전을 이루게 되면 반드시 그 학문의 용어 혁명이 일어난다고 말했는데, 이러한 상황은 새로운 어휘(신조어)의 등장이 정형화와 유사하다는 것을 의미한다. 위에서 언급한 초기 용어의 비정형화에 대해서, 소련의 마르크스-레닌 연구소에서는 『독일 이데올로기』를 편집하면서 다음과 같은 설명을 덧붙였다.

> "……마르크스와 엥겔스가 창안한 이론의 일부 기본 개념은 『독일 이데올로기』에서 아직 그다지 정확한 용어로 표현되지 않았으며, 이후 그들은 이 새로운 개념의 내용을 보다 더 정확하게 표현할 수 있는 다른 용어로 대체하였다. 예를 들면, 생산관계라는 개념은 여기서 '교류 방식', '교류 형태', '교류 관계' 등의 용어로 표현되었으며, '소유 형태所有制形式'라는 용어 또한 실제로 사회경제적 형태라는 개념을 포함하고 있다".[40]

용어라는 범주는 지속적인 심화 연구가 필요한데, 다만 어려운 점은 어떤 단어를 사용하여 현재 새로 나타나는 신사물과 신개념을 표현하며, 동시에 어떤 방식의 언어 구조를 사용할 것인가 하는 점이다.(예를 들면, 음역, 의역, 음의합역)音意合译, 새 글자 만듦, 새 단어 만듦, 심지어 가장 기본적인 수준의 용어를 일상어로 사용할 수 있는지, 그리고 2차, 3차, 4차 수준(유형, 속성)을 국제화된 형

---

40 『전집』제3권, PⅨ 참고.

태로 사용할 수 있는지 등) 또 어떤 경우에는 같은 개념을 두 개의 용어로 표현할 수 있는지, 단 두 개의 공존하는 동의어 용어가 서로 다른 차원의 사회 언어생활에서 어떻게 사용되어야 하는지를 규정해야 한다.

10. 언어와 사유

언어와 사유라는 범주는 내가 지난 10년간(당시 2001년) 연구한 것 중 가장 치밀하지 못했고, 가장 적게 다루었던 범주이다. 10년 전 나는 "언어와 사유 같은 몇몇 중요한 문제가 있는데, …… 당시에는 깊이 연구해 보지 않았기 때문에, 지금도 여전히 부족한 상태이다."라고 썼다(『语言与社会生活(언어와 사회생활)』 서문). 그 후 5년 뒤, "나는 언어와 사유에 관련된 문제에 대해 어느 정도 검토해 보았다."라고 말했지만, 사실 '언어 기호와 비언어적 의사소통의 일부 내용'에 대해서만 집중했었을 뿐, (『사회언어학』 서문) 여전히 이 범주가 본질적으로 지닌 많은 문제에 대해서 다루지는 못했다. 마르크스 경전 작가들은 의식-사유, 사회의식-의식 형태, 사상-통치 사상, 사상-문화-반영론 등의 명제에 대해 가장 많이, 가장 폭넓게, 가장 깊이 있게 논술하고 있다. 마르크스와 엥겔스의 『독일 이데올로기』, 마르크스의 Thesen über Feuerbach(포이어바흐 테제), 엥겔스의 Ludwig Feuerbach und der Ausgang der klassischen deutschen Philosophie(포이어바흐와 독일 고전철학의 종말), 레닌의 Философские тетради(철학 노트) 등은 모두 사유 활동에 관한 전형적인 논의를 담고 있다. 따라서 나는 고전으로부터 다시 출발하여, 이후에는 이 범주를 힘써 탐구해야 한다고 생각한다. 비록 그것은 매우 어려운 과제이기도 하고, 특히 언어를 사유의 바다에 놓고 분석하는 일은 너무나 어려운 일이긴 하다. 더욱이 중국은 언어 문자에 관한 현상이 가장 풍부한 나라 중 하나이기도 하기에 더더욱 그러하다.

나는 언어의 기원에 관해서는 연구하고 싶지 않으며, 더구나 언어가 사유에 앞서는 건지, 아니면 사유가 먼저 존재했는지에 대한 문제를 추론하는 것도 원하지 않는다. 그러나 내가 다시 연구를 더 한다고 하더라도, 사회언어학 연구자들에게는 엥겔스의 명저 Anteil der Arbeit an der Menschwerdung des Affen(유인원에서 인간으로 진화하는 과정에서 노동의 역할)을 추천하고 싶다. 이 저작에서 강조하는 것은 비록 노동에 관한 내용이기는 하지만, 사유의 활동에 대해서도 깊이 있게 설명하고 있다. 그의 주장은 비록 19세기 후반의 과학성과를 기반으로 설명하고 있지만, 그 기본 논점은 현대 과학과 크게 대립하지는 않는다. 엥겔스의 이 저작은 1876년경에 썼을 것으로 전해지는데, 그가 마르크스와 함께 『독일 이데올로기』를 쓴지 정확히 30년 후에 작성된 것으로 보인다. 따라서 사유 활동에 관한 연구는 이미 성숙단계에 도달했다고 볼 수 있다. 아쉽게도, 이 논문은 미완성작으로, 세간에는 부분적 원고만 발견되고 있을 뿐이다.

나는 엥겔스가 이 논문에서 사유와 언어 중 어느 쪽이 먼저인지에 대해 단정하지는 않았다고 생각한다. 그는 단지 원시인 또는 '형성 중인 인간'이 협력하는 노동 현장에서 함께 협력하는 것의 이점에 대해 명확히 인식하게 되었으며, 그로 인해 "서로 간에 무언가를 말하지 않을 수 없는 상태에 이르렀다."라고 말했을 뿐이다. 그리하여 엥겔스는 "언어는 노동에서 비롯되어 노동과 함께 생성된 것이다. 이것이 유일하게 옳은 해석이다."[41] 라는 논점을 제시하였다.

엥겔스는 "먼저 노동이 있고, 그다음에 언어와 노동이 함께 하게 되며, 두 개의 가장 중요한 추진력이 된다."라고 여겼다. 이러한 영향력으로 인해서 인간의 두뇌가 발달했고, 두뇌의 발달은 모든 감각 기관의 정교화와 함께 진행하게 된다. 이러한 상황이 의식을 점점 더 명확하게 이끌어 내

41 중국어판 『马恩选集(마르크스·엥겔스 선집)』, 제3권, p.511 참고.

면서 추상 능력과 추리 능력을 발전시켰으며, 이러한 것들은 반대로 다시 노동과 언어에 작용함으로써 더 나은 발전을 이끌어 내게 되는 것이다.

이와 같은 분석은 언어가 의식보다 먼저 발생한 것처럼 보이게 한다. 하지만, 다시 생각해 보면, 이 두 가지는 상호 보완의 관계로써 명확한 선후 관계를 도출하기 어렵다. 그래서 폴란드 출신의 의미론자 Adam Schaff(아담 샤프)는 "마르크스주의자들은 인간의 의식과 인간의 말(다른 사람의 의식에 대한)을 사회생활의 산물로 간주한다."라고 말했다[42].

샤프는 엥겔스의 위 논문 이외의 다른 곳에서도 이 가설이 나타난다고 인정하면서, '노동-사고-언어'의 이 세 가지 요소가 '상호 불가분의 관계'에 있다고 여겼다. 샤프는 "의식한다는 것, 그리고 말을 하는 것은 모두 노동의 산물이자, 사회생활의 산물이며, 동시에 생산 과정에서 더 발전된 단계와 더더욱 높은 발전 단계로 발전하기 위한 필수 조건이기도 하다."고 다소 모호하게 말하고 있다.[43]

샤프는 더 나아가, "인간의 노동은 협력을 기반으로 하며, 개념적 사유가 없이는 실제도 없으며, 따라서 협력도 불가능하다. 이것이 바로 상호 영향을 미치는 변증법이다. ……"라고 했다. 이는 사실 엥겔스의 말을 반복한 것이라고 볼 수 있다[44].

나도 역시 이렇게 설명하는 것밖에 방법이 없다고 생각한다.

---

42 아담 샤프, *Wstęp do semantyki*(의미론 입문) (1951), 중역본 『语义学引论』(1962), p.154.

43 위와 같음.

44 위와 같음.

11. 언어와 문화

언어와 사유라는 범주는 결국 언어와 문화 문제로 확장되어야 하며, 이것 또한 하나의 골칫거리이다. 어느 날, 해외의 한 언어학자가 나에게 "문화부가 언어를 관장해야 하는가? 문화에는 언어가 포함되는가?"라고 물었다. 나는 "관장하느냐 마느냐"는 정책적 조치이고, "포함하느냐 하지 않느냐"는 의식-문화-언어의 내재적 연관성에 대한 인식이라고 답할 수밖에 없었다. 나는 항상 사회언어학에서 언어와 문화라는 범주가 있어야 한다고 생각했지만, 지난 수년간 나의 저작물에는 이 문화-언어라는 범주를 별도로 다룬 장이 없었다. 그 이유는 언어가 관여하는 범주는 매우 광범위하며, 지금까지 나의 문화에 대한 지식이 부족하고, 넓은 의미의 문화 실천도 충분하지 않아서 이 범주를 완전히 파악하지 못하고 있기 때문이다. 비록 학자들이 이미 '문화언어학'이라는 주변 학문 분야를 제안하고 관련 저서를 저술하고 있지만, 나는 아직 이와 관련된 현상을 깊이 있게 분석할 용기와 능력이 부족하다.

생각해 볼 만한 점은, 마르크스와 엥겔스가 『독일 이데올로기』라는 논쟁적 저작에서 의식의 형성과 정신적 산물 문제를 철저히 분석했다는 사실이다. 이 책 곳곳에서, 저자는 그들의 논적论敌들이 언어를 통해 제기한 일련의 사회 현상-경제 현상-문화 현상에 대해 냉혹하게 폭로하고 비판했다. 이것은 우리가 연구하는 이 범주에 대해서 적어도 방법론적으로 큰 영감을 주고 있으며, 사실 실체론적 측면에서도 많은 도움을 준다. 대표적인 예로, 마르크스와 엥겔스가 다양한 '성스러운圣' 표식을 사용하여 신랄하게 풍자한 Max Stirnes(막스 슈티르너)를 들 수 있는데, 그는 언어 현상(동격, 동의어의 형식을 조작하는 것)을 이용하여 '그의 논리와 역사의 기관차[45]'라는 것을 만들어 냈다. 여기서 한 예를 인용하면 다음과 같다.

> "동격 이외에도, 성 산초(St. Sancho 즉, 슈티르너)가 다양한 방식으로 이용한 동의어들이 있다. 만약 두 글자가 어원상 관련이 있거나, 설령 발음이 약간 비슷하더라도 상호 연대 책임이 있다고 간주한다. 만약 한 글자가 여러 가지 의미를 지닌다면, 그것은 필요에 따라 때로는 한 가지 의미로, 때로는 다른 의미로 해석될 수 있다. 그래서 성 산초는 마치 각기 '변형變形'의 각도에서 동일한 사물을 설명하는 것처럼, 일종의 착각을 만들어 냈다. 번역 또한 동의어를 활용하는 특수한 측면으로 볼 수 있는데, 그는 번역 과정에서 독일어의 어휘를 사용하여 프랑스어나 라틴어의 어휘를 보충하고 있는데, 이 독일어 어휘는 프랑스어나 라틴어가 표현하는 의미의 절반만을 지니고 있을 뿐이며, 아울러 그 이외의 전혀 관련 없는 의미들도 지니고 있다. 예를 들면, 우리가 위에서 본 것처럼, respektieren(존경하다)는 때때로 '경외감을 느낀다'로 번역되기도 한다. 또한, 우리는 Staat(국가), Status(상황), Stand(상태), Notstand(빈곤 상태) 등의 단어들도 떠올릴 수 있다.[46]"

10월 혁명 이후, 레닌은 사회 발전의 필요에 따라 많은 실천적 상황(이론 연구가 아니라)에서 문화 건설을 강조하였다. 레닌의 명언인 "문맹으로는 공산주의를 건설할 수 없다."라는 것은 사회언어학 연구자들에게 영감을 줄 수 있어야 한다. 40년 전(1950)에 罗常培(나상배)가 쓴 저서『语言与文化(언어와 문화)』[47]는 중국의 선배 언어학자가 유물사관을 바탕으로

---

45 『전집』, 제3권, p.308 참고.

46 『전집』, 제3권, p.309 참고.

47 『语言与文化(언어와 문화)』 개정판, 1989. 아래의 여러 문장에서 인용된 내용은 원서 외에도 邢公畹(형공원)이 이 책을 위해 쓴 개정판 서문에서도 확인할 수 있다.

이 범주를 탐구하려는 최초의 시도라고 볼 수 있으며, 나상배는 깊고 방대한 언어학 지식을 갖추고 있어 이 실험적 작품이 더욱 빛났다. 이 책이 출간된 후, 스탈린의 유명한 논문이 발표되면서 이는 나상배의 '자기비판'(1952)을 끌어냈다. 과거를 돌아보면, 스탈린의 언어와 문화에 대한 논의는 지나치게 단순했다고 할 수 있다. 나상배는 스탈린이 논문에서 언급했던 "문화는 그 내용적 측면에서는 사회 발전 과정에서 매번 새로운 시기에 따라 변화하지만, 언어는 여러 시기를 거치면서도 기본적으로 변하지 않으며, 과거 문화와 신문화 모두를 위해 봉사한다."라고 말한 것을 인용하여, 자신이 말한 "언어는 문화와 떨어져서는 존재할 수 없다."든가 또는 "언어의 역사와 문화의 역사는 상호 보완적이다."라는 등의 주장이 옳지 않았음을 비판하였다. 이는 1950년대 초 정치적 '일변도一面倒'와 스탈린 개인숭배로 인한 학문적 경직성과 저속화가 만들어 낸 비극이었다. 솔직히 말하자면, 스탈린은 많은 문제를 다룰 때 간단명료한 방법(모호하지 않은 방법)을 사용했기 때문에, 그가 사용하는 언어도 명쾌했다. 그러나 문화와 언어 같은 복잡한 문제를 논할 때는 지나치게 절대적이고 단순화하는 경향이 있었다. 문화는 물론 사회 변혁에 따라 변화하고 있지만, 만약 문화를 역사적 사회적 전통과 관습을 포함하는 정신적 종합체로 본다면, 분명히 정치 기구와는 차이가 있다. 즉 문화는 빠르게 변화하는 것도 있고, 느리게 변화하는 것도 있으며, 전혀 변화하지 않는 것도 있다. 그래서 나상배가 말한 "언어의 역사와 문화의 역사는 상호 보완적이다."라는 주장은 마르크스주의를 벗어나지 않았으며, 마르크스와 엥겔스 또한 "언어와 의식은 똑같이 오래된 역사를 지니고 있다."라고 말한 적이 있다. 그리고 책에서 언급한 '언어는 문화와 떨어질 수 없다'라는 말은 사실 언어가 의식과 떨어질 수 없으며, 언어는 사유와도 떨어질 수 없다는 의미로 볼 수 있다. 오히려 스탈린의 문화에 대한 지나친 단순화 표현이 본래 복잡한 이론적 문제를 단순화시키는 결과를 초래한 것이다. 나상배는 그가 강

조한 마르의 의미론 연구가 잘못되었다는 점을 검토했는데, 이것 또한 스탈린 논문이 초래한 일종의 착각이었다. 나는 오히려 나상배가 마르의 언어학적 의견, 즉 의미론 연구를 특히 중시해야 한다는 의견을 인용한 것이 옳다고 생각한다. 왜냐하면 "의미의 변화는 사회적 환경과 경제적 조건에 따라 움직이며, 정태적인 것이 아니라 동태적으로 존재"하기 때문이다. 따라서 나상배는 "역사 유물론의 방법으로 의미의 소멸, 변화, 탄생의 사회적 배경과 경제적 조건을 탐구해야 한다."라고 제안하고 있으며, 또 연구 방법으로 "한편으로는 상위에서 하위로 경전에서 대중의 구어까지, 다른 한편으로는 대중의 어휘를 통해 그들의 최초 출처를 역추적할 것"을 제시하고 있다. 이러한 표현들은 모두 유물사관에 부합하기에, 더 이상 검토할 필요가 없다. 나는 지난 10년 동안 어휘 연구가 사회언어학의 각 범주를 탐구하는 데 중요한 부분임을 강조해 왔었다. 그리하여 "외국의 사회언어학자들은 대부분 음성 변이 연구에 집중하는 반면, 나의 소책자는 어휘(의미) 연구에 중점을 둔다."라고 말했으며(『ことばと社会生活(언어와 사회생활)』 일본어 번역본 서문), 나는 지금도 이 견해가 틀리지 않았다고 생각한다.

나는 이 짧은 감상문 형식의 논문에서 사회언어학의 몇 가지 범주만 다루었지만, 지난 10년 동안 수행한 작업을 되돌아보았을 때, 여전히 '고전古典'으로부터 다시 출발하는 것, 즉 '温故而知新(옛것을 익히고 그것을 통해 새것을 알게 된다)'라는 말의 의미를 되새겨 본다.

엥겔스는 "사람이 70세를 넘기면, 두뇌 속의 마이네르트Meynert 연상 섬유가 느리게 작동하여 짜증을 유발하게 된다."[48]라고 말했는데, 이 말이 일리가 있는 것 같다. 나도 역시 요즘 감각이 둔해지고, 무엇을 하든 예전만큼 민첩하지 않다는 것을 확실히 느끼지만, 적어도 '고전'으로부터 다

---

48 『전집』, 제25권, p.4 참고.

시 출발하려고 노력하면서, '저자가 썼던 원래 그대로의 방법으로 이 저작들을 읽는 법을 배우는 것'(엥겔스의 언어)[49] 이 최소한의 과학적 태도라고 생각한다.

---

49 위와 같음.

인명색인

원어	중국어	한국어	직업
Atanasov A. D.	阿塔纳索夫	아타나소프	[볼] 언어학자
Bobrow D.G.	波伯罗	보브로 D.G.	[미] 정보학자
Bridgman E. C.	裨治民	브리지먼 E. C.	[미] 중국선교사
Bright W.	布赖特	브라이트 W.	[영] 언어학자
Cannon W.B.	坎农	캐넌 W. B.	[미] 생리학자
C-arroll J. B.	加罗尔	캐럴 J. B.	[미] 언어학자
carroll L.	加乐尔	캐럴 L.	[영] 작가
Clark V.P.	克拉克	클라크 V. P.	[미] 언어학자
Cohen J.M.	柯亨	코언 J. M.	[영] 문학가
Cook J.	库克	씨독 J.	[영] 항해가
Crystal D.	克赖斯图	크리스털 D.	[영] 언어학자
Dante A.	但丁	단테 A.	[이] 시인, 작가
Danton G.J.	丹东	단톤 G. J.	[프] 혁명가
Dittmar N.	狄特玛尔	디트마르 N.	[독] 언어학자
Downes W.	董纳斯	도나스 W.	[영] 언어학자
Dreyfus H.L.	德雷福斯	드레이퍼스 H. L.	[미] 언어학자
Drezen E.	德列仁	드레젠 E.	[프] 언어학자
Engels F.	恩格斯	엥겔스 F.	[영] 人类学家
Fasold R.	法索德	파솔드 R.	[미] 언어학자
Feigenbaum E. A.	费根鲍姆	파이겐바움 E. A.	[독] 문학가
Ferguson C. A.	弗恪孙	퍼거슨 C. A.	[영] 사전학자
Fishman J. A.	费希曼	피시먼 J. A.	[미] 신문기者
Fouche P.	傅舍	푸슈 P.	[영] 사전학자
Frazer J. G.	弗雷泽	프레이저 J. G.	[독] 세계어학자
Greenberg J. H.	格林贝尔格	그린버그 J. H.	[영] 언어학자
Goethe W.	哥德	괴테 W.	[미] 상인
Gross J.	格罗斯	그로스 J.	[미] 정보학자
Gunther J.	根室	건더 J.	[스웨덴] 한학자
Hartmann R.R. H.	哈特曼	하트만 R.R. H.	[러] 어휘학자
Haupenthal R.	豪频达尔	하우펜탈 R.	[미] 언어학자

원어	중국어	한국어	직업
Hudson R.A.	赫德孙	허드슨 R.A.	[러] 혁명가
Hunter W.	亨脱	헌터 W.	[프] 인류학자
Jackson W.	杰克逊	잭슨 W.	[미] 인류학자
Karlgren B.	高本汉	칼그렌 B.	[프] 정보학자
Koonin A.	库宁	쿠닌 A.	[러] 언어학자
Labov W.	拉波夫	라보브 W.	[미] 언어학자
Lenin V. I.	列宁	레닌 V. I.	[독] 혁명가
Lévy-Bruhl	列维·布吕尔	레비-브뤼르	[프] 언어학자
McCormack W. E.	麦哥马克	맥코맥 W. E.	[영] 사전학자
Mandelbrot B.	曼德布洛德	만델브로트 B.	[독] 철학가
Marr N. Y.	马尔	마르 N. Y.	[영] 언어학자
Marshall D. F.	马歇尔	마샬 D. F.	[영] 사전학자
Marx K.	马克思	마르크스 K.	[미] 사전학자
Meillet P.	梅耶	메이에 P.	[이] 언어학자
Murray J.	莫累	머레이 J.	[캐] 용어학자
Nietzsche F. W.	尼采	니체 F. W.	[영] 언어학자
Pride G. B.	普拉德	프라이드 G. B.	[미] 철학가
Richards J.	理查德斯	리차즈 J.	[러] 용어학자
Richman B.	里芝门	리치먼 B.	[독] 혁명가
Rossi-Landi F.	洛西·兰地	로시-란디 F.	[영] 언어학자
Rondeau G.	隆多	론도 G.	[미] 정보학자
Sapir E.	索绪尔	사피어 E.	[미] 언어학자
Saussure F. de	萨丕尔	드 소쉬르 F.	[스위스] 언어학자
Schaff A.	沙夫	샤프 A.	[폴] 의미론자
Schloman A.	史洛曼	슐로만 A.	[오스트] 사전학자
Schmidt R. F.	施密特	슈미트 R. F.	[독] 신경생리학자
Schramm W	史拉姆	슈람 W.	[미] 정보학자
Sera C. J.	色拉	세라 C. J.	[스] 문학가
Shannon C. E.	申农	섀넌 C. E.	[미] 정보학자
Shvejtser A. D.	什维采尔	슈베이처 A. D.	[러] 언어학자
Simpson J.A.	沁普孙	심슨 J. A.	[영] 사전학자
Stalin J.	斯大林	스탈린 J.	[러] 혁명가
Stock F.C.	斯托克	스톡 F. C.	[미] 사전학자

원어	중국어	한국어	직업
Tasman A.J.	塔斯曼	타스먼 A. J.	[네덜란드] 항해가
Trudgill P.	特鲁吉尔	트러드길 P.	[영] 언어학자
Tylor E.B.	泰勒	타일러 E. B.	[영] 인류학자
Vendryes J.	房德理耶斯	벵드리예 J.	[프] 언어학자
Wandel A.	万德尔	반델 A.	[이스라엘] 정보학자
Wardhough R.	华德豪	워드허프 R.	[영] 언어학자
Weaver W.	韦弗	위버 W.	[미] 정보학자
Weizenbaum J.	怀善鲍姆	와이젠바움 J.	[미] 정보학자
Whorf B.	沃尔夫	워프 B.	[미] 인류학자
Wiener N.	维纳	비에너 N.	[미] 제어론자
Winograd T.	维诺格勒	위노그래드 T.	[미] 정보학자
Wurm S.A.	沃姆	부름 S. A.	[미] 인류학자
Wüster E.	维于斯脱	뷔스터 E.	[오스트] 용어학자
Yule G.	玉尔	유울 G.	[미] 어언교육학자

| 저자 소개 |

진원陈原

(1918-2004), 광동성 신휘新輝 출신. 1938년 중산대학中山大学 공학원工学院 졸업. 1949년 중국작가협회 가입. 중국언어학자, 국가언어위원회(State Language Commission 국장, -2004), 에스페란토전문가. 중화인민공화국 건국 이후 연속 중국국제서점 부점장, 공동서점 편집국장, 인민출판사 부편집장. 이후 문화부 출판국 부국장, 편집국장, 상업출판사 총책임자 및 컨설턴트를 역임했다. 국가 언어 문자 공작위원회 부국장, 캐시 언어 및 쓰기 응용 프로그램연구소 소장, 제1대 및 제2대 중국출판협회 부회장, 전 중국에스페란토 협회 부회장, 세계사이버네틱스, 정보이론 및 시스템이론회TAKIS 국제협의회 부회장, 국제과학원AIS 최고위원회 위원, 국어문자위원회 위원장 등을 역임했다.

주요 저서로는 『陈原序跋文录』(2008, 商务印书馆), 『在语词的密林里』(2005, 三联书店), 『隧道的尽头是光明抑或光明的尽头是隧道』(2002, 商务印书馆), 『界外人语』(2000, 商务印书馆), 『语言与社会生活』(1999, 三联书店), 『陈原书话』(1997, 北京出版社), 『陈原散文』(1997, 浙江文艺出版社), 『陈原出版文集』(1995, 中国书籍出版社), 『书和人和我』(1994, 三联书店) 등이 있다.

| 역자 소개 |

김정필金正必

경상국립대학교 중어중문학과 교수. 부산대 중문과를 졸업하고, 국립대만정치대 석사를 거쳐 경북대에서 박사학위를 받았다. 중국어 어법 이론을 전공하였으며, 현재는 품사의 속성 양범주 분석과 한중 유의한자어의 의미 차이 및 문화적 표현 양상에 관한 연구를 주로 하고 있다. 주요 논저로는 『중국의 언어와 문화』, 『중국의 언어와 문학』(공저), 『쉽게 배우는 기초중국어』(공저), 「주관성 표현의 형식에 관한 연구」, 「중국어 능원동사의 인지과정분석」, 「數범주 유의어의 이항대립과 형태소 분석」, 「유의 한자어의 어순구조와 동의성 비교분석」, 「중국어 개사의 도식화 분석」, 「중국어 부사어와 보어의 대비분석 - 한중 상호번역과 교학을 중심으로」, 「중국어 '겸류'의 형성과 기능전환의 상관성 분석 - 형용사의 명물화와 명사의 형질화를 중심으로」, 「명사의 속성과 체언의 양범주 분석」, 「중국어 동사의 속성 양범주 분석의 화용적 응용: 연속량과 분리량의 대비를 중심으로」 등이 있다.

김계화金桂花

경상국립대학교 중어중문학과 강사. 경상국립대학교 석사를 거쳐 동 대학원에서 「古文字 字形에서 연원한 楷書體 異體字 研究」로 박사학위를 받았다.
저서로는 『동아시아 고전의 이해』(공저)가 있고, 주요 논문으로는 「해서체 이체자에 나타난 『說文解字』 籒文의 영향」, 「戰國文字에 나타나는 異體字 義符 자형의 변화 연구」, 「古文字 字形을 활용한 楷書體 異體字 研究」 등이 있다.

이인주李仁珠

경상국립대학교 중어중문학과 강사. 경상국립대학교 중어중문학과를 졸업한 후, 华中科技大学에서 석사과정을 마치고, 南京大学에서 현대한어어법을 전공으로 박사학위를 취득하였다. 주요 연구로는 「중국어 수량구의 속성과 사용 제약에 대한 고찰 - 수량목적어를 중심으로」, 「유의어 분류사 '条'와 '根'의 의미 초점과 도식화」, 「试论非典型"(一)些/点+X+N" 结构的固化趋势」 등이 있으며, 현대중국어 어법 및 의미론 분야를 중심으로 연구를 이어가고 있다.

장건군臧建军

경상국립대학교 중어중문학과에서 석사 학위를 취득하고, 현재 박사과정에 재학 중이다. 주로 한·중 어휘와 문법에 관심을 가지고 연구를 진행하고 있으며, 논저에는 중국어 고대 어법에 관한 소논문 「고대 중국어 명사의 술어 활용에 관한 小考」가 있다.

동서대학교 공자아카데미·대한중국학회
〈중국 인문·사회과학 학술저서 번역·출판 지원 사업〉

언어와 사회 그리고 인간

초판 인쇄 2026년 1월 20일
초판 발행 2026년 1월 30일

저 자 | 진원陈原
역 자 | 김정필金正必·김계화金桂花·이인주李仁珠·장건군臧建军
펴 낸 이 | 하운근
펴 낸 곳 | 學古房

주 소 | 경기도 고양시 덕양구 통일로 140 삼송테크노밸리 A동 B224
전 화 | (02)353-9908 편집부(02)356-9903
팩 스 | (02)6959-8234
홈페이지 | www.hakgobang.co.kr
전자우편 | www.hakgobang@naver.com
등록번호 | 제311-1994-000001호

ISBN 979-11-6995-708-3 94700
979-11-6995-577-5 (세트)

값 22,000원